T0118779

LA CONNAISSANCE
DE LA VIE

DU MÊME AUTEUR
À LA MÊME LIBRAIRIE

La formation du concept de réflexe aux XVIIe et XVIIIe siècles, Paris, P.U.F., 1955 ; rééd. Paris, Vrin, 1977.

Études d'histoire et de philosophie concernant les vivants et la vie, Paris, Vrin, 1968.

Idéologie et rationalité dans l'histoire des sciences de la vie, Paris, Vrin, 1977.

Réédition, avec une *Préface*, des *Leçons sur les phénomènes de la vie communs aux animaux et aux végétaux* de Claude Bernard, Paris, Vrin, 1966.

Œuvres complètes

– tome I, *Écrits philosophiques et politiques, 1926-1939*, édité sous la direction de J.-F. Braunstein et Y. Schwartz, Paris, Vrin, 2011.

– tome III, *Écrits d'histoire des sciences et d'épistémologie*, édité par C. Limoges, Paris, Vrin, 2019.

– tome IV, *Résistance, philosophie biologique et histoire des sciences 1940-1965*, édité par C. Limoges, Paris, Vrin, 2015.

– tome V, *Histoire des sciences, épistémologie, commémorations 1966-1995*, édité par C. Limoges, Paris, Vrin, 2018.

BIBLIOTHÈQUE DES TEXTES PHILOSOPHIQUES

Georges CANGUILHEM

LA CONNAISSANCE DE LA VIE

Deuxième édition revue et augmentée

LIBRAIRIE PHILOSOPHIQUE J. VRIN
6, Place de la Sorbonne
PARIS Ve

© *Librairie Philosophique J. VRIN,* 1965
© 1992 pour l'édition de poche
Imprimé en France

ISSN 0249-7972
ISBN 978-2-7116-1132-4

www.vrin.fr

DE LA PREMIÈRE ÉDITION

Le présent ouvrage réunit plusieurs conférences ou articles de date différente, mais dont l'inspiration est continue et dont le rapprochement ne nous semble pas artificiel. L'étude sur l'*Expérimentation en Biologie animale* développe une conférence prononcée en 1951 au Centre international pédagogique de Sèvres, à l'occasion de Journées pour La coordination des enseignements de la philosophie et des sciences naturelles. *La Théorie cellulaire* a paru en 1945 dans des Mélanges publiés par la Faculté des lettres de Strasbourg. *Le Normal et le Pathologique* est extrait de la *Somme de Médecine contemporaine*, I, publiée en 1951 par les Éditions de la Diane française. Nous remercions ici les éditeurs dont la bienveillante permission a rendu possible la reproduction de ces deux articles. Quant aux trois autres études, *Aspects du Vitalisme*, *Machine et Organisme*, *Le Vivant et son Milieu*, ce sont des conférences données en 1946-1947 au Collège philosophique ;

* La pagination donnée en marge est celle de la deuxième édition revue et augmentée, Paris, Vrin, 1965.

inédites jusqu'a présent, elles voient le jour avec le gracieux assentiment de M. Jean Wahl.

Comme ces divers essais ont tous été revus, remaniés et complétés, tant en vue de leur mise à jour qu'en vue de leur coordination, en sorte qu'ils diffèrent tous plus ou moins de leur premier état d'exposition ou de publication, leur ensemble actuel peut prétendre à quelque unité et à quelque originalité.

Nous avons eu le souci de justifier le titre de la Collection qui accueille généreusement ce petit livre[1], par l'utilisation et l'indication d'une information aussi précise que possible et par la volonté de défendre l'indépendance des thèmes philosophiques à l'élucidation desquels nous l'avons pliée.

G. C.

---

1. La Collection « Science et Pensée », dirigée par Ferdinand Alquié.

DE LA SECONDE ÉDITION

Depuis longtemps épuisé, cet ouvrage est réédité par les soins de la Librairie philosophique Joseph Vrin, avec la gracieuse permission de la Librairie Hachette. Nous n'avons procédé à aucun changement dans le texte initial, quelque tentation que nous ayons eue, çà et là, de le faire. Il y a mieux à faire qu'à parsemer un ancien texte de quelques repentirs ou enrichissements. C'est de traiter à neuf la même question. Faute de quoi, il est plus honnête de conserver tel qu'on l'a exposé autrefois ce qu'alors on a estimé pouvoir et devoir penser.

Nous avons cependant ajouté à notre texte de 1952 une cinquième étude philosophique, *La monstruosité et le monstrueux*. Quelques notes de références, quelques titres de bibliographie sont propres à cette deuxième édition, et sont indiqués par un astérisque.

LA PENSÉE ET LE VIVANT

Connaître c'est analyser. On le dit plus volontiers qu'on ne le justifie, car c'est un des traits de toute philosophie préoccupée du problème de la connaissance que l'attention qu'on y donne aux opérations du connaître entraîne la distraction à l'égard du sens du connaître. Au mieux, il arrive qu'on réponde à ce dernier problème par une affirmation de suffisance et de pureté du savoir. Et pourtant savoir pour savoir ce n'est guère plus sensé que manger pour manger, ou tuer pour tuer, ou rire pour rire, puisque c'est à la fois l'aveu que le savoir doit avoir un sens et le refus de lui trouver un autre sens que lui-même.

Si la connaissance est analyse ce n'est tout de même pas pour en rester là. Décomposer, réduire, expliquer, identifier, mesurer, mettre en équations, ce doit bien être un bénéfice du côté de l'intelligence puisque, manifestement, c'est une perte pour la jouissance. On jouit non des lois de la nature, mais de la nature, non des nombres, mais des qualités, non des relations mais des êtres. Et pour tout dire, on ne vit pas de savoir. Vulgarité? Peut-être. Blasphème? Mais en quoi? De ce que certains hommes se sont voués à vivre pour savoir faut-il croire que l'homme ne vit vraiment que dans la science et par elle ?

On admet trop facilement l'existence entre la connaissance et la vie d'un conflit fondamental, et tel que leur aversion réciproque ne puisse conduire qu'à la destruction de la vie par la connaissance ou à la dérision de la connaissance par la vie. Il n'est alors de choix qu'entre un intellectualisme cristallin, c'est-à-dire transparent et inerte, et un mysticisme trouble, à la fois actif et brouillon.

Or le conflit n'est pas entre la pensée et la vie dans l'homme, mais entre l'homme et le monde dans la conscience humaine de la vie. La pensée n'est rien d'autre que le décollement de l'homme et du monde qui permet le recul, l'interrogation, le doute (penser c'est peser, etc.) devant l'obstacle surgi. La connaissance consiste concrètement dans la recherche de la sécurité par réduction des obstacles, dans la construction de théories d'assimilation. Elle est donc une méthode générale pour la résolution directe ou indirecte des tensions entre l'homme et le milieu. Mais définir ainsi la connaissance c'est trouver son sens dans sa fin qui est de permettre à l'homme un nouvel équilibre avec le monde, une nouvelle forme et une nouvelle organisation de sa vie. Il n'est pas vrai que la connaissance détruise la vie, mais elle défait l'expérience de la vie, afin d'en abstraire, par l'analyse des échecs, des raisons de prudence (sapience, science, etc.) et des lois de succès éventuels, en vue d'aider l'homme à refaire ce que la vie a fait sans lui, en lui ou hors de lui. On doit dire par conséquent que si pensée et connaissance s'inscrivent, du fait de l'homme, dans la vie pour la régler, cette même vie ne peut pas être la force mécanique, aveugle et stupide, qu'on se plaît à imaginer quand on l'oppose à la pensée. Et d'ailleurs, si elle est mécanique elle ne peut être ni aveugle, ni stupide. Seul peut être aveugle un être qui cherche la lumière, seul peut être stupide un être qui prétend signifier.

Quelle lumière sommes-nous donc assurés de contempler pour déclarer aveugles tous autres yeux que ceux de l'homme ? Quelle signification sommes-nous donc certains d'avoir donné à la vie en nous pour déclarer stupides tous autres comportements que nos gestes ? Sans doute l'animal ne sait-il pas résoudre tous les problèmes que nous lui posons, mais c'est parce que ce sont les nôtres et non les siens. L'homme ferait-il mieux que l'oiseau son nid, mieux que l'araignée sa toile ? Et à bien regarder, la pensée humaine manifeste-t-elle dans ses inventions une telle indépendance à l'égard des sommations du besoin et des pressions du milieu qu'elle légitime, visant les vivants *infra*-humains, une ironie tempérée de pitié ? N'est-ce pas un spécialiste des problèmes de technologie qui écrit : « On n'a jamais rencontré un outil créé de toutes pièces pour un usage à trouver sur des matières à découvrir »[1] ? Et nous demandons qu'on veuille réfléchir sur ceci : la religion et l'art ne sont pas des ruptures d'avec la simple vie moins expressément humaines que ne l'est la science ; or quel esprit sincèrement religieux, quel artiste authentiquement créateur, | poursuivant la transfiguration de 11 la vie, a-t-il jamais pris prétexte de son effort pour déprécier la vie ? Ce que l'homme recherche parce qu'il l'a perdu – ou plus exactement parce qu'il pressent que d'autres êtres que lui le possèdent – un accord sans problème entre des exigences et des réalités, une expérience dont la jouissance continue qu'on en retirerait garantirait la solidité définitive de son unité, la religion et l'art le lui indiquent, mais la connaissance, tant qu'elle n'accepte pas de se reconnaître partie et non juge, instrument et non commandement, l'en écarte. Et de là suit que tantôt l'homme s'émerveille du vivant et tantôt, se scandalisant d'être un vivant, forge à son propre usage l'idée d'un règne séparé.

---

1. A. Leroi-Gourhan, *Milieu et Techniques*, p. 393.

Si donc la connaissance est fille de la peur humaine (étonnement, angoisse, etc.), il serait pourtant peu clairvoyant de convertir cette peur en aversion irréductible pour la situation des êtres qui l'éprouvent dans des crises qu'il leur faut bien surmonter aussi longtemps qu'ils vivent. Si la connaissance est fille de la peur c'est pour la domination et l'organisation de l'expérience humaine, pour la liberté de la vie.

Ainsi, à travers la relation de la connaissance à la vie humaine, se dévoile la relation universelle de la connaissance humaine à l'organisation vivante. La vie est formation de formes, la connaissance est analyse des matières informées. Il est normal qu'une analyse ne puisse jamais rendre compte d'une formation et qu'on perde de vue l'originalité des formes quand on n'y voit que des résultats dont on cherche à déterminer les composantes. Les formes vivantes étant des totalités dont le sens réside dans leur tendance à se réaliser comme telles au cours de leur confrontation avec leur milieu, elles peuvent être saisies dans une vision, jamais dans une division. Car diviser c'est, à la limite, et selon l'étymologie, faire le vide, et une forme, n'étant que comme un tout, ne saurait être vidée de rien. « La biologie, dit Goldstein, a affaire à des individus qui existent et tendent à exister, c'est-à-dire à réaliser leurs capacités du mieux possible dans un environnement donné »[1].

Ces affirmations n'entraînent aucune interdiction. Qu'on détermine et mesure l'action de tel ou tel sel minéral sur la croissance d'un organisme, qu'on établisse un bilan énergétique, qu'on poursuive la synthèse chimique de telle hormone surrénalienne, qu'on | cherche les lois de la conduction de l'influx nerveux ou du conditionnement des réflexes, qui songerait sérieusement à le mépriser ? Mais tout cela est en soi à peine une connaissance biologique, tant qu'il lui manque la

12

---

1. *Remarques sur le problème épistémologique de la biologie*, Congrès international de philosophie des sciences, I, « Épistémologie », Paris, Hermann, 1951, p. 142.

conscience du sens des fonctions correspondantes. L'étude biologique de l'alimentation ne consiste pas seulement à établir un bilan, mais à rechercher dans l'organisme lui-même le sens du choix qu'à l'état libre il opère dans son milieu pour faire ses aliments de telles et telles espèces ou essences, à l'exclusion de telles autres qui pourraient en rigueur théorique lui procurer des apports énergétiques équivalents pour son entretien et pour sa croissance. L'étude biologique du mouvement ne commence qu'avec la prise en considération de l'orientation du mouvement, car elle seule distingue le mouvement vital du mouvement physique, la tendance, de l'inertie. En règle générale, la portée pour la pensée biologique d'une connaissance analytiquement obtenue ne peut lui venir que de son information par référence à une existence organique saisie dans sa totalité. Selon Goldstein : « Ce que les biologistes prennent généralement pour point de départ nécessaire est donc généralement ce qu'il y a de plus problématique dans la biologie », car seule la représentation de la totalité permet de valoriser les faits établis en distinguant ceux qui ont vraiment rapport à l'organisme et ceux qui sont, par rapport à lui, insignifiants[1]. À sa façon, Claude Bernard avait exprimé une idée analogue :

> En physiologie, l'analyse qui nous apprend les propriétés des parties organisées élémentaires isolées ne nous donnerait jamais qu'une synthèse idéale très incomplète… Il faut donc toujours procéder expérimentalement dans la synthèse vitale parce que des phénomènes tout à fait spéciaux peuvent être le résultat de l'union ou de l'association de plus en plus complexe des phénomènes organisés. Tout cela prouve que ces éléments, quoique distincts et autonomes, ne jouent pas pour cela le rôle de simples associés et que leur union exprime plus que l'addition de leurs parties séparées[2].

---

1. *La Structure de l'organisme*, p. 312.
2. *Introduction à l'étude de la Médecine expérimentale*, IIe partie, chap. 12.

Mais on retrouve dans ces propositions le flottement habituel de la pensée de Claude Bernard qui sent bien d'une part l'inadéquation à tout objet biologique de la pensée analytique et qui reste d'autre part fasciné par le prestige des sciences physico-chimiques auxquelles il souhaite voir la biologie ressembler pour mieux assurer, croit-il, les succès de la médecine.

Nous pensons, quant à nous, qu'un rationalisme raisonnable | doit savoir reconnaître ses limites et intégrer ses conditions d'exercice. L'intelligence ne peut s'appliquer à la vie qu'en reconnaissant l'originalité de la vie. La pensée du vivant doit tenir du vivant l'idée du vivant.

> Il est évident que pour le biologiste, dit Goldstein, quelle que soit l'importance de la méthode analytique dans ses recherches, la connaissance naïve, celle qui accepte simplement le donné, est le fondement principal de sa connaissance véritable et lui permet de pénétrer le sens des événements de la nature[1].

Nous soupçonnons que, pour faire des mathématiques, il nous suffirait d'être anges, mais pour faire de la biologie, même avec l'aide de l'intelligence, nous avons besoin parfois de nous sentir bêtes.

---

1. *La Structure de l'organisme*, p. 427.

I

MÉTHODE

*On serait fort embarrassé pour citer une découverte biolo-
gique due au raisonnement pur. Et, le plus souvent, quand
l'expérience a fini par nous montrer comment la vie s'y prend
pour obtenir un certain résultat, nous trouvons que sa manière
d'opérer est précisément celle à laquelle nous n'aurions
jamais pensé.*

H. BERGSON,
L'Évolution créatrice, Introduction.

Il est d'usage, après Bergson, de tenir l'*Introduction à l'étude de la médecine expérimentale* (1865) comme l'équivalent, dans les sciences de la vie, du *Discours de la méthode* (1637) dans les sciences abstraites de la matière[1]. Et c'est aussi une pratique scolaire assez répandue que d'utiliser l'*Introduction* comme on utilise le *Discours* à seule fin de paraphrase, de résumé, de commentaire verbal, sans se donner la peine de réinsérer l'un ou l'autre dans l'histoire de la biologie ou des mathématiques, sans chercher à mettre en correspondance le langage du savant honnête homme, s'adressant à d'honnêtes gens, et la pratique effectivement suivie par le savant spécialiste dans la recherche des constantes d'une fonction physiologique ou dans la mise en équation d'un problème de lieu géométrique. Dans ces conditions, l'*Introduction* paraît codifier simplement tout comme selon M. Bachelard le *Discours*, « la politesse de l'esprit scientifique… les habitudes évidentes de l'homme de bonne compagnie »[2]. C'est ce que notait Bergson :

1. *La Philosophie de Claude Bernard*, discours du 30 décembre 1913, reproduit dans *La Pensée et le Mouvant*, 6ᵉ édition, Paris, P.U.F., p. 258.
2. *Discours d'ouverture du Congrès international de philosophie des sciences*, Paris, 1949 (*Actualités scientifiques et industrielles*, n° 1126, Paris, Hermann, 1951, p. 32).

> Quand Claude Bernard décrit cette méthode, quand il en
> donne des exemples, quand il rappelle les applications qu'il
> en a faites, tout ce qu'il expose nous paraît si simple et si
> naturel qu'à peine était-il besoin, semble-t-il, de le dire :
> nous croyons l'avoir toujours su [1].

À vrai dire, la pratique scolaire veut aussi que l'*Introduction*
soit presque toujours réduite à la première partie, c'est-à-dire à
une somme de généralités, sinon de banalités, en cours dans les
laboratoires, ces salons du monde scientifique, et concernant
18 aussi | bien les sciences physico-chimiques que les sciences
biologiques, alors qu'en fait ce sont la seconde et la troisième
partie qui contiennent la charte de l'expérimentation en biologie. Enfin et surtout, faute de choisir expressément, pour
apprécier la signification et la portée spécifique du discours
méthodologique de Claude Bernard, des exemples d'expérimentation proprement heuristique, des exemples d'opérations
exactement contemporaines du seul savoir authentique, qui
est une rectification de l'erreur, on en vient, pour n'utiliser
que des exemples d'expérimentation de portée didactique,
consignés dans les manuels d'enseignement, à altérer involontairement mais profondément le sens et la valeur de cette entreprise pleine de risques et de périls qu'est l'expérimentation
en biologie.

Soit un exemple. Dans une leçon sur la contraction musculaire, on définira la contraction comme une modification
de la forme du muscle sans variation de volume et au besoin
on l'établira par expérimentation, selon une technique dont
tout manuel scolaire reproduit le schéma illustré : un muscle
isolé, placé dans un bocal rempli d'eau, se contracte sous
excitation électrique, sans variation du niveau du liquide. On
sera heureux d'avoir établi un fait. Or, c'est un fait épistémologique qu'un fait expérimental ainsi enseigné n'a aucun sens

---

1. *Op. cit.*, p. 218.

biologique. C'est ainsi et c'est ainsi. Mais si l'on remonte au premier biologiste qui a eu l'idée d'une expérience de cette sorte, c'est-à-dire à Swammerdam (1637-1680), ce sens apparaît aussitôt[1]. Il a voulu établir, contre les théories d'alors concernant la contraction musculaire, que dans ce phénomène le muscle n'est augmenté d'aucune substance. Et à l'origine de ces théories qui toutes supposaient une structure tubulaire ou poreuse du nerf, par la voie duquel quelque fluide, esprit ou liquide, parviendrait au muscle, on trouve une expérience qui remonte à Galien (131-200), un fait expérimental qui traverse, invariable jusqu'à nos jours, des siècles de recherches sur la fonction neuro-musculaire : la ligature d'un nerf paralyse le muscle qu'il innerve. Voilà un geste expérimental à la fois élémentaire et complet : toutes choses égales d'ailleurs, le déterminisme d'un conditionnement est désigné par la présence ou l'absence, intentionnellement obtenues, d'un artifice dont l'application suppose d'une part la connaissance empirique, assez neuve au temps de Galien, que les nerfs, la moelle et l'encéphale forment un conduit unique dont la cavité retient l'attention plus que la paroi, et | d'autre part une théorie **19** psychologique, c'est-à-dire métaphysique, selon laquelle le commandement des mouvements de l'animal siège dans le cerveau. C'est la théorie stoïcienne de l'*hégémonikon* qui sensibilise Galien à l'observation que peut faire tout sacrificateur d'animaux ou tout chirurgien, qui l'induit à instituer l'expérience de la ligature, à en tirer l'explication de la contraction tonique et clonique par le transport du *pneuma*. Bref, nous voyons surgir notre modeste et sèche expérience de travaux pratiques sur un fond permanent de signification biologique, puisqu'il ne s'agit de rien de moins, sous le nom sans doute un peu trop abstrait de « vie de relation », que des problèmes de posture et de locomotion que pose à un

1. *Cf.* Singer, *Histoire de la biologie*, traduction française, Paris, Payot, 1934, p. 168.

organisme animal sa vie de tous les jours, paisible ou dangereuse, confiante ou menacée, dans son environnement usuel ou perturbé.

Il a suffi d'un exemple aussi simple pour reculer très haut dans l'histoire de la culture humaine les opérations expérimentales dont trop de manuels attribuent à Claude Bernard, du reste en dépit de ses affirmations explicites, sinon l'invention du moins la codification.

Sans toutefois remonter à Aristote ou à Galien, nous demanderons à un texte du xviiie siècle, antérieur de plus de cent ans à l'*Introduction*, une définition du sens et de la technique de l'expérimentation. Il est extrait d'une thèse de médecine, soutenue à Halle, en 1735, par M. P. Deisch : *Dissertatio inauguralis de splene canibus exciso et ab his experimentis capiendo fructu* [1] :

> Il n'est pas étonnant que l'insatiable passion de connaître, armée du fer, se soit efforcée de se frayer un chemin jusqu'aux secrets de la nature et ait appliqué une violence licite à ces victimes de la philosophie naturelle, qu'il est permis de se procurer à bon compte, aux chiens, afin de s'assurer – ce qui ne pouvait se faire sur l'homme sans crime – de la fonction exacte de la rate, d'après l'examen des lésions consécutives à l'ablation de ce viscère, si les explications proposées par tel ou tel auteur étaient vraies et certaines. Pour instituer cet examen si douloureux et même cruel on a dû, je pense, être mû par cette certitude que nous possédons concernant la fonction des testicules dans les deux sexes, dont nous savons très solidement qu'ils ont dans la génération un rôle de première nécessité, du seul fait que les propriétaires ont coutume de livrer à la castration chaque année, quelques milliers | d'animaux pour les priver à jamais de fécondité, sinon tout à fait de désir amoureux.

20

1. *Dissertation inaugurale sur l'ablation de la rate chez le chien et sur le fruit qu'on peut retirer de ces expériences.* Le mémoire est publié par Haller, *Disputationum anatomicarum selectarum*, volumen III, Göttingen, 1748.

Ainsi, on espérait pouvoir aussi facilement observer, sur les chiens survivant à l'ablation de la rate, quelque phénomène au sujet duquel les mêmes observations seraient impossibles sur les autres animaux intacts et pourvus de ce même viscère.

Voilà un texte plein. Son auteur n'a pas de nom dans l'histoire de la biologie[1], ce qui semble indiquer qu'avec un peu plus d'érudition nous trouverions d'autres textes du même genre au XVIIIᵉ siècle. Il attribue clairement à la vivisection animale une valeur de substitut. Il lie l'institution de l'expérience à la vérification des conclusions d'une théorie. Il montre le rôle de l'analogie dans cette institution. Point capital, il met en continuité l'expérimentation aux fins de vérification théorique et des techniques biologiques, élevage et castration[2]. Enfin, il fait reposer l'enseignement expérimental sur la comparaison établie entre l'animal préparé et l'animal témoin. Que pourrait-on vouloir de plus ? Sans doute, l'ablation de tout un organe peut paraître un procédé assez grossier. Mais Claude Bernard n'a pas procédé autrement. Et lorsqu'en 1889 von Mering et Minkowski découvrirent le diabète expérimental et amorcèrent les observations qui devaient amener à l'identification des îlots de Langerhans, c'est pour avoir privé un chien du pancréas total, considéré comme une glande unique jouant son rôle dans la digestion intestinale.

En fait, comme le montre Claude Bernard, ce n'est que par l'expérimentation que l'on peut découvrir des fonctions biologiques. L'*Introduction* est, sur ce point, bien moins explicite

1. Il ne figure pas dans l'excellente *Medical Bibliography* de Garrison et Morton, London, Grafton and Cᵒ, 1943, 2ᵉ éd. 1954.
2. Notons en passant que l'auteur distingue fort bien, dans l'acte de reproduction, la fécondité et la puissance. On sait que c'est à partir d'observations du même ordre, en rapport avec la pratique vétérinaire, que Bouin a été conduit aux travaux qui lui ont permis d'identifier, histologiquement et fonctionnellement, dans le testicule, la glande interstitielle, c'est-à-dire, les cellules à sécrétion d'hormone, distinctes des cellules de la lignée séminale.

que les *Leçons de physiologie expérimentale appliquée à la médecine* (1856). Contre le préjugé anatomiste remontant au *De Usu partium* de Galien, selon lequel la seule inspection du détail anatomique permettrait de déduire catégoriquement la fonction, Claude Bernard montre que ce principe concerne à la rigueur les organes dans lesquels, à tort ou à raison, l'homme croit reconnaître des formes lui rappelant celles de certains instruments produits par son industrie (la vessie est un réservoir; l'os un levier) mais que même dans ces cas d'espèce, peu nombreux et grossièrement | approximatifs, c'est l'expérience du rôle et de l'usage des outils mis en œuvre par la pratique humaine qui a fondé l'attribution analogique de leur fonction aux organes précités. Bref, la déduction anatomo-physiologique recouvre toujours une expérimentation. Le problème, dirions-nous, en biologie, n'est donc pas d'utiliser des concepts expérimentaux, mais de constituer expérimentalement des concepts authentiquement biologiques. Ayant noté que des structures apparemment semblables – même à l'échelle microscopique – n'ont pas nécessairement la même fonction (par exemple, pancréas et glandes salivaires), et qu'inversement une même fonction peut être assurée par des structures apparemment dissemblables (contractibilité de la fibre musculaire lisse et striée), Claude Bernard affirme que ce n'est pas en se demandant à quoi sert tel organe qu'on en découvre les fonctions. C'est en suivant les divers moments et les divers aspects de telle fonction qu'on découvre l'organe ou l'appareil qui en a la responsabilité. Ce n'est pas en se demandant : à quoi sert le foie? qu'on a découvert la fonction glycogénique, c'est en dosant le glucose du sang, prélevé en divers point du flux circulatoire sur un animal à jeun depuis plusieurs jours.

On doit retenir au passage qu'en 1856 Claude Bernard donne les capsules surrénales pour exemple d'un organe dont l'anatomie microscopique est connue et dont la fonction est inconnue. L'exemple est bon et mérite attention. En 1718, l'Académie de Bordeaux ayant mis au concours la question

De l'usage des glandes rénales, c'est Montesquieu qui fut chargé du rapport concernant les mémoires reçus par l'académie. Voici sa conclusion :

> On voit par tout ceci que l'académie n'aura pas la satisfaction de donner son prix cette année et que ce jour n'est point pour elle aussi solennel qu'elle l'avait espéré. Par les expériences et les dissections qu'elle a fait faire sous ses yeux, elle a connu la difficulté dans toute son étendue, et elle a appris à ne point s'étonner de voir que son objet n'ait pas été rempli. Le hasard fera peut-être quelque jour ce que tous ses soins n'ont pu faire.

Or c'est précisément en 1856 que Brown-Sequard fondait expérimentalement la connaissance des fonctions de la surrénale, mais à partir du *Mémoire* dans lequel Addison avait, l'année précédente[1], décrit les symptômes, révélés par le hasard de la clinique, de la maladie à laquelle son nom reste attaché.

| On sait qu'avec les découvertes de Claude Bernard sur la fonction glycogénique du foie[2], les travaux de Brown-Sequard sur les sécrétions internes fondent la connaissance du milieu intérieur. Cette notion, aujourd'hui classique, doit nous renvoyer aux moments initiaux de sa formation. Nous y trouvons l'exemple d'un des concepts proprement biologiques dont l'élaboration est, à la fois, effet et cause d'expérimentation, mais surtout a exigé une véritable conversion théorique.

> La science antique, écrit Claude Bernard, n'a pu concevoir que le milieu extérieur ; mais il faut, pour fonder la science biologique expérimentale, concevoir de plus un *milieu*

---

1. En fait, Addison avait dès 1849 publié ses premières observations dans un article de deux pages.
2. C'est l'ensemble de ces découvertes qui valut à C. Bernard le grand prix de physiologie en 1851.

> *intérieur...*; le milieu intérieur, créé par l'organisme, est
> spécial à chaque être vivant. Or, c'est là le vrai milieu
> physiologique[1].

Insistons bien sur ce point. Tant que les savants ont conçu les fonctions des organes dans un organisme à l'image des fonctions de l'organisme lui-même dans le milieu extérieur, il était naturel qu'ils empruntassent les concepts de base, les idées directrices de l'explication et de l'expérimentation biologiques à l'expérience pragmatique du vivant humain, puisque c'est un vivant humain qui se trouve être en même temps, et d'ailleurs à titre de vivant, le savant curieux de la solution théorique des problèmes posés par la vie du fait même de son exercice. Que l'on soit finaliste ou que l'on soit mécaniste, que l'on s'intéresse à la fin supposée ou aux conditions d'existence des phénomènes vitaux, on ne sort pas de l'anthropomorphisme. Rien n'est plus humain en un sens qu'une machine, s'il est vrai que c'est par la construction des outils et des machines que l'homme se distingue des animaux. Les finalistes se représentent le corps vivant comme une république d'artisans, les mécanistes comme une machine sans machiniste. Mais comme la construction de la machine n'est pas une fonction de la machine, le mécanisme biologique, s'il est l'oubli de la finalité, n'en est pas pour autant l'élimination radicale[2]. Voilà pourquoi, dans quelque perspective finaliste ou mécaniste que le biologiste se soit d'abord placé, les concepts utilisés primitivement pour l'analyses des fonctions des tissus, organes ou appareils, étaient inconsciemment chargés d'un import pragmatique et technique proprement humain.

Par exemple, le sang, la sève s'écoulent comme l'eau. L'eau canalisée irrigue le sol ; le sang et la sève doivent irriguer **23** eux | aussi. C'est Aristote qui a assimilé la distribution du sang

---

1. Cl. Bernard, *Introduction à l'Étude de la Médecine expérimentale*, Genève, Bibliothèque du Cheval Ailé, 1945, p. 165.
2. Voir plus loin, l'essai intitulé *Machine et Organisme*.

à partir du cœur et l'irrigation d'un jardin par des canaux[1].
Et Galien ne pensait pas autrement. Mais irriguer le sol, c'est
finalement se perdre dans le sol. Et là est exactement le prin-
cipal obstacle à l'intelligence de la circulation[2]. On fait gloire à
Harvey d'avoir fait l'expérience de la ligature des veines
du bras, dont la turgescence au-dessous du point de striction
est une des preuves expérimentales de la circulation. Or, cette
expérience avait déjà été faite en 1603 par Fabrice d'Aqua-
pendente – et il est bien possible qu'elle remonte encore plus
haut – qui en avait conclu au rôle régulateur des valvules des
veines, mais pensait qu'il s'agissait pour elles d'empêcher le
sang de s'accumuler dans les membres et les parties déclives.
Ce qu'Harvey ajouta à la somme des constatations faites avant
lui est ceci, à la fois simple et capital; en une heure, le ventri-
cule gauche envoie dans le corps par l'aorte un poids de sang
triple du poids du corps. D'où vient et où peut aller tant de
sang? Et d'ailleurs, si l'on ouvre une artère, l'organisme se
saigne à blanc. D'où naît l'idée d'un circuit fermé possible.
« Je me suis demandé, dit Harvey, si tout ne s'expliquerait pas
par un mouvement circulaire du sang ». C'est alors que, refai-
sant l'expérience de la ligature, Harvey parvient à donner un
sens cohérent à toutes les observations et expériences. On voit
comment la découverte de la circulation du sang c'est d'abord,
et peut-être essentiellement, la substitution d'un concept
fait pour « cohérer » des observations précises faites sur l'organisme en divers points et à différents moments, à un autre
concept, celui d'irrigation, directement importé en biologie du
domaine de la technique humaine. La réalité du concept biologique de circulation présuppose l'abandon de la commodité
du concept technique d'irrigation.

En conclusion, nous pensons comme Claude Bernard
que la connaissance des fonctions de la vie a toujours été

1. *Des Parties des animaux*, III, v, 668 a 13 et 34.
2. Singer, *op. cit.*, p. 125.

expérimentale, même quand elle était fantaisiste et anthropomorphique. C'est qu'il y a pour nous une sorte de parenté
fondamentale entre les notions d'expérience et de fonction.
Nous apprenons nos fonctions dans des expériences et
nos fonctions sont ensuite des expériences formalisées. Et
l'expérience c'est d'abord la fonction générale de tout vivant,
c'est-à-dire son débat (*Auseinandersetzung*, dit Goldstein)
avec le milieu. L'homme fait d'abord l'expérience de
l'activité biologique dans ses relations d'adaptation technique
au milieu, et cette technique est hétéropoétique, réglée sur
24 l'extérieur | et y prenant ses moyens ou les moyens de ses
moyens. L'expérimentation biologique, procédant de la
technique, est donc d'abord dirigée par des concepts de
caractère instrumental et, à la lettre, factice. C'est seulement
après une longue suite d'obstacles surmontés et d'erreurs
reconnues que l'homme est parvenu à soupçonner et à
reconnaître le caractère autopoétique de l'activité organique et
qu'il a rectifié progressivement, au contact même des phénomènes biologiques, les concepts directeurs de l'expérimentation. Plus précisément, du fait qu'elle est hétéropoétique,
la technique humaine suppose une logique *minima*, car la
représentation du réel extérieur que doit modifier la technique
humaine commande l'aspect discursif, raisonné, de l'activité
de l'artisan, à plus forte raison de celle de l'ingénieur. Mais
il faut abandonner cette logique de l'action humaine pour
comprendre les fonctions vivantes. Charles Nicolle a souligné
très vigoureusement le caractère apparemment alogique,
absurde, des procédés de la vie, l'absurdité étant relative à une
norme qu'il est en fait absurde d'appliquer à la vie [1]. C'est dans
le même sens que Goldstein définit la connaissance biologique
comme :

---

1. *Naissance, vie et mort des maladies infectieuses*, Paris, Alcan, 1930,
p. 237.

une activité créatrice, une démarche essentiellement appa-
rentée à l'activité par laquelle l'organisme compose avec le
monde ambiant de façon à pouvoir se réaliser lui-même,
c'est-à-dire exister. La connaissance biologique reproduit
d'une façon consciente la démarche de l'organisme vivant.
La démarche cognitive du biologiste est exposée à des
difficultés analogues à celles que rencontre l'organisme
dans son apprentissage (*learning*), c'est-à-dire dans ses
tentatives pour s'ajuster au monde extérieur[1].

Or cette obligation où se trouve le biologiste de former progressivement ou mieux de mûrir les concepts biologiques par
une sorte de mimétisme c'est ce que, selon Bergson, Claude
Bernard a voulu enseigner :

> Il a aperçu, il a mesuré l'écart entre la logique de l'homme et
> celle de la nature. Si, d'après lui, nous n'apporterons jamais
> trop de prudence à la vérification d'une hypothèse, jamais
> nous n'aurons mis assez d'audace à l'inventer. Ce qui est
> absurde à nos yeux ne l'est pas nécessairement au regard de
> la nature : tentons l'expérience et si l'hypothèse se vérifie il
> faudra bien que l'hypothèse devienne intelligible et claire à
> mesure que les faits nous contraindront à nous familiariser
> avec elle. Mais rappelons-nous aussi que jamais | une idée, **25**
> si souple que nous l'ayons faite, n'aura la même souplesse
> que les choses[2].

L'intérêt de l'*Introduction* pour une étude des procédés
expérimentaux en biologie tient davantage, au fond, dans les
restrictions que Claude Bernard apporte aux considérations
générales sur les postulats et les techniques de l'expérimentation que dans ces considérations elles-mêmes et c'est

1. *Remarques sur le problème épistémologique de la biologie*, Congrès
international de philosophie des sciences, Paris, 1949, « Épistémologie », Paris,
Hermann, 1951, p. 143.
2. *La Philosophie de Claude Bernard*, p. 264.

pourquoi le deuxième chapitre de la deuxième partie l'emporte de beaucoup, selon nous, sur le premier. Sur ce point du reste, Claude Bernard a un précurseur dans la personne de A. Comte. Dans la quarantième leçon du *Cours de Philosophie positive* : « Considérations sur l'ensemble de la science biologique », on peut lire :

> Une expérimentation quelconque est toujours destinée à découvrir suivant quelles lois chacune des influences déterminantes ou modifications d'un phénomène participe à son accomplissement et elle consiste, en général, à introduire dans chaque condition proposée un changement bien défini afin d'apprécier directement la variation correspondante du phénomène lui-même. L'entière rationalité d'un tel artifice et son succès irrécusable reposent évidemment sur ces deux conditions fondamentales : 1) que le changement introduit soit pleinement compatible avec l'existence du phénomène étudié, sans quoi la réponse serait purement négative ; 2) que les deux cas comparés ne diffèrent exactement que sous un seul point de vue, car autrement l'interprétation, quoique directe, serait essentiellement équivoque [1].

Or, ajoute Comte : « La nature des phénomènes biologiques doit rendre presque impossible une suffisante réalisation de ces deux conditions et surtout de la seconde ». Mais si A. Comte, avant Claude Bernard, et vraisemblablement sous l'influence des idées exposées par Bichat dans ses *Recherches physiologiques sur la vie et la mort*, 1800 [2], affirme que l'expérimentation biologique ne peut pas se borner à copier les

---

1. *Cours*, éd. Schleicher, t. III, p. 169.
2. « Il est facile de voir, d'après cela, que la science des corps organisés doit être traitée d'une manière toute différente de celles qui ont les corps inorganiques pour objet. Il faudrait, pour ainsi dire, y employer un langage différent, car la plupart des mots que nous transportons des sciences physiques dans celle de l'économie animale ou végétale nous y rappellent sans cesse des idées qui ne s'allient nullement avec les phénomènes de cette science », Ire partie, article VII, § I : « Différence des forces vitales d'avec les lois physiques ».

principes et les pratiques de l'expérimentation en physique ou en chimie, c'est bien Claude Bernard qui enseigne, et d'abord par l'exemple, | que le biologiste doit inventer sa technique 26 expérimentale propre. La difficulté, sinon l'obstacle, tient dans le fait de tenter par l'analyse l'approche d'un être qui n'est ni une partie ou un segment, ni une somme de parties ou de segments, mais qui n'est un vivant qu'en vivant comme un, c'est-à-dire comme un tout.

> Le physiologiste et le médecin ne doivent donc jamais oublier que l'être vivant forme un organisme et une indivi-dualité… Il faut donc bien savoir que, si l'on décompose l'organisme vivant en isolant ses diverses parties, ce n'est que pour la facilité de l'analyse expérimentale et non point pour les concevoir séparément. En effet, quand on veut donner à une propriété physiologique sa valeur et sa véri-table signification, il faut toujours la rapporter à l'ensemble et ne tirer de conclusion définitive que relativement à ses effets dans cet ensemble [1].

Reprenant maintenant en détail les difficultés relevées par A. Comte et Claude Bernard, il convient d'examiner, en s'aidant d'exemples, quelles précautions méthodologiques originales doivent susciter dans la démarche expérimentale du biologiste la spécificité des formes vivantes, la diversité des individus, la totalité de l'organisme, l'irréversibilité des phénomènes vitaux.

1) *Spécificité.* Contrairement à Bergson qui pense que nous devrions apprendre de Claude Bernard « qu'il n'y a pas de différence entre une observation bien prise et une géné-ralisation bien fondée » [2], il faut bien dire qu'en biologie la généralisation logique est imprévisiblement limitée par la spécificité de l'objet d'observation ou d'expérience. On sait

---

1. *Introduction*, p. 187-188. Voir également p. 190-191 le passage relatif au décalage obligé entre la synthèse et l'analyse.
2. *Op. cit.*, p. 218.

que rien n'est si important pour un biologiste que le choix de son matériel d'étude. Il opère électivement sur tel ou tel animal selon la commodité relative de telle observation anatomique ou physiologique, en raison soit de la situation ou des dimensions de l'organe, soit de la lenteur d'un phénomène ou au contraire de l'accélération d'un cycle. En fait le choix n'est pas toujours délibéré et prémédité ; le hasard, aussi bien que le temps, est galant homme pour le biologiste. Quoi qu'il en soit, il serait souvent prudent et honnête d'ajouter au titre d'un chapitre de physiologie qu'il s'agit de la physiologie de tel animal, en sorte que les lois des phénomènes qui portent, ici comme ailleurs, presque toujours le nom de l'homme qui les formula, portassent de surcroît le nom de l'animal utilisé pour l'expérience : le chien, pour les réflexes conditionnés ;
27 le pigeon, | pour l'équilibration ; l'hydre pour la régénération ; le rat pour les vitamines et le comportement maternel ; la grenouille, « Job de la biologie », pour les réflexes ; l'oursin, pour la fécondation et la segmentation de l'œuf ; la drosophile, pour l'hérédité ; le cheval, pour la circulation du sang, etc. [1].

Or, l'important ici est qu'aucune acquisition de caractère expérimental ne peut être généralisée sans d'expresses réserves, qu'il s'agisse de structures, de fonctions et de comportements, soit d'une variété à une autre dans une même espèce, soit d'une espèce à une autre, soit de l'animal à l'homme.

De variété à variété : par exemple, lorsqu'on étudie les conditions de pénétration dans la cellule vivante de substances chimiques définies, on constate que les corps solubles dans les graisses pénètrent facilement sous certaines conditions ; c'est ainsi que la caféine est inactive sur le muscle strié de la grenouille verte lorsque le muscle est intact, mais si on lèse le tissu musculaire une affinité intense se manifeste. Or ce qui est vrai de la grenouille verte ne l'est pas de la grenouille rousse :

---

1. Consulter à ce sujet *Les Animaux au service de la science*, par Léon Binet, Paris, Gallimard, 1940.

l'action de la caféine sur le muscle intact de la grenouille rousse est immédiate.

D'espèce à espèce : par exemple, on cite encore dans beaucoup de manuels d'enseignement les lois de Pflüger sur l'extension progressive des réflexes (unilatéralité; symétrie; irradiation; généralisation). Or, comme l'ont fait remarquer von Weiszäcker et Sherrington, le matériel expérimental de Pflüger ne lui permettait pas de formuler les lois générales du réflexe. En particulier, la seconde loi de Pflüger (symétrie), vérifiée sur des animaux à démarche sautillante comme le lapin, est fausse s'il s'agit du chien, du chat et d'une façon générale de tous les animaux à marche diagonale.

> Le facteur fondamental de coordination est le mode de loco-motion de l'animal. L'irradiation sera identique chez les animaux ayant même type de locomotion et différente chez ceux qui ont une locomotion différente [1].

Sous ce rapport le chat se distingue du lapin, mais se rapproche du triton.

De l'animal à l'homme : par exemple, le phénomène de réparation des fractures osseuses. Une fracture se répare par un cal. Dans la formation d'un cal on distinguait tradition-nellement trois stades : stade du cal conjonctif, c'est-à-dire organisation de l'hématome interfragmentaire; stade du cal cartilagineux; stade du cal | osseux, par transformation des **28** cellules cartilagineuses en ostéoblastes. Or Leriche et Policard ont montré que dans l'évolution normale d'un cal humain, il n'y a pas de stade cartilagineux. Ce stade avait été observé sur les chiens, c'est-à-dire sur des animaux dont l'immobilisation thérapeutique laisse toujours à désirer [2].

---

1. Ch. Kayser, « Les Réflexes », dans *Conférences de physiologie médicale sur des sujets d'actualité*, Paris, Masson, 1933.
2. *Cf.* Leriche, *Physiologie et pathologie du tissu osseux*, Paris, Masson, 1938, 1ʳᵉ leçon.

2) *Individualisation*. À l'intérieur d'une espèce vivante donnée, la principale difficulté tient à la recherche de représentants individuels capables de soutenir des épreuves d'addition, de soustraction ou de variation mesurée des composants supposés d'un phénomène, épreuves instituées aux fins de comparaison entre un organisme intentionnellement modifié et un organisme témoin, c'est-à-dire maintenu égal à son sort biologique spontané. Par exemple, toutes les expériences relatives à l'efficacité anti-infectieuse des vaccins consistent à inoculer des cultures microbiennes à deux lots d'animaux interchangeables en tous points, sauf en ceci que l'un a été préparé par injections vaccinales préalables et l'autre non. Or la conclusion de la comparaison ainsi instituée n'a de valeur, en toute rigueur, que si l'on est en droit de tenir les organismes confrontés pour l'équivalent de ce que sont en physique et en chimie des systèmes clos, c'est-à-dire des conjonctions de forces physiques ou d'espèces chimiques dûment dénombrées, mesurées ou dosées. Mais comment s'assurer à l'avance de l'identité sous tous les rapports de deux organismes individuels qui, bien que de même espèce, doivent aux conditions de leur naissance (sexualité, fécondation, amphimixie) une combinaison unique de caractères héréditaires? À l'exception des cas de reproduction agame (boutures de végétaux), d'autofécondation, de gémellité vraie, de polyembryonie (chez le tatou, par exemple), il faut opérer sur des organismes de lignée pure relativement à tous les caractères, sur des homozygotes intégraux. Or, si le cas n'est pas purement théorique, il faut avouer du moins qu'il est strictement artificiel. Ce matériel animal est une fabrication humaine, le résultat d'une ségrégation constamment vigilante. En fait, certaines organisations scientifiques élèvent des espèces, au sens jordanien du terme, de rats et de souris obtenus par une longue série d'accouplements entre consanguins[1].

---

1. *Cf.* L. Cuénot, *L'Espèce*, Doin, 1936, p. 89.

Et par conséquent l'étude d'un tel matériel biologique, dont ici comme ailleurs les éléments sont un donné, est à la lettre celle d'un *artefact*[1]. Et de même | qu'en physique l'utilisation, 29 apparemment ingénue, d'un instrument comme la loupe, implique l'adhésion, ainsi que l'a montré Duhem, à une théorie, de même en biologie l'utilisation d'un rat blanc élevé par la *Wistar Institution* implique l'adhésion à la génétique et au mendélisme qui restent quand même, aujourd'hui encore, des théories.

3) *Totalité*. Supposée obtenue l'identité des organismes sur lesquels porte l'expérimentation, un second problème se pose. Est-il possible d'analyser le déterminisme d'un phénomène en l'isolant, puisqu'on opère sur un tout qu'altère en tant que tel toute tentative de prélèvement? Il n'est pas certain qu'un organisme, après ablation d'organe (ovaire, estomac, rein), soit le même organisme diminué d'un organe. Il y a tout lieu de croire, au contraire, que l'on a désormais affaire à un tout autre organisme, difficilement superposable, même en partie, à l'organisme témoin. La raison en est que, dans un organisme, les mêmes organes sont presque toujours polyvalents – c'est ainsi que l'ablation de l'estomac ne retentit pas seulement sur la digestion mais aussi sur l'hématopoïèse –, que d'autre part tous les phénomènes sont intégrés. Soit un exemple d'intégration nerveuse: la section de la moelle épinière sur le chat ou le chien, au-dessous du cinquième segment cervical[2] crée un état de choc caractérisé par l'abolition des

---

1. Jacques Duclaux montre très justement dans *L'Homme devant l'univers*, Paris, Flammarion, 1949, que la science moderne est davantage l'étude d'une *paranature* ou d'une *supernature* que de la nature elle-même: «L'ensemble des connaissances scientifiques aboutit à deux résultats. Le premier est l'énoncé des lois naturelles. Le second, beaucoup plus important, est la création d'une nouvelle nature superposée à la première et pour laquelle il faudrait trouver un autre nom puisque, justement, elle n'est pas naturelle et n'aurait jamais existé sans l'homme » (p. 273).

2. Pour respecter la fonction respiratoire du diaphragme.

réflexes dans les régions sous-jacentes à la section, état auquel succède une période de récupération de l'automatisme. Mais comme l'a montré von Weiszäcker cette récupération n'est pas un rétablissement, c'est la constitution d'un autre type d'automatisme, celui de « l'animal spinal ». Soit un exemple d'intégration et de polyvalence endocriniennes : l'oiseau pond un œuf qui grossit rapidement en s'entourant d'une coquille. Les phénomènes de mobilisation des constituants minéraux, protéiques et lipidiques de l'œuf sont intégrés au cycle ovarien. La folliculine conditionne à la fois les modifications morphologiques du conduit génital et la mobilisation chimique des constituants de l'œuf (augmentation de la production d'albumines par le foie ; néoformation d'os médullaire dans les os longs). Dès que cesse l'action de la folliculine, | l'os néoformé se résorbe en libérant le calcium qu'utilise la glande coquillière de l'oviducte. Ainsi l'ablation des ovaires chez l'oiseau retentit non seulement sur la morphologie de l'organisme mais également sur l'ensemble des phénomènes biochimiques.

4) *Irréversibilité*. Si la totalité de l'organisme constitue une difficulté pour l'analyse, l'irréversibilité des phénomènes biologiques, soit du point de vue du développement de l'être, soit du point de vue des fonctions de l'être adulte, constitue une autre difficulté pour l'extrapolation chronologique et pour la prévision.

Au cours de la vie l'organisme évolue irréversiblement, en sorte que la plupart de ses composants supposés sont pourvus, si on les retient séparés, de potentialités qui ne se révèlent pas dans les conditions de l'existence normale du tout. L'étude du développement de l'œuf ou des phénomènes de régénération est ici particulièrement instructive.

Le meilleur exemple d'évolution irréversible est fourni par la succession des stades d'indétermination, de détermination et de différenciation de l'œuf d'oursin.

Au stade d'indétermination, l'ablation d'un segment de l'œuf est compensée. Malgré l'amputation initiale, l'organisme est complet au terme du développement. On peut tenir une partie comme douée du même pouvoir évolutif que le tout.

Après le stade de détermination de l'ébauche, les substances organo-formatrices paraissent localisées dans des secteurs très délimités. Les parties de l'embryon n'étant plus totipotentes ne sont plus équivalentes. L'ablation d'un segment ne peut être compensée.

Au stade de différenciation, des différences morphologiques apparaissent. On remarquera à ce sujet comment des expériences de ce genre, en révélant des possibilités organiques initiales que la durée de la vie réduit progressivement, jettent un pont entre la constitution normale et la forme monstrueuse de certains organismes, Elles permettent en effet d'interpréter la monstruosité comme un arrêt de développement ou comme la fixation qui permet, selon l'âge de l'embryon, la manifestation par d'autres ébauches des propriétés que leur situation et leurs connexions ordinaires leur interdiraient [1].

À l'irréversibilité de la différenciation succède chez le vivant différencié une irréversibilité de caractère fonctionnel. Claude Bernard notait que si aucun animal n'est absolument comparable | à un autre de même espèce, le même animal n'est 31 pas non plus comparable à lui-même selon les moments où on l'examine [2]. Si les travaux sur l'immunité et l'anaphylaxie ont aujourd'hui familiarisé les esprits avec cette notion, il faut bien reconnaître qu'elle n'est pas devenue sans difficulté un impératif catégorique de la recherche et que les découvertes fondamentales qui ont contribué le plus à l'accréditer n'ont été rendues possibles que par sa méconnaissance. Car c'est à deux fautes techniques que sont dues la découverte de l'immunité par Pasteur (1880) et la découverte de l'anaphylaxie par Portier et Richet (1902). C'est par inadvertance que Pasteur

1. Étienne Wolff, *La Science des monstres*, Paris, Gallimard, 1948, p. 237.
2. *Introduction*, p. 255.

injecte à des poules une culture de choléra vieillie, et par économie qu'il inocule les mêmes poules avec une culture fraîche. C'est pour n'avoir pas injecté à des chiens une dose d'emblée mortelle d'extrait glycériné de tentacules d'actinie, et pour avoir utilisé dans une seconde expérience les mêmes animaux, dont la mort suit en quelques minutes l'injection d'une dose bien inférieure à la première, que Portier et Richet établissent un fait qu'il faut bien dire expérimental sans préméditation d'expérience. Et on n'oubliera pas que l'utilisation thérapeutique des substances anti-infectieuses a fait depuis longtemps apparaître que les êtres microscopiques, bactéries ou protozoaires, présentent, dans leur relation avec les antibiotiques, des variations de sensibilité, des déformations de métabolisme, et donc des phénomènes de résistance et même de dépendance qui aboutissent parfois paradoxalement à ceci que le germe infectieux ne puisse vivre que dans le milieu artificiellement créé pour le détruire[1]. C'est à quoi pensait Ch. Nicolle, insistant sur l'obligation d'étudier la maladie infectieuse, phénomène biologique, avec le sens biologique et non avec un esprit uniquement mécaniste, lorsqu'il écrivait que « le phénomène se modifie entre nos mains » et que « nous avançons sur une route qui marche elle-même »[2].

On voit enfin comment l'irréversibilité des phénomènes biologiques s'ajoutant à l'individualité des organismes vient limiter la possibilité de répétition et de reconstitution des conditions déterminantes d'un phénomène, toutes choses égales d'ailleurs, qui reste l'un des procédés caractéristiques de l'expérimentation dans les sciences de la matière.

Il a déjà été dit que les difficultés de l'expérimentation biologique | ne sont pas des obstacles absolus mais des stimulants

32

---

1. Paul Hauduroy, «Les Lois de la physiologie microbienne dressent devant les antibiotiques la barrière de l'accoutumance », dans *La Vie médicale*, mars 1951.

2. *Naissance, vie et mort des maladies infectieuses*, p. 33.

de l'invention. À ces difficultés répondent des techniques proprement biologiques. Sur ce point, il faut convenir que la pensée de Claude Bernard n'est pas toujours très ferme, car s'il se défend de laisser absorber la physiologie par les chimistes et les physiciens, s'il affirme que « la biologie a son problème spécial et son point de vue déterminé », il écrit aussi que c'est seulement la complexité des phénomènes de la vie qui commande la spécificité de la pratique expérimentale en biologie[1]. Or toute la question est de savoir si, en parlant d'un progrès de complexité, on n'affirme pas, implicitement quoique involontairement, l'identité foncière des méthodes. Le complexe ne peut être dit tel, relativement au simple, que dans un ordre homogène. Mais lorsque Claude Bernard affirme que la vie « crée les conditions spéciales d'un milieu organique qui s'isole de plus en plus du milieu cosmique », que le *quid proprium* de la science biologique consiste en « conditions physiologiques évolutives spéciales » et que par suite « pour analyser les phénomènes de la vie il faut nécessairement pénétrer dans les organismes vivants à l'aide des procédés de vivisection »[2], n'admet-il pas que la spécificité de l'objet biologique commande une méthode tout autre que celles de la physico-chimie ?

Il faut être aujourd'hui bien peu averti des tendances méthodologiques des biologistes, même les moins inclinés à la

---

1. *Introduction*, p. 196-198.

2. *Introduction*, p. 202-204. On se reportera aussi sur ce point au célèbre *Rapport sur les progrès et la marche de la physiologie générale en France* (1867) dont voici un passage significatif : « On aura beau analyser les phénomènes vitaux et en scruter les manifestations mécaniques et physico-chimiques avec le plus grand soin ; on aura beau leur appliquer les procédés chimiques les plus délicats, apporter dans leur observation l'exactitude la plus grande et l'emploi des méthodes graphiques et mathématiques les plus précises, on n'aboutira finalement qu'à faire rentrer les phénomènes des organismes vivants dans les lois de la physique et de la chimie générale, ce qui est juste ; mais on ne trouvera jamais ainsi les lois propres de la physiologie ».

mystique, pour penser qu'on puisse honnêtement se flatter de découvrir par des méthodes physico-chimiques autre chose que le contenu physico-chimique de phénomènes dont le sens biologique échappe à toute technique de réduction. Comme le dit Jacques Duclaux :

> À coup sûr, il doit être possible d'étendre par quelque moyen à la cellule des notions qui nous viennent du monde minéral, mais cette extension ne doit pas être une simple répétition et doit être accompagnée d'un effort de création. Comme nous l'avons déjà dit, l'étude de la cellule n'est pas celle d'un cas particulier pouvant être résolu par l'application de formules plus générales ; | c'est la cellule au contraire qui constitue le système le plus général, dans lequel toutes les variables entrent en jeu simultanément. Notre chimie de laboratoire ne s'occupe que des cas simples comportant un nombre de variables restreint [1].

33

On a cru longtemps tenir dans une somme de lois physico-chimiques l'équivalent positif de la fonction d'une membrane cellulaire vivante. Mais le problème biologique ne consiste pas à déterminer la perméabilité de la membrane par les équilibres réalisés sur ses deux faces, il consiste à comprendre que cette perméabilité soit variable, adaptée, sélective [2]. En sorte que, selon la remarque pénétrante de Th. Cahn :

> on est amené en biologie, inéluctablement, même en ne voulant vérifier qu'un principe physique, à l'étude des lois de comportement des êtres vivants, c'est-à-dire à l'étude par les réponses obtenues, des types d'adaptation

---

1. *Analyse chimique des fonctions vitales*, Paris, Hermann, 1934, p. x. Tout l'opuscule est à lire.

2. Cl. Guyénot, « La Vie comme invention », dans *L'Invention* (Semaine internationale de *Synthèse* 1937), Paris, P.U.F., 1938.

des organismes aux lois physiques, aux problèmes physiologiques proprement dits[1].

Indiquons donc rapidement les principes de quelques
techniques expérimentales proprement biologiques : elles sont
générales et indirectes, comme lorsque l'on modifie par addition ou soustraction d'un composant élémentaire supposé
le milieu dans lequel vit et se développe un organisme ou
un organe ; ou bien elles sont spéciales et directes comme
lorsqu'on agit sur un territoire délimité d'un embryon à un
stade connu du développement.

Les techniques de transplantation ou d'explantation de
tissus ou d'organes ont acquis, du fait des expériences de
Carrel, une notoriété insuffisamment accompagnée, dans le
public, de l'intelligence exacte de leur portée. En insérant une
partie de l'organisme à une place autre que la normale, chez le
même individu ou chez un autre individu, on modifie ses
relations topographiques en vue de révéler les responsabilités
d'influence et les rôles différents de secteurs et de territoires
différents. En plaçant un tissu ou un organe dans un milieu
spécialement composé, conditionné et entretenu, permettant
la survie (culture de tissus ou d'organes), on libère le
tissu ou l'organe de toutes les stimulations ou inhibitions
qu'exercent sur lui par la voie du milieu intérieur normal,
l'ensemble coordonné des autres tissus ou organes composant
avec lui l'organisme total.

| Soit un exemple d'expérimentation et d'analyse authen- 34
tiquement biologique. Pour dissocier l'action des hormones
ovariennes et hypophysaires sur l'aspect morphologique des
organes génitaux femelles, c'est-à-dire pour dénombrer et
définir séparément et distinctement les éléments d'un déterminisme global, on institue chez une femelle de rongeur une

1. *Quelques bases physiologiques de la nutrition*, Paris, Hermann, 1946,
p. 22.

castration physiologique par transplantation des ovaires, greffés sur un mésentère. On obtient ainsi que, par la voie de la circulation porte, toutes les hormones œstrogènes traversent le foie qui est capable de les rendre inactives. On observe, à la suite de cette greffe, que les conduits génitaux s'atrophient comme à la suite d'une castration. Mais l'hypophyse, en l'absence du régulateur que constitue pour elle l'hormone ovarienne, accroît sa sécrétion d'hormone gonadotrope. En somme, les ovaires n'existent plus pour l'hypophyse puisque leur sécrétion ne l'atteint plus, mais comme ils existent toujours cependant et comme l'hypophyse existe pour eux, puisque sa sécrétion leur parvient, voilà qu'ils s'hypertrophient par réaction à l'excès d'hormone gonadotrope. On obtient donc, par modification d'un circuit excréteur, la rupture d'un cercle d'action et de réaction et la dissociation par atrophie et hypertrophie d'une image morphologique normale.

Naturellement, de telles méthodes expérimentales laissent encore irrésolu un problème essentiel : celui de savoir dans quelle mesure les procédés expérimentaux, c'est-à-dire artificiels, ainsi institués permettent de conclure que les phénomènes naturels sont adéquatement représentés par les phénomènes ainsi rendus sensibles. Car ce que recherche le biologiste c'est la connaissance de ce qui est et de ce qui se fait, abstraction faite des ruses et des interventions auxquelles le contraint son avidité de connaissance. Ici comme ailleurs comment éviter que l'observation, étant action parce qu'étant toujours à quelque degré préparée, trouble le phénomène à observer ? Et plus précisément ici, comment conclure de l'expérimental au normal[1] ? C'est pourquoi, s'interrogeant sur le mécanisme de production de ces vivants paradoxalement normaux et monstrueux que sont des jumeaux vrais humains, et rapprochant pour leur éclaircissement réciproque les leçons

1. *Cf.* notre *Essai sur quelques problèmes concernant le normal et le pathologique*, 2ᵉ éd., Paris, Les Belles Lettres, 1950, p. 86-89.

de la tératologie et de l'embryologie expérimentale, Étienne Wolff écrit :

> Il est difficile d'admettre que les facteurs accidentels exercent leur action avec autant de précision que les techniques expérimentales. Si celles-ci permettent de créer les conditions idéales pour | l'analyse des mécanismes et **35** la compréhension des phénomènes, il est vraisemblable que la nature « utilise » plus souvent les méthodes indirectes que les méthodes directes. L'embryon entier est probablement soumis à l'action du facteur tératogène. Il y a peu de chances pour qu'un accident banal exécute le même travail qu'une opération délicate [1].

Cet exemple des jumeaux vrais humains nous permet maintenant et enfin de poser un problème qu'un essai sur l'expérimentation biologique ne peut pas aujourd'hui ignorer, celui des possibilités et de la permission d'expérimentation directe sur l'homme.

Le savoir, y compris et peut-être surtout la biologie, est une des voies par lesquelles l'humanité cherche à assumer son destin et à transformer son être en devoir. Et pour ce projet, le savoir de l'homme concernant l'homme a une importance fondamentale. Le primat de l'anthropologie n'est pas une forme d'anthropomorphisme, mais une condition de l'anthropogénèse.

Il faudrait, en un sens, expérimenter sur l'homme pour éviter l'écueil, précédemment signalé, d'une extrapolation d'observations faites sur des animaux de telle ou telle espèce. Mais on sait quelles normes éthiques, que les uns diront préjugés et les autres impératifs imprescriptibles, viennent heurter ce genre d'expérimentation. Et ce qui complique encore le problème c'est la difficulté de délimiter l'extension du concept d'expérimentation sur l'homme, opération

---

1. *La Science des monstres*, p. 122.

d'intention strictement théorique en principe, en la distinguant de l'intervention thérapeutique (par exemple, la lobotomie) et de la technique de prévention hygiénique ou pénale (par exemple, la stérilisation légale). Le rapport de la connaissance et de l'action, pour n'être pas ici fondamentalement différent de ce qu'il est en physique et en chimie, retire de l'identité en l'homme du sujet du savoir et de l'objet de l'action un caractère si direct, si urgent, si émouvant que les élans philanthropiques venant interférer avec les réticences humanistes, la solution du problème suppose une idée de l'homme, c'est-à-dire une philosophie.

Nous rappelons que Claude Bernard considère les tentatives thérapeutiques et les interventions chirurgicales comme des expérimentations sur l'homme et qu'il les tient pour légitimes.

> La morale ne défend pas de faire des expériences sur son prochain, ni sur soi-même ; dans la pratique de la vie, les **36** hommes ne font que | faire des expériences les uns sur les autres. La morale chrétienne ne défend qu'une seule chose, c'est de faire du mal à son prochain [1].

Il ne nous paraît pas que ce dernier critère de discrimination entre l'expérimentation licite et l'expérimentation immorale soit aussi solide que Claude Bernard le pense. Il y a plusieurs façons de faire du bien aux hommes qui dépendent uniquement de la définition qu'on donne du bien et de la force avec laquelle on se croit tenu de le leur imposer, même au prix d'un mal, dont on conteste d'ailleurs la réalité foncière. Rappelons pour mémoire – et triste mémoire – les exemples massifs d'un passé récent.

Il est essentiel de conserver à la définition de l'expérimentation, même sur le sujet humain, son caractère de question

1. *Introduction*, p. 209.

posée sans préméditation d'en convertir la réponse en service immédiat, son allure de geste intentionnel et délibéré sans pression des circonstances. Une intervention chirurgicale peut être l'occasion et le moyen d'une expérimentation, mais elle-même n'en est pas une, car elle n'obéit pas aux règles d'une opération à froid sur un matériel indifférent. Comme tout geste thérapeutique accompli par un médecin, l'intervention chirur-gicale répond a des normes irréductibles à la simple technique d'une étude impersonnelle. L'acte médico-chirurgical n'est pas qu'un acte scientifique, car l'homme malade qui se confie à la conscience plus encore qu'à la science de son médecin n'est pas seulement un problème physiologique à résoudre, il est surtout une détresse à secourir. On objectera qu'il est artificiel et délicat de distinguer entre l'essai d'un traitement pharmacodynamique ou chirurgical pour une affection donnée et l'étude critique ou heuristique des liaisons de causalité biologique. C'est vrai si l'on s'en tient à la situation du specta-teur ou du patient. Ce n'est plus vrai, si l'on se met à la place de l'opérateur. Lui, et lui seul, sait précisément à quel moment l'intention et le sens de son intervention changent. Soit un exemple. Le chirurgien américain, C. P. Dandy, au cours d'une intervention chirurgicale sur le chiasma optique, a pratiqué la section complète de la tige hypophysaire chez une jeune fille de dix-sept ans. Il a constaté que la section ne trouble pas la vie génitale de la femme, à la différence de ce qu'on observe chez certaines espèces de mammifères où le cycle ovarien et la lactation sont notablement perturbés[1]. Pour dire s'il y a eu, dans ce cas, expérimentation ou non, il faudrait savoir si 37 l'on pouvait ou | non éviter de sectionner la tige hypophysaire et ce que l'on s'est proposé ce faisant. Seul l'opérateur,

---

1. *American Journal of Physiology*, 1940, t. CXIV, p. 312. Nous devons à l'obligeance du professeur Gaston Mayer, de la Faculté de médecine de Bordeaux, l'indication de cette expérience et de quelques autres citées à la suite.

dans un cas semblable, peut dire si l'opération a dépassé le geste chirurgical strict, c'est-à-dire l'intention thérapeutique. Dandy n'en dit rien, dans l'exemple cité.

Nous savons qu'on invoque ordinairement, pour trouver un critère valable de la légitimité d'une expérimentation biologique sur l'homme, le consentement du patient à se placer dans la situation de cobaye. Tous les étudiants en bactériologie connaissent l'exemple célèbre des Dick déterminant une angine rouge ou une scarlatine typique par friction de la gorge, sur des sujets consentants, avec une culture de streptocoques prélevés dans le pharynx ou sur un panaris de malades atteints de la scarlatine. Pendant la seconde guerre mondiale, des expériences relatives à l'immunité ont été pratiquées aux États-Unis sur des condamnés, sur des objecteurs de conscience, avec leur consentement. Si l'on observait ici que, dans le cas d'individus en marge et soucieux de se réhabiliter en quelque façon, le consentement risque de n'être pas plein, n'étant pas pur, on répondrait en citant les cas où des médecins, des chercheurs de laboratoire, des infirmiers pleinement conscients des fins et des aléas d'une expérience, s'y sont prêtés sans hésitation et sans autre souci que de contribuer à la solution d'un problème.

Entre ces cas limites d'apparente légitimité et les cas inverses de manifeste ignominie, où des êtres humains, dévalorisés par le législateur comme socialement déclassés ou physiologiquement déchus, sont utilisés de force à titre de matériel expérimental[1], se place l'infinie variété des cas où il devient difficile de décider si, faute d'une connaissance complète des éléments du problème – que l'opérateur lui-même n'a pas, puisqu'il expérimente, c'est-à-dire court un risque –

---

1. Plutôt que de rappeler de nouveau d'horribles pratiques peut-être trop exclusivement mises sur le compte de la technocratie ou du délire raciste, nous préférons signaler l'antiquité de la vivisection humaine. On sait que Hérophile et Erasistrate, chefs de l'école médicale d'Alexandrie, ont pratiqué la vivisection sur des condamnés à mort : « *Longeque optime fecisse Herophilum et Erasistratum qui nocentes homines a regibus ex carcere acceptos, vivos inciderint, considerarintque, etiamnum spiritu remanente, ea quae natura ante clausisset, eorumque positum, colorem, figuram ; magnitudinem, ordinem,*

on peut encore parler du consentement d'un patient à l'acte semi-thérapeutique et semi-expérimental qu'on lui offre de subir[1].

| Enfin, nous noterons qu'il y a des cas où l'appréciation et **38** les critiques pourraient viser aussi bien le consentement des patients que l'invitation des chercheurs. C'est ainsi que la connaissance des premiers stades du développement de l'œuf humain a bénéficié d'observations faites dans les conditions expérimentales que voici. Le gynécologue invite certaines femmes qu'il doit opérer pour des affections utérines variées à avoir des rapports sexuels à des dates fixées. L'ablation de l'utérus intervenant à des dates connues, il est possible de débiter la pièce prélevée et d'examiner la structure des œufs fécondés dont on calcule aisément l'âge[2].

Le problème de l'expérimentation sur l'homme n'est plus un simple problème de technique, c'est un problème de valeur. Dès que la biologie concerne l'homme non plus simplement comme problème, mais comme instrument de la recherche de solutions le concernant, la question se pose d'elle-même de décider si le prix du savoir est tel que le sujet du savoir puisse consentir à devenir objet de son propre savoir. On n'aura pas

---

1. *Cf.* Guyénot, *Les Problèmes de la vie*, Genève, Bourquin, 1946, « L'Expérimentation sur l'homme en parasitologie ».

Nous avons lu trop tard pour pouvoir l'utiliser un article du professeur René Fontaine sur « L'expérimentation en chirurgie » (*Somme de Médecine contemporaine*, I, p. 155 ; La Diane Française, éd. 1951). Il a le grand mérite de ne pas éviter les difficultés et de ne sacrifier ni au conformisme ni aux conventions.

2. John Rock and Arthur T. Hertio, « Some aspects of early human development », dans *American Journal of Obstetrics and Gynecology*, Saint-Louis, 1942, vol. XLIV, n° 6, p. 973-983.

John Rock et Miriam F. Menkin ont pu féconder *in vitro* des œufs humains, recueillis par ponction de follicules sur des ovaires prélevés pour raisons thérapeutiques, et observer quelques développements ovulaires ; *cf.* « In vitro fertilization and cleavage of human ovarian eggs », dans *Am. J. Obs. and Gynec.*, 1948, vol. LV, n° 3, p. 440-452.

de peine à reconnaître ici le débat toujours ouvert concernant l'homme moyen ou fin, objet ou personne. C'est dire que la biologie humaine ne contient pas en elle-même la réponse aux questions relatives à sa nature et à sa signification[1].

Cette étude a voulu insister sur l'originalité de la méthode biologique, sur l'obligation formelle de respecter la spécificité de son objet, sur la valeur d'un certain sens de nature biologique, propre à la conduite des opérations expérimentales. **39** Selon qu'on | s'estimera plus intellectualiste ou au contraire plus empiriste que nous-même, on estimera trop belle la part faite au tâtonnement ou au contraire à l'invention. On peut penser que la biologie est aujourd'hui une science de caractère décisif pour la position philosophique du problème des moyens de la connaissance et de la valeur de ses moyens, et cela parce que la biologie est devenue autonome, parce que surtout elle témoigne de la récurrence de l'objet du savoir sur la constitution du savoir visant la nature de cet objet, parce qu'enfin en elle se lient indissolublement connaissance et technique.

Nous voudrions demander à une image de nous aider à mieux approcher le paradoxe de la biologie. Dans l'*Électre*, de Jean Giraudoux, le mendiant, l'homme du trimard qui heurte du pied sur la route les hérissons écrasés, médite sur cette faute originelle du hérisson qui le pousse à la traversée des routes. Si cette question a un sens philosophique, car elle pose le problème du destin et de la mort, elle a en revanche beaucoup

---

1. *Cf.* Marc Klein, « Remarques sur les méthodes de la biologie humaine », dans *Congrès international de philosophie des sciences*, Paris, 1949, « Épistémologie », I, Paris, Hermann, 1951, p. 145.

* La médecine ne résout pas mieux, d'elle-même, des problèmes analogues posés par les techniques de greffe thérapeutique d'organes. Voir sur ce point un très bel article de J. Hamburger, J. Crosnier et J. Dormont, « Problèmes moraux posés par les méthodes de suppléance et de transplantation d'organes », dans *Revue française d'études cliniques et biologiques*, 1964, vol. IX, n° 6.

moins de sens biologique. Une route c'est un produit de la technique humaine, un des éléments du milieu humain, mais cela n'a aucune valeur biologique pour un hérisson. Les hérissons, en tant que tels, ne traversent pas les routes. Ils explorent à leur façon de hérisson leur milieu de hérisson, en fonction de leurs impulsions alimentaires et sexuelles. En revanche, ce sont les routes de l'homme qui traversent le milieu du hérisson, son terrain de chasse et le théâtre de ses amours, comme elles traversent le milieu du lapin, du lion ou de la libellule. Or, la méthode expérimentale – comme l'indique l'étymologie du mot méthode – c'est aussi une sorte de route que l'homme biologiste trace dans le monde du hérisson, de la grenouille, de la drosophile, de la paramécie et du streptocoque. Il est donc à la fois inévitable et artificiel d'utiliser pour l'intelligence de l'expérience qu'est pour l'organisme sa vie propre des concepts, des outils intellectuels, forgés par ce vivant savant qu'est le biologiste. On n'en conclura pas que l'expérimentation en biologie est inutile ou impossible, mais, retenant la formule de Claude Bernard : la vie c'est la création[1], on dira que la connaissance de la vie doit s'accomplir par conversions imprévisibles, s'efforçant de saisir un devenir dont le sens ne se révèle jamais si nettement à notre entendement que lorsqu'il le déconcerte.

1. *Introduction*, p. 194.

II

HISTOIRE

Tout développement nouveau d'une science s'appuie nécessairement sur ce qui existe déjà. Or, ce qui existe déjà ne s'arrête pas toujours à des limites fort précises. Entre le connu et le non connu, il y a, non pas une ligne définie, mais une bordure estompée. Avant d'atteindre la région où il peut trouver le sol ferme pour asseoir ses fondations, le savant doit revenir assez loin en arrière pour sortir de la zone mal assurée dont il vient d'être question. Si on veut étendre un peu largement le domaine scientifique auquel on se consacre, il faut, pour assurer ses perspectives, remonter jusque dans l'histoire pour trouver une base.

Ch. SINGER,
Histoire de la biologie, trad. Gidon, p. 15.

L'histoire des sciences a reçu jusqu'à présent en France plus d'encouragements que de contributions. Sa place et son rôle dans la culture générale ne sont pas niés, mais ils sont assez mal définis. Son sens même est flottant. Faut-il écrire l'histoire des sciences comme un chapitre spécial de l'histoire générale de la civilisation? Ou bien doit-on rechercher dans les conceptions scientifiques à un moment donné une expression de l'esprit général d'une époque, une *Weltanschauung*? Le problème d'attribution et de compétence est en suspens. Cette histoire relève-t-elle de l'historien en tant qu'exégète, philologue et érudit (cela surtout pour la période antique) ou bien du savant spécialiste, apte à dominer en tant que savant le problème dont il retrace l'histoire?

Faut-il être soi-même capable de faire progresser une question scientifique pour mener à bien la régression historique jusqu'aux premières et gauches tentatives de ceux qui l'ont formulée? Ou bien suffit-il pour faire œuvre d'historien en sciences de faire ressortir le caractère historique, voire dépassé, de telle œuvre, de telle conception, de révéler le caractère périmé des notions en dépit de la permanence des termes? Enfin, et par suite de ce qui précède, quelle est la valeur pour la science de l'histoire de la science? L'histoire de la science n'est-elle que le musée des erreurs de la raison humaine, si le vrai, fin de la recherche scientifique, est sous-trait au devenir ? En ce cas, pour le savant, l'histoire des sciences ne vaudrait pas une heure de peine, car, de ce point de vue, l'histoire des sciences c'est de l'histoire mais non de la science. Sur cette voie on peut aller jusqu'à dire que l'histoire des sciences est davantage une curiosité philosophique qu'un excitant de l'esprit scientifique [1].

44 | Une telle attitude suppose une conception dogmatique de la science et, si l'on ose dire, une conception dogmatique de la critique scientifique, une conception des « progrès de l'esprit humain » qui est celle de l'*Aufklärung*, de Condorcet et de Comte. Ce qui plane sur cette conception c'est le mirage d'un « état définitif » du savoir. En vertu de quoi, le préjugé scientifique c'est le jugement d'âges révolus. Il est une erreur parce qu'il est d'hier. L'antériorité chronologique est une infériorité logique [2]. Le progrès n'est pas conçu comme un rapport de valeurs dont le déplacement de valeurs en valeurs constituerait la valeur, il est identifié avec la possession d'une dernière valeur qui transcende les autres en permettant de les déprécier. M. Émile Bréhier a très justement remarqué que ce qu'il y a d'historique dans le *Cours de Philosophie positive* c'est moins l'inventaire des notions scientifiques que celui des notions préscientifiques [3]. Selon cette conception, et en dépit de l'équation du positif et du relatif, la notion positiviste de l'histoire

1. *Cf.* les interventions de MM. Parodi et Robin à la discussion du 14 avril 1934 sur la signification de l'histoire de la pensée scientifique, *Bulletin de la Société française de philosophie*, mai-juin 1934.

2. Cette thèse positiviste est exposée sans réserves par Claude Bernard. Voir les pages où il traite de l'histoire de la science et de la critique scientifique dans l'*Introduction à la Médecine expérimentale* (IIe partie, chap. II, fin) et notamment : « La science du présent est donc nécessairement au-dessus de celle du passé, et il n'y a aucune espèce de raison d'aller chercher un accroissement de la science moderne dans les connaissances des anciens. Leurs théories, nécessairement fausses, puisqu'elles ne renferment pas les faits découverts depuis, ne sauraient avoir aucun profit réel pour les sciences actuelles ».

3. « Signification de l'histoire de la pensée scientifique », dans *Bulletin de la Société française de philosophie*, mai-juin 1934.

des sciences recouvre un dogmatisme et un absolutisme latents. Il y aurait une histoire des mythes mais non une histoire des sciences.

Malgré tout, le développement des sciences au-delà de l'âge positiviste de la philosophie des sciences ne permet pas une aussi sereine confiance dans l'automatisme d'un progrés de dépréciation théorique. Pour ne citer qu'un exemple qui a pris les dimensions d'une crise au cours de laquelle de nombreux concepts scientifiques ont dû être réélaborés, nous ne pouvons plus dire qu'en optique la théorie de l'ondulation ait annulé la théorie de l'émission, que Huyghens et Fresnel aient définitivement convaincu Newton d'erreur. La synthèse des deux théories dans la mécanique ondulatoire nous interdit de tenir l'une des deux représentations du phénomène lumineux comme éliminée par l'autre à son profit. Or, dès qu'une théorie ancienne, longtemps tenue pour périmée, reprend une nouvelle, quoique parfois apparemment paradoxale, actualité, on s'aperçoit, en relisant dans un esprit de plus large | sympa- **45** thie les auteurs qui l'ont proposée, qu'ils ont eux-mêmes bien souvent éprouvé à son égard une certaine réticence concernant sa valeur d'explication exhaustive et qu'ils ont pu entrevoir sa correction et son complément éventuels par d'autres vues qu'ils étaient eux-mêmes naturellement maladroits à formuler.

C'est ainsi que Newton découvrit, sous l'aspect des anneaux auxquels on a donné son nom, des phénomènes de diffraction et d'interférence dont la théorie de l'émission corpusculaire ne pouvait rendre compte. Il fut donc amené à soupçonner la nécessité de compléter sa conception par le recours à des éléments de nature périodique (théorie des « accès de facile réflexion et de facile transmission »), complément dans lequel M. Louis de Broglie voit « une sorte de préfiguration de la synthèse que devait réaliser deux siècles plus tard la mécanique ondulatoire »[1]. Au sujet du même

---

1. *Matière et Lumière*, Paris, A. Michel, 1937, p. 163.

Newton, Langevin a fait remarquer que la théorie de la gravitation offre à considérer un cas frappant de « sénilisation des théories par dogmatisation » dont l'auteur des *Principia* de 1687 n'est pas personnellement responsable, attentif qu'il était à tous les faits auxquels l'hypothèse de l'attraction à distance ne pouvait conférer l'intelligibilité. « Ce sont ses disciples qui, devant le succès de la tentative newtonienne, ont donné à celle-ci un aspect dogmatique dépassant la pensée de l'auteur et rendant plus difficile un retour en arrière ». De ce fait et de certains autres analogues, Langevin tire des conclusions nettement défavorables à l'esprit dogmatique de l'actuel enseignement des sciences. Pour préparer des esprits neufs au travail scientifique, c'est-à-dire à une plus large compréhension des problèmes ou à la remise en question de certaines solutions, le retour aux sources est indispensable.

> Pour combattre le dogmatisme, il est très instructif de constater combien plus et mieux que leurs continuateurs et commentateurs, les fondateurs de théories nouvelles se sont rendu compte des faiblesses et des insuffisances de leurs systèmes. Leurs réserves sont ensuite oubliées, ce qui pour eux était hypothèse devient dogme de plus en plus intangible à mesure qu'on s'éloigne davantage des origines et un effort violent devient nécessaire pour s'en délivrer lorsque l'expérience vient démentir les conséquences plus ou moins lointaines d'idées dont on avait oublié le caractère provisoire et précaire[1].

46 En biologie, nous voudrions citer à l'appui | des idées si fécondes de Langevin le cas du problème de l'espèce. Il n'est pas de manuel élémentaire d'histoire naturelle ou de philosophie des sciences qui ne dénonce en Linné le père autoritaire de la théorie fixiste. Guyénot écrit, dans son ouvrage sur *Les Sciences de la vie aux XVIIe et XVIIIe siècles* que « c'est l'esprit

---

1. « La Valeur éducative de l'histoire des sciences », dans *Bulletin de la Société française de pédagogie*, n° 22, déc. 1926, Conférence reproduite dans *La Pensée captive* de J. Bézard, Vuibert, 1930, p. 53 *sq.*

dogmatique de Linné qui érigea en principe la notion de fixité des espèces »[1]. Mais plus loin, Guyénot reconnaît que Linné a été conduit par des observations sur l'hybridation à admettre « une sorte de transformisme restreint » dont le mécanisme lui est resté inconnu[2]. Singer qui sacrifie aussi au dogme du dogmatisme fixiste de Linné, à un certain passage de son *Histoire de la biologie*, apporte à un autre moment une correction à cette première interprétation[3]. À Linné, Guyénot et Singer opposent John Ray, fixiste nuancé et réticent. Or le fait est que Linné a apporté lui-même à son fixisme initial des corrections beaucoup plus nettes que celles de J. Ray et sur le vu de phénomènes biologiques bien plus significatifs. Cela est très bien vu par Cuénot dans son ouvrage sur *L'Espèce*. Et cela ressort avec une admirable clarté du livre de Knut Hagberg sur *Carl Linné*[4]. C'est la méditation de Linné sur les variétés monstrueuses et « anormales » dans le règne végétal et animal qui devait le conduire à l'abandon complet de sa première conception de l'espèce. Selon Hagberg, on doit convenir que Linné, champion prétendu du fixisme, « se joint aux naturalistes qui doutent de la validité de cette thèse ». Certes, Linné n'abandonna jamais complètement l'idée de certains ordres naturels créés par Dieu, mais il reconnut l'existence d'espèces et même de genres « enfants du temps »[5] et finit par supprimer dans les dernières éditions, sans cesse remaniées, du *Systema Naturae* son affirmation selon laquelle de nouvelles espèces ne se produisent jamais[6]. Linné n'est jamais parvenu à une notion bien nette de l'espèce. Ses successeurs ont-ils été bien plus heureux, encore qu'ils n'aient pas eu à surmonter comme

---

1. *Cf.* p. 361.
2. *Cf.* p. 373.
3. *Cf.* p. 196 et 316 de la traduction française par Gidon, Paris, Payot.
4. Trad. par Ammar et Metzger, éd. « Je Sers », 1944, p. 79 et 162 *sq.*
5. *Nouvelles preuves de la sexualité des plantes*, 1759.
6. Dans l'ouvrage de Jean Rostand, *Esquisse d'une histoire de la biologie*, Paris, Gallimard, 1945, Linné est présenté, sans paradoxe, comme l'un des fondateurs du transformisme (p. 40).

lui l'obstacle de leur propre point de départ? Dès lors, pourquoi l'historien des sciences présenterait-il Linné comme le responsable d'une rigidité doctrinale qui incombe à la pédagogie plus qu'à la constitution de la théorie? Sans doute **47** l'œuvre de Linné permettait-elle qu'on en tirât | le fixisme, mais *on aurait pu aussi tirer autre chose de toute l'œuvre*. La fécondité d'une œuvre scientifique tient à ceci qu'elle n'impose pas le choix méthodologique ou doctrinal auquel elle incline. Les raisons du choix doivent être cherchées ailleurs qu'en elle. Le bénéfice d'une histoire des sciences bien entendue nous paraît être de révéler l'histoire dans la science. L'histoire, c'est-à-dire selon nous, le sens de la possibilité. Connaître c'est moins buter contre un réel, que valider un possible en le rendant nécessaire. Dès lors, la genèse du possible importe autant que la démonstration du nécessaire. La fragilité de l'un ne le prive pas d'une dignité qui viendrait à l'autre de sa solidité. L'illusion aurait pu être une vérité. La vérité se révélera quelque jour peut-être illusion.

En France, à la fin du XIXᵉ siècle, et parallèlement à l'extinction des derniers tenants du spiritualisme éclectique, des penseurs comme Boutroux, H. Poincaré, Bergson et les fondateurs de la *Revue de Métaphysique et de Morale* ont entrepris avec juste raison de rapprocher étroitement la philosophie et les sciences. Mais il ne suffit pas, semble-t-il, de donner à la philosophie une allure de sérieux en lui faisant perdre celle d'une jonglerie verbale et dialectique au mauvais sens du mot. Il ne serait pas vain que la science retirât de son commerce philosophique une certaine allure de liberté qui lui interdirait désormais de traiter superstitieusement la connaissance comme une révélation, voire longuement implorée, et la vérité comme un dogme, voire qualifié de positif. Il peut donc être profitable de chercher les éléments d'une conception de la science et même d'une méthode de culture dans l'histoire des sciences entendue comme une psychologie de la conquête progressive des notions dans leur contenu actuel, comme une mise en forme de généalogies logiques et, pour employer une expression de M. Bachelard, comme un recensement des « obstacles épistémologiques » surmontés !

Nous avons choisi, comme premier essai de cet ordre, la théorie cellulaire en biologie.

La théorie cellulaire est très bien faite pour porter l'esprit philosophique à hésiter sur le caractère de la science biologique : est-elle rationnelle ou expérimentale ? Ce sont les yeux de la raison qui voient les ondes lumineuses, mais il semble bien que ce soient les yeux, organes des sens, qui identifient les cellules d'une coupe végétale. La théorie cellulaire serait alors un recueil de protocoles d'observation. L'œil armé du microscope voit le vivant macroscopique | composé de **48** cellules comme l'œil nu voit le vivant macroscopique composant de la biosphère. Et pourtant, le microscope est plutôt le prolongement de l'intelligence que le prolongement de la vue. En outre, la théorie cellulaire n'est pas l'affirmation que l'être se compose de cellules, mais d'abord que la cellule est le *seul* composant de *tous* les êtres vivants, et ensuite que toute cellule provient d'une cellule préexistante. Or cela ce n'est pas le microscope qui autorise à le dire. Le microscope est tout au plus un des moyens de le vérifier quand on l'a dit. Mais d'où est venue l'idée de le dire, avant de le vérifier ? C'est ici que l'histoire de la formation du concept de *cellule* a son importance. La tâche est en l'espèce grandement facilitée par le travail de Marc Klein, *Histoire des origines de la théorie cellulaire* [1].

Concernant la cellule, on fait généralement trop grand honneur à Hooke. Certes c'est bien lui qui découvre la chose, un peu par hasard et par le jeu d'une curiosité amusée des premières révélations du microscope. Ayant pratiqué une coupe fine dans un morceau de liège, Hooke en observe la structure cloisonnée [2]. C'est bien lui aussi qui invente le mot,

1. Paris, Hermann, 1936.

2. *Micrographia or some physiological descriptions of minute bodies made by magnifying glass, with observations and inquiries thereupon*, London, 1667.

sous l'empire d'une image, par assimilation de l'objet végétal, un rayon de miel, œuvre d'animal, elle-même assimilée à une œuvre humaine, car une cellule c'est une petite chambre. Mais la découverte de Hooke n'amorce rien, n'est pas un point de départ. Le mot même se perd et ne sera retrouvé qu'un siècle après.

Cette découverte de la chose et cette invention du mot appellent dès maintenant quelques réflexions. Avec la cellule, nous sommes en présence d'un objet biologique dont la surdétermination affective est incontestable et considérable. La psychanalyse de la connaissance compte désormais assez d'heureuses réussites pour prétendre à la dignité d'un genre auquel on peut apporter, même sans intention systématique, quelques contributions. Chacun trouvera dans ses souvenirs de leçons d'histoire naturelle l'image de la structure cellulaire des êtres vivants. Cette image a une constance quasi canonique. La représentation schématique d'un épithélium c'est l'image du gâteau de miel[1]. Cellule est un mot qui ne nous fait 49 pas penser au moine ou au prisonnier, mais nous | fait penser à l'abeille. Haeckel a fait remarquer que les cellules de cire remplies de miel sont le répondant complet des cellules végétales remplies de suc cellulaire[2]. Toutefois l'empire sur les esprits de la notion de cellule ne nous paraît pas tenir à cette intégralité de correspondance. Mais plutôt qui sait si en empruntant consciemment à la ruche des abeilles le terme de cellule, pour désigner l'élément de l'organisme vivant, l'esprit humain ne lui a pas emprunté aussi, presque inconsciemment, la notion du travail coopératif dont le rayon de miel est le produit? Comme l'alvéole est l'élément d'un édifice, les abeilles sont, selon le mot de Maeterlinck, des individus

---

1. Voir par exemple dans Bovin, Prenant et Maillard, *Traité d'histologie*, 1904, t. I, p. 95, la figure 84; dans Aron et Grassé, *Précis de biologie animale*, 1935, p. 525, la figure 245.

2. *Gemeinverständliche Werke*, Leipzig, Kröner Verlag, Berlin, Henschel Verlag, 1924, IV, p. 174.

entièrement absorbés par la république. En fait la cellule est une notion à la fois anatomique et fonctionnelle, la notion d'un matériau élémentaire et d'un travail individuel, partiel et subordonné. Ce qui est certain c'est que des valeurs affectives et sociales de coopération et d'association planent de près ou de loin sur le développement de la théorie cellulaire.

Quelques années après Hooke, Malpighi d'une part, Grew de l'autre, publient simultanément (1671) et séparément leurs travaux sur l'anatomie microscopique des plantes. Sans référence à Hooke, ils ont redécouvert la même chose, mais ils utilisent un autre mot. L'un et l'autre constatent que dans le vivant il y a ce que nous appelons maintenant des cellules, mais aucun d'eux n'affirme que le vivant n'est rien que cellules. Bien plus Grew est, selon Klein, un adepte de la théorie selon laquelle la cellule serait une formation secondaire, apparaissant dans un fluide vivant initial. Saisissons cette occasion de poser le problème pour lequel l'histoire d'une théorie biologique nous paraît pleine d'un intérêt proprement scientifique.

Depuis qu'on s'est intéressé en biologie à la constitution morphologique des corps vivants, l'esprit humain a oscillé de l'une à l'autre des deux représentations suivantes : soit une substance plastique fondamentale continue, soit une composition de parties, d'atomes organisés ou de grains de vie. Ici comme en optique, les deux exigences intellectuelles de continuité et de discontinuité s'affrontent.

En biologie, le terme de protoplasma désigne un constituant de la cellule considérée comme élément atomique de composition de l'organisme, mais la signification étymologique du terme nous renvoie à la conception du liquide formateur initial. Le botaniste Hugo von Mohl, l'un des premiers auteurs qui aient observé avec | précision la naissance **50** des cellules par division de cellules pré-existantes, a proposé en 1843 le terme de « protoplasma » comme se rapportant à la fonction physiologique d'un fluide précédant les premières productions solides partout où des cellules doivent naître. C'est cela même que Dujardin avait en 1835 nommé

« sarcode », entendant par là une gelée vivante capable de s'organiser ultérieurement. Il n'est pas jusqu'à Schwann, considéré comme le fondateur de la théorie cellulaire, chez qui les deux images théoriques n'interfèrent. Il existe selon Schwann une substance sans structure, le cytoblastème, dans laquelle naissent les noyaux autour desquels se forment les cellules. Schwann dit que dans les tissus les cellules se forment là où le liquide nutritif pénètre les tissus. La constatation de ce phénomène d'ambivalence théorique chez les auteurs mêmes qui ont le plus fait pour asseoir la théorie cellulaire suggère à Klein la remarque suivante, de portée capitale pour notre étude :

> On retrouve donc un petit nombre d'idées fondamentales revenant avec insistance chez les auteurs qui travaillent sur les objets les plus divers et qui se placent à des points de vue très différents. Ces auteurs ne les ont pas certes reprises les uns aux autres ; ces hypothèses fondamentales paraissent représenter des modes de penser constants qui font partie de l'explication dans les sciences.

Si nous transposons cette constatation d'ordre épistémologique sur le plan de la philosophie du connaître, nous devons dire, contre le lieu commun empiriste, souvent adopté sans critique par les savants lorsqu'ils s'élèvent jusqu'à la philosophie de leur savoir expérimental, que *les théories ne procèdent jamais des faits*. Les théories ne procèdent que de théories antérieures souvent très anciennes. Les faits ne sont que la voie, rarement droite, par laquelle les théories procèdent les unes des autres. Cette filiation des théories à partir des seules théories a été très bien mise en lumière par A. Comte lorsqu'il a fait remarquer qu'un fait d'observation supposant une idée qui oriente l'attention, il était logiquement inévitable que des théories fausses précédassent des théories vraies. Mais nous avons déjà dit en quoi la conception comtienne nous paraît insoutenable, c'est dans son identification de l'antériorité chronologique et de l'infériorité logique, identification qui conduit Comte à consacrer, sous l'influence d'un empirisme pourtant tempéré de déduction mathématique, la valeur théorique, désormais définitive à ses yeux, de cette monstruosité logique qu'est le « fait général ».

En résumé, il nous faut chercher ailleurs que dans la découverte de certaines structures microscopiques des êtres vivants les origines authentiques de la théorie cellulaire.

| 1707 est une date mémorable dans l'histoire de la biologie. C'est l'année où naissent les deux naturalistes dont la grandeur domine le XVIIIᵉ siècle, Linné, Buffon. En 1708, leur naît un égal, Haller. Sous des formes différentes, ils sont préoccupés de l'unité des diverses manifestations de la vie. À la rigueur, on peut dire qu'à aucun d'eux l'idée d'une composition élémentaire de l'être vivant n'est étrangère. Mais chez Linné, il s'agit d'une vue intuitive, presque poétique, formulée assez incidemment dans le *Voyage en Vestrogothie* de 1749. **51**

> Quand les plantes et les animaux pourrissent, ils deviennent de l'humus, l'humus devient ensuite l'aliment des plantes qui y sont semées et enracinées. De la sorte, le chêne le plus puissant et la plus vilaine ortie sont faits des mêmes éléments, c'est-à-dire des particules les plus fines de l'humus, par la nature ou par une pierre philosophale que le Créateur a déposée dans chaque graine pour changer et transformer l'humus selon l'espèce propre de la plante.

Il s'agit en somme de ce que Linné lui-même appelle plus loin une *metempsychosis corporum*. La matière demeure et la forme se perd. Selon cette vision cosmique, la vie est dans la forme et non dans la matière élémentaire. L'idée d'un élément vivant commun à tous les vivants n'est pas formée par Linné. C'est que Linné est un systématicien qui cherche l'unité du plan de composition des espèces plutôt que l'élément plastique de composition de l'individu.

En revanche, Haller et Buffon ont formulé, pour répondre à des exigences spéculatives plutôt que pour se soumettre à des données d'anatomie microscopiques, des tentatives de réduction des êtres vivants à une *unité vivante* jouant en biologie le rôle de principe, au double sens d'existence primordiale et de raison d'intelligibilité.

Haller voit l'élément vivant de la composition des organismes dans la fibre. Cette théorie fibrillaire, fondée surtout sur l'examen des nerfs, des muscles et des tendons, du tissu conjonctif lâche (appelé par Haller tissu celluleux), persistera sous des aspects variés chez plus d'un biologiste jusque vers le milieu du XIX⁰ siècle. Le caractère explicitement systématique de la conception de Haller éclate dès les premières pages des *Elementa Physiologiae* de 1757 : « La fibre est pour le physiologiste ce que la ligne est pour le géomètre ». L'élément en physiologie, tel qu'il est conçu par Haller, présente cette même ambiguïté d'origine empirique ou rationnelle que présente l'élément en géométrie tel qu'il est conçu par Euclide. Dans un autre ouvrage de la même époque Haller écrit :

52   La fibre la plus petite ou la fibre simple *telle que* | *la raison plutôt que les sens nous la fait percevoir*[1], est composée de molécules terrestres cohérentes en long et liées les unes aux autres par le gluten[2].

Dans l'œuvre de Buffon, dont Klein souligne le peu d'usage qu'il a fait du microscope, nous trouvons une théorie de la composition des vivants qui est à proprement parler un système au sens que le XVIII⁰ siècle donne à ce mot. Buffon

---

1. C'est nous qui soulignons.

2. Haller procède exactement comme Stenon (1638-1686) qui avait proposé une théorie fibrillaire du muscle dans son traité *De Musculis et glandulis observationum specimen* (1664) et l'avait reprise, sous forme d'exposé géométrique, dans son *Elementorum myologiae specimen* (1667). Dans ce dernier ouvrage, la première définition, au sens géométrique du mot, est celle de la fibre.

Nous rappelons que la structure fibrillaire des animaux et des plantes était enseignée par Descartes dans le *Traité de l'Homme* (*Œuvres,* éd. Adam-Tannery, XI, Paris, Vrin, p. 201). Et pourtant, on a voulu présenter Descartes comme un précurseur de la théorie cellulaire, à cause d'un texte de sa *Generatio Animalium* (A.T., XI, p. 534) : « La formation des plantes et des animaux se ressemblent en ceci que toutes deux se font avec des particules de matière roulées en rond par la force de la chaleur ». Nous sommes bien loin de partager cette opinion dont nous laissons la responsabilité au docteur Bertrand de Saint-Germain, *Descartes considéré comme physiologiste et comme médecin*, Paris, 1869, p. 376. Voir l'appendice I à la fin de l'ouvrage, p. 237, sur le passage de la théorie fibrillaire à la théorie cellulaire.

suppose des principes pour rendre compte, comme de leurs conséquences, d'un certain nombre de faits. Il s'agit essentiellement de faits de reproduction et d'hérédité. C'est dans l'*Histoire des animaux* (1748) qu'est exposée la théorie des « molécules organiques ». Buffon écrit :

> Les animaux et les plantes qui peuvent se multiplier et se reproduire par toutes leurs parties sont des corps organisés composés d'autres corps organiques semblables, et dont nous discernons à l'œil la quantité accumulée, mais dont nous ne pouvons percevoir les parties primitives que par le raisonnement [1].

Cela conduit Buffon à admettre qu'il existe une quantité infinie de parties organiques vivantes et dont la substance est la même que celle des êtres organisés. Ces parties organiques, communes aux animaux et aux végétaux, sont primitives et incorruptibles, en sorte que la génération et la destruction de l'être organisé ne sont pas autre chose que la conjonction et la disjonction de ces vivants élémentaires.

Cette supposition est, selon Buffon, la seule qui permette d'éviter les difficultés auxquelles se heurtent les théories rivales proposées avant lui pour expliquer les phénomènes de reproduction : l'ovisme et l'animalculisme. L'une et l'autre s'accordent à admettre une hérédité unilatérale mais s'opposent en ce que la première | admet, à la suite de Graaf, une héré- 53 dité maternelle, alors que la seconde admet, à la suite de Leeuwenhoek, une hérédité paternelle. Buffon, attentif aux phénomènes d'hybridation, ne peut concevoir qu'une hérédité bilatérale [2]. Ce sont les faits qui imposent cette conception : un enfant peut ressembler à la fois à son père et à sa mère. « La formation du fœtus se fait par la réunion des molécules organiques contenues dans le mélange qui vient de se faire des liqueurs séminales des deux individus » [3]. On sait par le

---

1. Chap. II.
2. Chap. V.
3. Chap. X.

témoignage même de Buffon[1] que l'idée première de sa théorie revient à Maupertuis dont la *Vénus physique* (1745) est la relation critique des théories concernant l'origine des animaux. Pour expliquer la production des variétés accidentelles, la succession de ces variétés d'une génération à l'autre, et enfin l'établissement ou la destruction des espèces, Maupertuis est conduit à «regarder comme des faits qu'il semble que l'expérience nous force d'admettre»: que la liqueur séminale de chaque espèce d'animaux contient une multitude de parties propres à former par leurs assemblages des animaux de la même espèce; que dans la liqueur séminale de chaque individu les parties propres à former des traits semblables à ceux de cet individu sont celles qui sont en plus grand nombre et qui ont le plus d'affinité; que chaque partie de l'animal fournit ses germes, en sorte que la semence de l'animal contient un raccourci de l'animal.

On doit noter l'emploi par Maupertuis du terme d'*affinité*. C'est là un concept qui nous paraît aujourd'hui bien verbal. Au XVIIIe siècle c'est un concept authentiquement scientifique, lesté de tout le poids de la mécanique newtonienne. Derrière l'affinité, il faut apercevoir l'attraction. Dans la pensée de Buffon, la juridiction de la mécanique newtonienne sur le domaine de l'organisation vivante est encore plus explicite :

> Il est évident que ni la circulation du sang, ni le mouvement des muscles, ni les fonctions animales ne peuvent s'expliquer par l'impulsion ni par les autres lois de la mécanique ordinaire ; il est tout aussi évident que la nutrition, le | développement et la reproduction se font par d'autres lois : pourquoi donc ne veut-on pas admettre des forces pénétrantes et agissantes sur les masses des corps, puisque d'ailleurs nous en avons des exemples dans la pesanteur des corps, dans les attractions magnétiques, dans les affinités chimiques[2] ?

54

1. Chap. v.
2. Chap. ix.

Cette agrégation par attraction des molécules organiques obéit à une sorte de loi de constance morphologique, c'est ce que Buffon appelle le «moule intérieur». Sans l'hypothèse du «moule intérieur» ajoutée à celle des molécules organiques, la nutrition, le développement et la reproduction du vivant sont inintelligibles.

> Le corps d'un animal est une espèce de moule intérieur, dans lequel la matière qui sert à son accroissement se modèle et s'assimile au total... Il nous paraît donc certain que le corps de l'animal ou du végétal est un moule intérieur qui a une forme constante mais dont la masse et le volume peuvent augmenter proportionnellement, et que l'accroissement, ou si l'on veut, le développement de l'animal ou du végétal ne se fait que par l'extension de ce moule dans toutes ses dimensions extérieures et intérieures; que cette extension se fait par l'intussusception d'une matière accessoire et étrangère qui pénètre dans l'intérieur, qui devient semblable à la forme et identique avec la matière du moule[1].

Le moule intérieur est un intermédiaire logique entre la cause formelle aristotélicienne et l'idée directrice dont parle Claude Bernard. Il répond à la même exigence de la pensée biologique, celle de rendre compte de l'individualité morphologique de l'organisme. Buffon est persuadé de ne pas verser dans la métaphysique en proposant une telle hypothèse, il est même assuré de ne pas entrer en conflit avec l'explication mécaniste de la vie, à la condition d'admettre les principes de la mécanique newtonienne au même titre que les principes de la mécanique cartésienne.

> J'ai admis, dans mon explication du développement et de la reproduction, d'abord les principes mécaniques reçus, ensuite celui de la force pénétrante de la pesanteur qu'on est obligé de recevoir; et par analogie j'ai cru pouvoir dire

---

1. Chap. III.

qu'il y avait encore d'autres forces pénétrantes qui
s'exerçaient dans les corps organisés, comme l'expérience
nous en assure [1].

Ces derniers mots sont remarquables. Buffon pense avoir
prouvé par les faits, en généralisant des expériences, qu'il
existe un nombre infini de parties organiques.

En fait, Buffon porte à l'actif de l'expérience une certaine
façon de lire l'expérience dont l'expérience est moins responsable que ne le sont les lectures de Buffon. Buffon a lu, étudié,
admiré Newton[2]; il a traduit et préfacé en 1740 le *Traité*
55 *des Fluxions*[3]. | Singer reconnaît avec perspicacité à cette
traduction un intérêt certain pour l'histoire de la biologie
française, car elle porta ombrage à Voltaire qui voulait avoir en
France le monopole d'importation des théories newtoniennes.
Voltaire ne loua jamais Buffon sans réserves, railla son collaborateur Needham et opposa aux explications géologiques de
la *Théorie de la Terre* et des *Époques de la Nature* des objections le plus souvent ridicules. Il est incontestable que Buffon a
cherché à être le Newton du monde organique, un peu comme
Hume cherchait à être à la même époque le Newton du monde
psychique. Newton avait démontré l'unité des forces qui
meuvent les astres et de celles qui s'exercent sur le corps à la
surface de la terre. Par l'attraction, il rendait compte de la
cohésion des masses élémentaires en systèmes matériels plus

---

1. Chap. III.
2. Voir le supplément à la *Théorie de la Terre* intitulé : *Des Éléments*,
et notamment les *Réflexions sur la loi de l'attraction*.
3. Vicq d'Azyr n'oublie pas ce dernier mérite dans son *Éloge de Buffon* à
l'Académie française, le 11 décembre 1788. Louis Roule attache la plus grande
importance au fait que Buffon « partit du calcul mathématique pour aller aux
sciences physiques et continuer vers les sciences naturelles » ; cf. *Buffon et la
description de la nature*, p. 19 *sq.*, Paris, Flammarion, 1924. Cet aspect du génie
de Buffon a été très bien vu également par Jean Strohl dans son étude sur
Buffon, du *Tableau de la Littérature française (XVIIᵉ-XVIIIᵉ siècles)*, Paris,
Gallimard, 1939.

complexes. Sans l'attraction, la réalité serait poussière et non pas univers.

Pour Buffon, « si la matière cessait de s'attirer » est une supposition équivalente de « si les corps perdaient leur cohérence »[1]. En bon newtonien, Buffon admet la réalité matérielle et corpusculaire de la lumière :

> Les plus petites molécules de matière, les plus petits atomes que nous connaissions sont ceux de la lumière… La lumière, quoique douée en apparence d'une qualité tout opposée à celle de la pesanteur, c'est-à-dire d'une volatilité qu'on croirait lui être essentielle est néanmoins pesante comme toute autre matière, puisqu'elle fléchit toutes les fois qu'elle passe auprès des autres corps et qu'elle se trouve à la portée de leur sphère d'attraction… Et de même que toute matière peut se convertir en lumière par la division et la répulsion de ses parties excessivement divisées, lorsqu'elles éprouvent un choc les unes contre les autres, la lumière peut aussi se convertir en toute autre matière par l'addition de ses propres parties, accumulées par l'attraction des autres corps[2].

La lumière, la chaleur et le feu sont des manières d'être de la matière commune. Faire œuvre de science c'est chercher comment « avec ce seul ressort et ce seul sujet, la nature peut varier ses œuvres à l'infini »[3]. Une conception corpusculaire de la matière et de la lumière ne peut pas ne pas entraîner une conception corpusculaire de la matière vivante pour qui pense qu'elle est seulement matière et chaleur.

> On peut rapporter à l'attraction seule tous les effets de la matière brute et à cette même force d'attraction jointe à celle de la chaleur, tous | les phénomènes de la matière vive. **56** J'entends par matière vive, non seulement tous les êtres qui vivent ou végètent, mais encore toutes les molécules organiques vivantes, dispersées et répandues dans les détriments

1. *Des Éléments* : 1 re partie, « De la lumière, de la chaleur et du feu ».
2. *Ibid.*
3. *Ibid.*

ou résidus des corps organisés ; je comprends encore dans la matière vive celle de la lumière, du feu et de la chaleur, en un mot toute matière qui nous paraît active par elle-même [1].

Voilà, selon nous, la filiation logique qui explique la naissance de la théorie des molécules organiques. Une théorie biologique naît du prestige d'une théorie physique. La théorie des molécules organiques illustre une méthode d'explication, la méthode analytique, et privilégie un type d'imagination, l'imagination du discontinu. La nature est ramenée à l'identité d'un élément – « un seul ressort et un seul sujet » – dont la composition avec lui-même produit l'apparence de la diversité – « varier ses œuvres à l'infini ». La vie d'un individu, animal ou végétal, est donc une conséquence et non pas un principe, un produit et non pas une essence. Un organisme est un mécanisme dont l'effet global résulte nécessairement de l'assemblage des parties. La véritable individualité vivante est moléculaire, monadique.

> La vie de l'animal ou du végétal ne paraît être que le résultat de toutes les actions, de toutes les petites vies particulières (s'il m'est permis de m'exprimer ainsi) de chacune de ces molécules actives dont la vie est primitive et paraît ne pouvoir être détruite : nous avons trouvé ces molécules vivantes dans tous les êtres vivants ou végétants : nous sommes assurés que toutes ces molécules organiques sont également propres à la nutrition et par conséquent à la reproduction des animaux ou des végétaux. Il n'est donc pas difficile de concevoir que, quand un certain nombre de ces molécules sont réunies, elles forment un être vivant : la vie étant dans chacune des parties, elle peut se retrouver dans un tout, dans un assemblage quelconque de ces parties [2].

Nous avons rapproché Buffon de Hume [3]. On sait assez que l'effort de Hume pour recenser et déterminer les idées simples

---

1. *Ibid.*
2. *Histoire des Animaux*, chapitre x.
3. Buffon rencontra Hume en Angleterre, en 1738.

dont l'association produit l'apparence d'unité de la vie mentale
lui paraît devoir s'autoriser de la réussite de Newton[1].
C'est un point | que Lévy-Bruhl a très bien mis en lumière 57
dans sa préface aux *Œuvres choisies* de Hume traduites
par Maxime David. À l'atomisme psychologique de Hume
répond symétriquement l'atomisme biologique de Buffon.
On voudrait pouvoir poursuivre la symétrie en qualifiant
d'associationnisme biologique la théorie des molécules organiques. Associationnisme implique association, c'est-à-dire
constitution d'une société postérieure à l'existence séparée des
individus participants. Certes Buffon partage les conceptions
sociologiques du XVIIIe siècle. La société humaine est le résultat
de la coopération réfléchie d'atomes sociaux pensants,
d'individus capables en tant que tels de prévision et de calcul.
« La société, considérée même dans une seule famille, suppose
dans l'homme la faculté raisonnable »[2]. Le corps social, comme
le corps organique, est un tout qui s'explique par la composition de ses parties. Mais ce n'est pas à une société de type
humain que Buffon comparerait l'organisme complexe, ce
serait plutôt à un agrégat sans préméditation. Car Buffon
distingue avec beaucoup de netteté une société concertée,
comme celle des hommes, d'une réunion mécanique comme
la ruche des abeilles. On connaît les pages célèbres dans
lesquelles Buffon, pourchassant toute assimilation anthropomorphique dans les récits de la vie des abeilles, rajeunit, pour
expliquer les « merveilles » de la ruche, les principes du
mécanisme cartésien. La société des abeilles « n'est qu'un
assemblage physique ordonné par la nature et indépendant de

1. « Tels sont donc les principes d'union ou de cohésion entre nos idées
simples, ceux qui, dans l'imagination, tiennent lieu de cette connexion indis-
soluble par où elles sont unies dans la mémoire. Voilà une sorte d'*attraction*
qui, comme on verra, produit dans le monde mental d'aussi extraordinaires
effets que dans le naturel et se manifeste sous des formes aussi nombreuses et
aussi variées » (*Traité de la Nature humaine*, livre I, « De l'Entendement »,
1739).

2. *Discours sur la Nature des animaux* : « Homo duplex », fin.

toute vue, de toute connaissance, de tout raisonnement»[1].
On notera ce terme d'*assemblage* que Buffon emploie pour
définir l'organisme individuel aussi bien que la société des
insectes. L'assimilation de la structure des sociétés d'insectes à
la structure pluricellulaire des métazoaires se trouve chez
Espinas, Bergson, Maeterlinck, Wheeler. Mais ces auteurs ont
une conception de l'individualité assez large et assez souple
pour englober le phénomène social lui-même. Rien de tel chez
Buffon. Pour lui l'individualité n'est pas une forme, c'est une
chose. Il n'y a d'individualité, selon lui, que du dernier degré de
réalité que l'analyse peut atteindre dans la décomposition d'un
tout. Seuls les éléments ont une individualité naturelle, les
composés n'ont qu'une individualité factice, qu'elle soit
mécanique ou intentionnelle. Il est vrai que l'introduction du
concept de « moule intérieur » dans la théorie de la génération
58 | vient apporter une limite à la valeur exhaustive du parti pris
analytique qui a suscité le concept de « molécule organique ».
Le moule intérieur c'est ce qui est requis par la persistance de
certaines formes dans le perpétuel remaniement des atomes
vitaux, c'est ce qui traduit les limites d'une certaine exigence
méthodologique en présence de la donnée individu.

L'obstacle à une théorie n'est pas moins important à considérer, pour comprendre l'avenir de la théorie, que la tendance
même de la théorie. Mais c'est par sa tendance qu'une théorie
commence de créer l'atmosphère intellectuelle d'une génération de chercheurs. La lecture de Buffon devait renforcer
chez les biologistes l'esprit d'analyse que la lecture de Newton
avait suscité en lui.

Singer dit, en parlant de Buffon : « Si la théorie cellulaire
avait existé de son temps, elle lui aurait plu ». On n'en saurait
douter. Quand le naturaliste de Montbard cherchait « le seul
ressort et le seul sujet » que la nature utilise à se diversifier
en vivants complexes, il ne pouvait pas encore savoir qu'il
cherchait ce que les biologistes du XIXᵉ siècle ont appelé

1. *Ibid.*

cellule. Et ceux qui ont trouvé dans la cellule l'élément dernier de la vie ont sans doute oublié qu'ils réalisaient un rêve plutôt qu'un projet de Buffon. Même les rêves des savants connaissent la persistance d'un petit nombre de thèmes fondamentaux. Ainsi l'homme reconnaît facilement ses propres rêves dans les aventures et les succès de ses semblables.

Nous venons d'étudier dans le cas de Buffon les origines d'un thème de rêve théorique que nous pouvons dire prophétique, sans méconnaître la distance qui sépare un pressentiment, même savant, d'une anticipation, même fruste. Pour qu'il y ait à proprement parler anticipation, il faut que les faits qui l'autorisent et les voies de la conclusion soient du même ordre que ceux qui confèrent à une théorie sa portée voire transitoire. Pour qu'il y ait pressentiment, il suffit de la fidélité à son propre élan de ce que M. Bachelard appelle dans *L'Air et les Songes*, « un mouvement de l'imagination ». Cette distance du pressentiment à l'anticipation c'est celle qui sépare Buffon de Oken.

Singer et Klein – Guyénot aussi, quoique plus sommairement – n'ont pas manqué de souligner la part qui revient à Lorenz Oken dans la formation de la théorie cellulaire. Oken appartient à l'école romantique des philosophes de la nature fondée par Schelling[1]. | Les spéculations de cette école ont 59 exercé autant d'influence sur les médecins et les biologistes allemands de la première moitié du XIXe siècle que sur les littérateurs. Entre Oken et les premiers biologistes conscients de trouver dans des faits d'observation les premières assises de la théorie cellulaire, la filiation s'établit sans discontinuité. Schleiden qui a formulé la théorie cellulaire en ce qui concerne les végétaux[2] a professé à l'université d'Iéna, où flottait le souvenir vivace de l'enseignement d'Oken. Schwann, qui a

1. Sur Oken, philosophe de la nature, consulter Jean Strohl, *Lorenz Oken und Georg Büchner*, Zurich, Verlag der Corona, 1936.
2. *Sur la phytogénèse*, 1838.

généralisé la théorie cellulaire en l'étendant à tous les êtres vivants (1839-1842), a vécu dans la société de Schleiden et de Johannes Müller qu'il a eu pour maître [1]. Or Johannes Müller a appartenu dans sa jeunesse à l'école des philosophes de la nature. Singer peut donc dire très justement de Oken « qu'il a en quelque sorte *ensemencé* la pensée des auteurs qui sont considérés à sa place comme les *fondateurs* de la théorie cellulaire ».

Les faits invoqués par Oken appartiennent au domaine de ce qu'on a appelé depuis la protistologie. On sait quel rôle ont joué dans l'élaboration de la théorie cellulaire les travaux de Dujardin (1841) critiquant les conceptions de Ehrenberg selon lesquelles les Infusoires seraient des organismes parfaits (1838), c'est-à-dire des animaux complets et complexes pourvus d'organes coordonnés. Avant Dujardin, on entendait par Infusoires non pas un groupe spécial d'animaux unicellulaires, mais l'ensemble des vivants microscopiques, animaux ou végétaux. Ce terme désignait aussi bien les Paramécies, décrites en 1702, et les Amibes, décrites en 1755, que des algues microscopiques, de petits vers, incontestablement pluricellulaires. À l'époque où Oken écrit son traité de *La Génération* (1805), infusoire ne désigne pas expressément un protozoaire, mais c'est pourtant avec le sens d'être vivant absolument simple et indépendant que Oken utilise le mot. À la même époque, le terme de cellule, réinventé plusieurs fois depuis Hooke et notamment par Gallini et Ackermann, ne recouvre pas le même ensemble de notions qu'à partir de Dujardin, de Von Mohl, de Schwann et de Max Schultze, mais c'est à peu près dans ce même sens que Oken l'entend. C'est donc le cas ou jamais de parler d'anticipation [2].

1*. Sur Schwann et la théorie cellulaire, consulter l'ouvrage fondamental de Marcel Florkin, *Naissance et déviation de la théorie cellulaire dans l'œuvre de Théodore Schwann*, Paris, Hermann, 1960.

2. Haeckel écrit dans *Natürliche Schöpfungsgeschichte*, Erster Teil, Allgemeine Entwickelungslehre (Vierter Vortrag) (*Ges. Werke*, 1924, I, 104) : « Il suffit de remplacer le mot vésicule ou infusoire par le mot cellule pour

| Un fait bien significatif est le suivant. Lorsque les histo- 60
riens de la biologie veulent, par le moyen de citations, persua-
der leurs lecteurs que Oken doit être tenu pour un fondateur
plus encore peut-être que pour un précurseur de la théorie
cellulaire, *ils ne citent pas les mêmes textes.* C'est qu'il y a
deux façons de penser le rapport de tout à partie : on peut pro-
céder des parties au tout ou bien du tout aux parties. Il ne
revient pas au même de dire qu'un organisme est composé de
cellules ou de dire qu'il se décompose en cellules. Il y a donc
deux façons différentes de lire Oken.

Singer et Guyénot citent le même passage de *La Génération* : « Tous les organismes naissent de cellules et sont
formés de cellules ou vésicules ». Ces cellules sont, selon
Oken, le mucus primitif (*Urschleim*), la masse infusoriale d'où
les organismes plus grands sont formés. Les Infusoires sont
les animaux primitifs (*Urtiere*). Singer cite également le
passage suivant : « La façon dont se produisent les grands
organismes n'est donc qu'une agglomération régulière d'infusoires ». Au vocabulaire près, Oken ne dit pas autrement

parvenir à une des plus grandes théories du XIXᵉ siècle, la théorie cellulaire...
Les propriétés que Oken attribue à ses infusoires ce sont les propriétés des
cellules, des individus élémentaires par l'assemblage, la réunion et les diverses
formations desquels les organismes complexes les plus élevés sont constitués ».
Nous ajoutons que Fr. Engels, dans *L'Anti-Dühring* (préface de la 2ᵉ édition,
1885, note) affirme, sous la caution de Haeckel, la valeur prophétique des
intuitions d'Oken : « Il est bien plus facile, comme le vulgaire dénué d'idées à la
Carl Vogt, de tomber sur la vieille philosophie naturelle, que d'apprécier
comme il convient son importance. Elle contient beaucoup d'absurdités et de
fantaisies, mais pas plus que les théories sans philosophie des naturalistes
empiriques contemporains, et l'on commence à s'apercevoir, depuis que se
répand la théorie de l'évolution, qu'elle enfermait aussi bien du sens et de
l'intelligence. Ainsi Haeckel a très justement reconnu les mérites de Treviranus
et d'Oken. Oken pose comme postulat de la biologie, dans sa substance colloïde
(*Urschleim*) et sa vésicule primitive (*Urbläschen*), ce qui depuis a été découvert
dans la réalité comme protoplasma et cellule... Les philosophes de la nature
sont à la science naturelle consciemment dialectique ce que sont les utopistes au
communisme moderne... » (Trad. Bracke-Desrousseaux, t. I, 1931, Costes).

que Buffon : il existe des unités vivantes absolument simples dont l'assemblage ou l'agglomération produit les organismes complexes.

Mais à lire les textes cités par Klein la perspective change.

> La genèse des infusoires n'est pas due à un développement à partir d'œufs, mais est une libération de liens à partir d'animaux plus grands, une dislocation de l'animal en ses animaux constituants… Toute chair se décompose en infusoires. On peut inverser cet énoncé et dire que tous les animaux supérieurs doivent se composer d'animalcules constitutifs.

61 Ici l'idée de la composition des | organismes à partir de vivants élémentaires apparaît seulement comme une réciproque logique. L'idée initiale c'est que l'élément est le résultat d'une libération. Le tout domine la partie. C'est bien ce que confirme la suite du texte cité par Klein :

> L'association des animaux primitifs sous forme de chair ne doit pas être conçue comme un accolement mécanique d'un animal à l'autre, comme un tas de sable dans lequel il n'y a pas d'autre association que la promiscuité de nombreux grains. Non. De même que l'oxygène et l'hydrogène disparaissent dans l'eau, le mercure et le soufre dans le cinabre, il se produit ici une véritable interpénétration, un entrelacement et une unification de tous les animalcules. Ils ne mènent plus de vie propre à partir de ce moment. Ils sont tous mis au service de l'organisme plus élevé, ils travaillent en vue d'une fonction unique et commune, ou bien ils effectuent cette fonction en se réalisant eux-mêmes. Ici aucune individualité n'est épargnée, elle est ruinée tout simplement. Mais c'est là un langage impropre, les individualités réunies forment une autre individualité, celles-là sont détruites et celle-ci n'apparaît que par la destruction de celles-là.

Nous voilà bien loin de Buffon. L'organisme n'est pas une somme de réalités biologiques élémentaires. C'est une réalité supérieure dans laquelle les éléments sont niés comme tels.

Oken anticipe avec une précision exemplaire la théorie des degrés de l'individualité. Ce n'est plus seulement un pressentiment. S'il y a là quelque pressentiment c'est celui des notions que la technique de culture des tissus et des cellules a fournies aux biologistes contemporains concernant les différences qui existent entre ce que Hans Petersen appelle la « vie individuelle » et la « vie professionnelle » des cellules. L'organisme est conçu par Oken à l'image de la société mais cette société ce n'est pas l'association d'individus telle que la conçoit la philosophie politique de l'*Aufklärung*, c'est la communauté telle que la conçoit la philosophie politique du romantisme.

Que des auteurs aussi avertis et réfléchis que Singer et Klein puissent présenter une même doctrine sous des éclairements aussi différents, cela ne surprendra que les esprits capables de méconnaître ce que nous avons nommé l'ambivalence théorique des esprits scientifiques que la fraîcheur de leur recherche préserve du dogmatisme, symptôme de sclérose ou de sénilité parfois précoces. Bien mieux, on voit un même auteur, Klein, situer différemment Oken par rapport à ses contemporains biologistes. En 1839, le botaniste français Brisseau-Mirbel écrit que :

> chaque cellule est un utricule distinct et il paraît que jamais ne s'établisse | entre elles une véritable liaison organique. 62 Ce sont autant d'individus vivants jouissant chacun de la propriété de croître, de se multiplier, de se modifier dans certaines limites, travaillant en commun à l'édification de la plante dont ils deviennent les matériaux constituants ; la plante est donc un être collectif.

Klein commente ce texte en disant que les descriptions de Brisseau-Mirbel reçurent le meilleur accueil dans l'école des philosophes de la nature, car elles apportaient par l'expérience la confirmation de la théorie générale vésiculaire proposée par Oken. Mais ailleurs, Klein cite un texte de Turpin (1826), botaniste qui pense qu'une cellule peut vivre isolément ou bien se fédérer avec d'autres pour former l'individualité composée d'une plante où elle «croît et se propage pour son propre compte sans s'embarrasser le moindrement de ce qui se passe chez ses voisines», et il ajoute :

> Cette idée se trouve à l'opposé de la conception de Oken selon laquelle les vies des unités composant un être vivant se fusionnent les unes dans les autres et perdent leur individualité au profit de la vie de l'ensemble de l'organisme.

La contradiction entre ce rapprochement-là et cette opposition-ci n'est qu'apparente. Elle serait effective si le rapport simplicité-composition était lui-même un rapport simple. Mais précisément il ne l'est pas. Et spécialement en biologie. C'est tout le problème de l'individu qui est ici en cause. L'individualité, par les difficultés théoriques qu'elle suscite, nous oblige à dissocier deux aspects des êtres vivants immédiatement et naïvement intriqués dans la perception de ces êtres : la matière et la forme. L'individu c'est ce qui ne peut être divisé quant à la forme, alors même qu'on sent la possibilité de la division quant à la matière. Dans certains cas l'indivisibilité essentielle à l'individualité ne se révèle qu'au terme de la division d'un être matériellement plus vaste, mais n'est-elle qu'une limite à la division commencée, ou bien est-elle *a priori* transcendante à toute division ? L'histoire du concept de cellule est inséparable de l'histoire du concept d'individu. Cela nous a autorisé déjà à affirmer que des valeurs sociales et affectives planent sur le développement de la théorie cellulaire.

Comment ne pas rapprocher les théories biologiques d'Oken des théories de philosophie politique chères aux romantiques allemands si profondément influencés par Novalis ? *Glaube und Liebe : der König und die Königin* a paru en 1798, *Europa oder die Christenheit* a paru en 1800 (*Die Zeugung* de Oken est de 1805). Ces ouvrages contiennent une violente critique des idées révolutionnaires. Novalis reproche au 63 suffrage universel d'atomiser la | volonté populaire, de méconnaître la continuité de la société ou, plus exactement, de la communauté. Anticipant sur Hegel, Novalis et, quelques années plus tard, Adam-Heinrich Müller[1] considèrent l'État comme une réalité voulue par Dieu, un fait dépassant la raison de l'individu et auquel l'individu doit se sacrifier. Si ces conceptions sociologiques peuvent offrir quelque analogie avec des théories biologiques c'est que, comme on l'a remarqué très souvent, le romantisme a interprété l'expérience politique à partir d'une certaine conception de la vie. Il s'agit du vitalisme. Au moment même où la pensée politique française proposait à l'esprit européen le contrat social et le suffrage universel, l'école française de médecine vitaliste lui proposait une image de la vie transcendante à l'entendement analytique. Un organisme ne saurait être compris comme un mécanisme. La vie est une forme irréductible à toute composition de parties matérielles. La biologie vitaliste a fourni à une philosophie politique totalitaire le moyen sinon l'obligation d'inspirer certaines théories relatives à l'individualité biologique. Tant il est vrai que le problème de l'individualité est lui-même indivisible[2].

Le moment est venu d'exposer un assez étrange paradoxe de l'histoire de la théorie cellulaire chez les biologistes français. L'avènement de cette théorie a longtemps été retardé par l'influence de Bichat. Bichat avait été l'élève de Pinel, auteur de la *Nosographie philosophique* (1798), qui assignait à chaque maladie une cause organique sous forme de lésion localisée moins dans un organe ou appareil que dans les « membranes » communes à titre de composant, à des organes différents. Bichat a publié, sous cette inspiration, le *Traité des Membranes* (1800) où il recense et décrit les vingt et un tissus dont se compose le corps humain. Le tissu est, selon, Bichat,

---

1. *Cf.* L. Sauzin, *Adam Heinrich Müller, sa vie et son œuvre*, Paris, Nizet et Bastard, 1937, p. 449 *sq.*

2*. Sur les origines de la théorie cellulaire, consulter les articles de J. Walter Wilson, « Cellular Tissue and the Dawn of the Cell Theory » (*Isis*, n°100, août 1944, p. 168) et « Dutrochet and the Cell theory » (*Isis*, n°107-108, mai 1947, p. 14).

le principe plastique de l'être vivant et le terme dernier de l'analyse anatomique.

Ce terme de tissu mérite de nous arrêter. Tissu vient, on le sait, de tistre, forme archaïque du verbe tisser. Si le vocable cellule nous a paru surchargé de significations implicites d'ordre affectif et social, le vocable tissu ne nous paraît pas moins chargé d'implications extra-théoriques. Cellule nous **64** fait penser à l'abeille et non | à l'homme. Tissu nous fait penser à l'homme et non à l'araignée. Du tissu c'est, par excellence, œuvre humaine. La cellule, pourvue de sa forme hexagonale canonique, est l'image d'un tout fermé sur lui-même. Mais du tissu c'est l'image d'une continuité où toute interruption est arbitraire, où le produit procède d'une activité toujours ouverte sur la continuation[1]. On coupe ici ou là, selon les besoins. En outre, une cellule est chose fragile, faite pour être admirée, regardée sans être touchée, sous peine de destruction. Au contraire, on doit toucher, palper, froisser un tissu pour en apprécier le grain, la souplesse, le moelleux. On plie, on déploie un tissu, on le déroule en ondes superposées sur le comptoir du marchand.

Bichat n'aimait pas le microscope, peut-être parce qu'il savait mal s'en servir, comme Klein le suggère après Magendie. Bichat préférait le scalpel et ce qu'il appelait l'élément dernier dans l'ordre anatomique c'est ce que le scalpel permet de dissocier et de séparer. À la pointe du scalpel, on ne saurait trouver une cellule non plus qu'une âme. Ce n'est pas sans dessein que nous faisons allusion ici à certaine profession de foi matérialiste. Bichat, par Pinel, descend de Barthez, le célèbre médecin vitaliste de l'École de Montpellier. *Les recherches sur la vie et la mort* (1800) sont symptomatiques de cette filiation. Si le vitalisme tient la vie pour un principe transcendant à la matière, indivisible et insaisissable

---

1. Le tissu est fait de fils, c'est-à-dire, originellement, de fibres végétales. Que ce mot de fil supporte des images usuelles de continuité, cela ressort d'expressions telles que le fil de l'eau, le fil du discours.

comme une forme, même un anatomiste, s'inspirant de cette idée, ne saurait faire tenir dans des éléments supposés du vivant ce qu'il considère comme une qualité de la totalité de cet être. Les tissus, reconnus par Bichat comme l'étoffe dans laquelle les vivants sont taillés, sont une image suffisante de la continuité du fait vital, requise par l'exigence vitaliste.

Or, la doctrine de Bichat, soit par lecture directe, soit par l'enseignement de Blainville, a fourni à Auguste Comte quelques-uns des thèmes exposés dans sa XLIe leçon du *Cours de Philosophie positive*. Comte manifeste son hostilité à l'emploi du microscope et à la théorie cellulaire, ce que lui ont reproché fréquemment ceux qui ont vu dans la marche de la science biologique depuis lors une condamnation de ses réticences et de ses aversions. Léon Brunschvicg notamment n'a jamais pardonné à Comte les interdits dogmatiques qu'il a opposés à certaines techniques mathématiques ou expérimentales, non plus que son infidélité | à la méthode analytique **65** et sa « fausse conversion » au primat de la synthèse, précisément au moment où il aborde dans le *Cours* l'examen des procédés de connaissance adéquats à l'objet organique et où il reconnaît la validité positive de la démarche intellectuelle qui consiste à aller « de l'ensemble aux parties » (XLVIIIe leçon)[1]. Mais il n'est pas aisé d'abandonner tout dogmatisme, même en dénonçant le dogmatisme d'autrui. Assurément l'autoritarisme de Comte est inadmissible, mais, en ce qui concerne la théorie cellulaire du moins, ce qu'il comporte de réserves à l'égard d'une certaine tendance de l'esprit scientifique mérite peut-être une tentative loyale de compréhension.

Comte tient la théorie cellulaire pour « une fantastique théorie, issue d'ailleurs évidemment d'un système essentiellement métaphysique de philosophie générale ». Et ce sont les naturalistes allemands de l'époque, poursuivant des

---

1. *Le Progrès de la conscience dans la philosophie occidentale*, Paris, Alcan, 1927, p. 543 *sq.*

« spéculations supérieures de la science biologique », que
Comte rend responsables de cette « déviation manifeste ». Là
est le paradoxe. Il consiste à ne pas voir que les idées de Oken et
de son école ont une tout autre portée que les observations des
micrographes, que l'essentiel de la biologie de Oken, c'est une
certaine conception de l'individualité. Oken se représente
l'être vivant à l'image d'une société communautaire. Comte
n'admet pas, contrairement à Buffon, que la vie d'un organisme soit une somme de vies particulières, non plus qu'il
n'admet, contrairement à la philosophie politique du
XVIIIᵉ siècle, que la société soit une association d'individus.
Est-il en cela aussi éloigné qu'il peut lui sembler des philosophes de la nature ? Nous vérifions ici encore l'unité latente et
profonde chez un même penseur des conceptions relatives à
l'individualité, qu'elle soit biologique ou sociale. De même
qu'en sociologie l'individu est une abstraction, de même en
biologie les « monades organiques »[1], comme dit Comte en
parlant des cellules, sont des abstractions. « En quoi pourrait
donc consister réellement soit l'organisation, soit la vie d'une
simple monade ? ». Or Fischer aussi bien que Policard ont pu
montrer, il y a quelques années, par la technique de culture des
tissus, qu'une culture de tissus capable de proliférer doit contenir une quantité *minima* de cellules, au-dessous de laquelle la
multiplication cellulaire est impossible. Un fibroblaste isolé
dans une goutte de plasma survit mais | ne se multiplie pas
(Fischer). Survivre sans se multiplier, est-ce encore vivre ?
Peut-on diviser les propriétés du vivant en lui conservant la
qualité de vivant ? Ce sont là des questions qu'aucun biologiste
ne peut éluder. Ce sont là des faits qui avec bien d'autres ont
affaibli l'empire sur les esprits de la théorie cellulaire. En quoi
Comte est-il coupable d'avoir pressenti ces questions, sinon
anticipé ces faits ? On a, avec raison, reproché à Comte

---

1. Voir à l'appendice II, p. 240, la note sur le *Rapport de la théorie
cellulaire et de la philosophie de Leibniz.*

d'asseoir la philosophie positive sur les sciences de son temps, considérées sous un certain aspect d'éternité. Et il importe assurément de ne pas méconnaître l'historicité du temps. Mais le temps, non plus que l'éternité, n'est à personne ; et la fidélité à l'histoire peut nous conduire à y reconnaître certains retours de théories qui ne font que traduire l'oscillation de l'esprit humain entre certaines orientations permanentes de la recherche en telle ou telle région de l'existence.

On ne saurait être par conséquent trop prudent lorsqu'on qualifie sommairement, aux fins de louange ou de blâme, tels ou tels auteurs dont l'esprit systématique est assez large pour les empêcher de clore rigidement ce qu'on appelle leur système. Des connivences théoriques, inconscientes et involontaires, peuvent apparaître. Le botaniste allemand de Bary a écrit (1860) que ce ne sont pas les cellules qui forment les plantes, mais les plantes qui forment les cellules. On sera porté à voir dans cette phrase un aphorisme de biologie romantique d'autant plus facilement qu'on la rapprochera d'une remarque de Bergson dans *L'Évolution créatrice* : « Très probablement ce ne sont pas les cellules qui ont fait l'individu par voie d'association ; c'est plutôt l'individu qui a fait les cellules par voie de dissociation »[1]. Sa réputation, justifiée du reste, de romantique, a été faite à Bergson par une génération de penseurs positivistes au sein de laquelle il détonnait. On peut dire à la rigueur que les mêmes penseurs étaient les plus prompts à dénoncer aussi chez Comte même les traces de ce romantisme biologique et social qui devait l'amener du *Cours de Philosophie positive* à la *Synthèse subjective* en passant par le *Système de politique positive*. Mais comment expliquer que ces conceptions romantiques de philosophie biologique aient animé la recherche de savants restés fidèles a une doctrine scientiste et matérialiste incontestablement issue du *Cours de Philosophie positive* ?

1. *Cf.* p. 282.

Klein a montré comment Charles Robin, le premier titulaire de la chaire d'histologie à la Faculté de médecine de Paris, le collaborateur de Littré pour le célèbre *Dictionnaire*
67 *de Médecine* | (1873), ne s'est jamais départi à l'égard de la théorie cellulaire d'une hostilité tenace [1]. Robin admettait que la cellule est *l'un* des éléments anatomiques de l'être organisé, mais non *le seul*; il admettait que la cellule *peut* dériver d'une cellule préexistante, mais non qu'elle le *doit toujours*, car il admettait la possibilité de formation des cellules dans un blastème initial. Des disciples de Robin, tels que Tourneux, professeur d'histologie à la Faculté de médecine de Toulouse, ont continué *de ne pas enseigner* la théorie cellulaire jusqu'en 1922 [2]. Sur quel critère se fondera-t-on pour départager ceux qui recueillaient pieusement dans les ouvrages de Schwann et de Virchow les axiomes fondamentaux de la théorie cellulaire et ceux qui les refusaient ? Sur l'avenir des recherches histologiques ? Mais aujourd'hui les obstacles à l'omnivalence de la théorie cellulaire sont presque aussi importants que les faits qu'on lui demande d'expliquer. Sur l'efficacité comparée des techniques médicales issues des différentes théories ? Mais l'enseignement de Tourneux, s'il n'en a pas déterminé la création, n'a pas du moins empêché la Faculté de médecine de Toulouse de compter aujourd'hui une école de cancérologues aussi brillante que toute autre qui a pu recevoir ailleurs un

---

1*. *Cf.* les articles « Cellule » et « Organe » par Robin dans le *Dictionnaire encyclopédique des sciences médicales* par A. Dechambre.
2. Tourneux était le disciple de Robin par l'intermédiaire de Pouchet. Il a été cependant le préparateur de Robin pendant un an, remplaçant Hermann qui accomplissait son volontariat à Lille. Le *Premier Traité d'histologie* de Tourneux a été écrit en collaboration avec Pouchet. Au moment de sa mort, en 1922, Tourneux travaillait à la 3ᵉ édition de son *Précis d'Histologie humaine*. Dans la 2ᵉ édition (1911), Tourneux distingue les *éléments anatomiques* et les *matières amorphes*, et parmi les éléments anatomiques, les cellulaires ou ayant forme de cellules et les non cellulaires. Ainsi le concept d'élément anatomique et le concept de cellule ne se recouvrent pas. (Nous devons les renseignements biographiques ci-dessus à l'obligeance des docteurs Jeun-Paul et Georges Tourneux, de Toulouse).

enseignement de pathologie des tumeurs rigoureusement inspiré des travaux de Virchow. Il y a loin de la théorie à la technique, et en matière médicale spécialement, il n'est pas aisé de démontrer que les effets obtenus sont *uniquement* fonction des théories auxquelles se réfèrent, pour rendre raison de leurs gestes thérapeutiques, ceux qui les accomplissent.

On nous reprochera peut-être d'avoir cité jusqu'à présent des penseurs plutôt que des chercheurs, des philosophes plutôt que des savants, encore que nous ayons montré que de ceux-ci à ceux-là, de Schwann à Oken, de Robin à Comte, la filiation est incontestable | et continue. Examinons donc ce que 68 devient la question entre les mains de biologistes dociles à l'enseignement des faits, si tant est qu'il y en ait un.

Nous rappelons ce qu'on entend par théorie cellulaire ; elle comprend deux principes fondamentaux estimés suffisants pour la solution de deux problèmes :

1) Un problème de *composition des organismes* ; tout organisme vivant est un composé de cellules, la cellule étant tenue pour l'élément vital porteur de tous les caractères de la vie ; ce premier principe répond à cette exigence d'explication analytique qui, selon Jean Perrin[1], porte la science « à expliquer du visible compliqué par de l'invisible simple ».

2) Un problème de *genèse des organismes* ; toute cellule dérive d'une cellule antérieure ; « *omnis cellula e cellula* », dit Virchow ; ce second principe répond à une exigence d'explication génétique, il ne s'agit plus ici d'élément mais de cause.

Les deux pièces de cette théorie ont été réunies pour la première fois par Virchow[2]. Il reconnaît que la première revient à Schwann et il revendique pour lui-même la seconde, condamnant formellement la conception de Schwann selon laquelle les cellules pourraient prendre naissance au sein d'un

---

1. *Les Atomes*, préface.
2. *Pathologie cellulaire*, chap. I, 1849.

blastème primitif. C'est à partir de Virchow et de Kölliker que l'étude de la cellule devient une science spéciale, la cytologie, distincte de ce qu'on appelait depuis Heusinger, l'histologie, la science des tissus[1].

Il faut ajouter aux principes précédents deux compléments :

1) Les vivants non composés sont unicellulaires. Les travaux de Dujardin, déjà cités, et les travaux de Haeckel ont fourni à la théorie cellulaire l'appui de la protistologie. Haeckel fut le premier à séparer nettement les animaux en Protozoaires ou unicellulaires et Métazoaires ou pluri-cellulaires[2].

2) L'œuf d'où naissent les organismes vivants sexués est une cellule dont le développement s'explique uniquement par la division. Schwann fut le premier à considérer l'œuf comme une cellule germinative. Il fut suivi dans cette voie par **69** Kölliker qui est | vraiment l'embryologiste dont les travaux ont contribué à l'empire de la théorie cellulaire.

Cet empire, nous pouvons en fixer la consécration à l'année 1874 où Haeckel vient de commencer ses publications sur la *gastraea*[3] et où Claude Bernard étudiant, du point de vue physiologique, les phénomènes de nutrition et de géné-ration communs aux animaux et aux végétaux, écrit : « Dans l'analyse intime d'un phénomène physiologique on aboutit toujours au même point, on arrive au même agent élémentaire,

---

1*. Selon le *Dictionnaire de Médecine* (13e éd. 1873) de Littré et Robin, le terme *histologie* a été créé en 1819 par Mayer; le terme *histonomie*, créé en 1824 par Heusinger pour désigner l'étude des lois qui président à la génération et à l'arrangement des tissus organiques.

2. *Études sur la Gastraea*, 1873-1877.

3. Sur le rapport entre les *Studien zur Gastraeatheorie* et la théorie cellulaire, voir Haeckel, *Ges. Werke*, 1924, II, p. 131 : *Natürliche Schöpfungs-geschichte*, 2e Teil, 20e Vortrag, *Phylogenetische Klassification des Tierreichs, Gastraea Theorie.*

irréductible, l'élément organisé, la cellule »[1]. La cellule c'est, selon Claude Bernard, l'«atome vital». Mais notons que la même année, Robin publie son traité d'*Anatomie et Physiologie cellulaire*, où la cellule n'est pas admise au titre de *seul* élément des vivants complexes. Même au moment de sa proclamation quasi officielle, l'empire de la théorie cellulaire n'est pas intégral.

Les conceptions relatives à l'individualité qui inspiraient les spéculations précédemment examinées concernant la composition des organismes ont-elles disparu entièrement chez les biologistes à qui le nom de savants revient authentiquement ? Il ne le semble pas.

Claude Bernard, dans les *Leçons sur les phénomènes de la vie communs aux animaux et aux végétaux*, publiées après sa mort par Dastre en 1878-1879, décrivant l'organisme comme « un agrégat de cellules ou d'organismes élémentaires », affirme le principe de l'autonomie des éléments anatomiques. Ce qui revient à admettre que les cellules se comportent dans l'association comme elles se comporteraient isolément dans un milieu identique à celui que l'action des cellules voisines leur crée dans l'organisme, bref que les cellules *vivraient en liberté exactement comme en société*. On notera en passant que si le milieu de culture de cellules libres contient les mêmes substances régulatrices de la vie cellulaire, par inhibition ou stimulation, que contient le milieu intérieur d'un organisme, on ne peut pas dire que la cellule vit en liberté. Toujours est-il que Claude Bernard, voulant se faire mieux entendre par le moyen d'une comparaison, nous engage à considérer l'être vivant complexe « comme une cité ayant son cachet spécial » où les individus se nourrissent identiquement et exercent les mêmes facultés générales, celles de l'homme, mais où chacun | participe différemment à la vie sociale par son travail et ses **70** aptitudes.

1. *Revue scientifique*, 26 septembre 1874.

Haeckel écrit en 1899 : « Les cellules sont les vrais citoyens autonomes qui, assemblés par milliards, constituent notre corps, l'état cellulaire »[1]. Assemblée de citoyens autonomes, état, ce sont peut-être plus que des images et des métaphores. Une philosophie politique domine une théorie biologique. Qui pourrait dire si l'on est républicain parce qu'on est partisan de la théorie cellulaire, ou bien partisan de la théorie cellulaire parce qu'on est républicain ?

Concédons, si on le demande, que Claude Bernard et Haeckel ne sont pas purs de toute tentation ou de tout péché philosophique. Dans le *Traité d'Histologie* de Prenant, Bouin et Maillart (1904) dont Klein dit que c'est, avec les *Leçons sur la cellule* de Henneguy (1896), le premier ouvrage classique qui ait fait pénétrer dans l'enseignement de l'histologie en France la théorie cellulaire[2], le chapitre II relatif à la cellule est rédigé par A. Prenant. Les sympathies de l'auteur pour la théorie cellulaire ne lui dissimulent pas les faits qui peuvent en limiter la portée. Avec une netteté admirable il écrit : « *C'est le caractère d'individualité qui domine dans la notion de cellule*, il suffit même pour la définition de celle-ci ». Mais aussi toute expérience révélant que des cellules apparemment closes sur elles-mêmes sont en réalité, selon les mots de His, des « cellules ouvertes » les unes dans les autres, vient dévaloriser la théorie cellulaire. D'où cette conclusion :

> Les unités individuelles peuvent être à leur tour, de tel ou tel degré. Un être vivant naît comme cellule, individu-cellule ; puis l'individualité cellulaire disparaît dans l'individu ou personne, formé d'une pluralité de cellules, au détriment de l'individualité personnelle ; celle-ci peut être à son tour effacée, dans une société de personnes, par une

1. *Die Welträtzel* (*Les Énigmes de l'univers*), 2ᵉ Kap. : « Unser Körperbau » (*Ges. Werke*, 1924, III, p. 33).

2. M. Klein a récemment publié un complément d'information sur ce point dans un précieux article « Sur les débuts de la théorie cellulaire en France », *Thalès*, t. VI, Paris, 1951, p. 25-36.

individualité sociale. Ce qui se passe quand on examine la série ascendante des multiples de la cellule, qui sont la personne et la société, se retrouve pour les sous-multiples cellulaires : les parties de la cellule à leur tour possèdent un certain degré d'individualité en partie absorbée par celle plus élevée et plus puissante de la cellule. Du haut en bas existe l'individualité. La vie n'est pas possible sans individuation de ce qui vit[1].

| Sommes-nous si éloignés des vues de Oken ? N'est-ce pas 71 l'occasion de dire de nouveau que le problème de l'individualité ne se divise pas ? On n'a peut-être pas assez remarqué que l'étymologie du mot fait du concept d'individu une négation. L'individu est un être à la limite du non-être, étant ce qui ne peut plus être fragmenté sans perdre ses caractères propres. C'est un minimum d'être. Mais aucun être en soi n'est un minimum. L'individu suppose nécessairement en soi sa relation à un être plus vaste, il appelle, il exige (au sens que Hamelin donne à ces termes dans sa théorie de l'opposition des concepts) un fond de continuité sur lequel sa discontinuité se détache. En ce sens, il n'y a aucune raison d'arrêter aux limites de la cellule le pouvoir de l'individualité. En reconnaissant, en 1904, aux parties de la cellule un certain degré d'individualité absorbé par celle de la cellule, A. Prenant anticipait sur les conceptions récentes concernant la structure et la physiologie ultra-microscopiques du protoplasma. Les virus-protéines sont-ils vivants ou non vivants ? se demandent les biologistes. Cela revient à se demander si des cristaux nucléo-protéiniques sont ou non individualisés. « S'ils sont vivants, dit Jean Rostand, ils représentent la vie à l'état le plus simple qui se puisse concevoir ; s'ils ne le sont pas, ils représentent un état

---

1. Le texte de Prenant a sa réplique dans un texte de Haeckel, de la même année 1904 : *Die Lebenswunder* (*Les Merveilles de la vie*), VIIe Kapitel : « Lebenseinheiten. Organische Individuen und Assoziationen. Zellen, Personen Stöcke. Organelle und Organe », *Ges. Werke*, IV, 1924, p. 172.

de complexité chimique qui annonce déjà la vie »[1]. Mais pourquoi vouloir que les virus-protéines soient à la fois vivants et simples, puisque leur découverte vient précisément battre en brèche la conception, sous le nom de cellule, d'un élément à la fois simple et vivant? Pourquoi vouloir qu'ils soient à la fois vivants et simples puisqu'on reconnaît que s'il y a en eux une annonce de la vie c'est par leur complexité? En bref l'individualité n'est pas un terme si l'on entend par là une borne, elle est un terme dans un rapport. Il ne faut pas prendre pour terme du rapport le terme de la recherche qui vise à se représenter ce terme comme un être.

Finalement, y a-t-il moins de philosophie biologique dans le texte de A. Prenant que nous avons cité que dans certains passages d'un ouvrage du comte de Gobineau, aussi peu connu qu'il est déconcertant par son mélange de linguistique souvent fantaisiste | et de vues biologiques parfois pénétrantes, *Mémoire sur diverses manifestations de la vie individuelle* (1868)[2]? Gobineau connaît la théorie cellulaire et l'admet. Il écrit, énumérant à rebours les stades de développement de l'être organisé :

> Après l'entozoaire spermatique, il y a la cellule, dernier terme jusqu'ici découvert à l'état génésiaque, et la cellule n'est pas moins le principe formateur du règne végétal que du règne animal.

Mais Gobineau ne conçoit pas l'individualité comme une réalité toujours identique à elle-même, il la conçoit comme un des termes d'un rapport mobile liant des réalités différentes à des échelles d'observation différentes. L'autre terme du rapport, il l'appelle le « milieu ».

---

1. « Les Virus Protéines », dans *Biologie et Médecine*, Paris, Gallimard, 1939. *Cf.* une bonne mise au point, par le même auteur, sur « La Conception particulaire de la cellule », dans l'ouvrage *Les Grands courants de la biologie*, Paris, Gallimard, 1951.
2. Publié par A. B. Duff, Paris, Desclée De Brouwer, 1935.

Il ne suffit pas qu'un être individuel soit pourvu de l'ensemble bien complet des éléments qui lui reviennent pour qu'il lui soit loisible de subsister. Sans un milieu spécial, il n'est pas, et s'il était, il ne pourrait pas durer une seconde. Il y a donc nécessité absolue à ce que tout ce qui vit vive dans le milieu qui lui convient. En conséquence, rien n'est plus important pour le maintien des êtres, c'est-à-dire pour la perpétuité de la vie, que les milieux. Je viens de dire que la terre, les sphères célestes, l'esprit constituaient autant d'enveloppes de cette nature. Mais de la même façon, le corps humain, celui de tous les êtres sont aussi des milieux dans lesquels fonctionne le mécanisme toujours complexe des existences. Et le fait est si incontestable que ce n'est qu'avec grand-peine, et en faisant abstraction d'une foule de conditions de la vie, que l'on arrive à détacher, à isoler, à considérer à part la cellule, parente si proche de la monade, pour y pouvoir signaler la première forme vitale, bien rudimentaire assurément, et qui toutefois, présentant encore la dualité, doit être signalée comme étant elle-même un milieu.

L'ouvrage de Gobineau n'a pu avoir aucune influence sur la pensée des biologistes. L'original français est resté inconnu jusqu'à ces dernières années. Une version allemande a paru en 1868, dans la *Zeitschrift für Philosophie und philosophische Kritik* publiée à Halle par Immanuel Hermann von Fichte, sans recueillir aucun écho. Mais il paraît intéressant de souligner par un rapprochement que le problème de l'individualité, sous l'aspect du problème de la cellule, suggère des hypothèses analogues à des esprits aussi différents que ceux d'un histologiste pur et d'un anthropologiste plus soucieux de généralisations métaphysiques que d'humbles et patientes observations.

| Qu'advient-il aujourd'hui de la théorie cellulaire? 73 Rappelons seulement d'abord les critiques déjà anciennes de Sachs, substituant à la notion de cellule celle d'*énergide*, c'est-à-dire celle d'une aire cytoplasmique représentant, sans délimitation topographique stricte, la zone d'influence d'un noyau donné; ensuite les recherches de Heidenhein en 1902

sur les *metaplasmas*, c'est-à-dire les substances intercellulaires, telles que les substances de base de cartilages, os ou tendons, substances ayant perdu, de façon irréversible, toute relation avec des formations nucléaires ; enfin les travaux de Dobell depuis 1913 et son refus de tenir pour équivalents, au point de vue anatomique et physiologique, la cellule du métazoaire, le protiste et l'œuf, car le protiste doit être tenu pour un véritable organisme aux dimensions de la cellule et l'œuf pour une entité originale, différente et de la cellule et de l'organisme, en sorte que « la théorie cellulaire doit disparaître ; elle n'a pas cessé seulement d'être valable, elle est réellement dangereuse ». Signalons rapidement l'importance attribuée de plus en plus aux liquides du milieu intérieur et aux substances en solution qui ne sont pas tous des produits de sécrétion cellulaire mais qui sont cependant tous eux aussi des « éléments » indispensables à la structure et à la vie de l'organisme.

Nous voulons retenir d'abord quelques travaux de « l'entre-deux-guerres », dus à trois auteurs différents tant par leur esprit que par leur spécialité de recherches, l'article de Rémy Collin en 1929 sur la *Théorie cellulaire et la Vie*[1], les considérations sur la cellule de Hans Petersen en 1935 dans les premiers chapitres de son *Histologie und Mikroskopische Anatomie*[2], la conférence de Duboscq en 1939 sur la place de la théorie cellulaire en protistologie[3]. À partir d'arguments différents ou différemment mis en valeur, ces exposés convergent vers une solution analogue que nous laissons à Duboscq le soin de formuler : « On fait fausse route en prenant la cellule pour une unité nécessaire de la constitution des êtres vivants ». Tout d'abord, l'organisme des métazoaires se laisse malaisément assimiler à une république de cellules ou à une construction par

1. Dans *La Biologie médicale,* n° d'avril 1929. Le même auteur a repris depuis la question dans son *Panorama de la biologie,* Éditions de la Revue des Jeunes, 1945, p. 73 *sq.*

2. Munich, Bergmann.

3. *Bulletin de la Société zoologique de France,* t. LXIV, n° 2.

sommation de cellules individualisées lorsqu'on remarque la place tenue dans la constitution de systèmes essentiels, tels que le système musculaire, par les formations | plasmodiales ou 74 syncytiales, c'est-à-dire des nappes de cytoplasme continu parsemé de noyaux. Au fond, dans le corps humain seuls les épithéliums sont nettement cellularisés. Entre une cellule libre, comme l'est un leucocyte, et un syncytium, comme l'est le muscle cardiaque ou la couche superficielle des villosités choriales du placenta fœtal, toutes les formes intermédiaires peuvent se rencontrer, notamment les cellules géantes plurinucléées (polycaryocytes), sans que l'on puisse dire avec précision si les nappes syncytiales naissent de la fusion de cellules *préalablement indépendantes ou si c'est l'inverse qui se produit.* En fait les deux mécanismes peuvent s'observer. Même au cours du développement de l'œuf, il n'est pas certain que toute cellule dérive de la division d'une cellule préexistante. Émile Rhode a pu montrer en 1923 que très souvent, aussi bien chez les végétaux que chez les animaux, des cellules individualisées proviennent de la subdivision d'un plasmode primitif.

Mais les aspects anatomique et ontogénétique du problème ne sont pas le tout de la question. Même des auteurs qui, comme Hans Petersen, admettent que c'est le développement du corps métazoaire qui constitue le véritable fondement de la théorie cellulaire et qui voient dans la fabrication des *chimères,* c'est-à-dire des vivants créés par la coalescence artificiellement obtenue de cellules issues d'œufs d'espèces différentes, un argument en faveur de la composition « additive » des vivants complexes, sont obligés d'avouer que *l'explication des fonctions de ces organismes contredit à l'explication de leur genèse.* Si le corps est réellement une somme de cellules indépendantes, comment expliquer qu'il forme un tout fonctionnant de manière uniforme? Si les cellules sont des systèmes fermés, comment l'organisme peut-il vivre et agir comme un tout? On peut essayer de résoudre la difficulté en cherchant dans le système nerveux ou dans les sécrétions hormonales le mécanisme de cette totalisation.

Mais pour ce qui concerne le système nerveux, on doit reconnaître que la plupart des cellules lui sont rattachées de façon unilatérale, non réciproque. Et pour ce qui est des hormones on doit avouer que bien des phénomènes vitaux, notamment ceux de régénération, sont assez mal expliqués par ce mode de régulation, quelque lourde complication qu'on lui prête. Ce qui entraîne Petersen à écrire :

> Peut-être peut-on dire d'une façon générale que tous les processus où le corps intervient comme un tout – et il y a par exemple en pathologie peu de processus où ce n'est pas le cas – ne sont rendus que très difficilement intelligibles par la théorie cellulaire surtout dans sa forme de théorie de **75** *l'état cellulaire* | *ou théorie des cellules comme organismes indépendants*... Par la manière dont l'organisme cellulaire se comporte, dont il vit, travaille, se maintient contre les attaques de son entourage et se rétablit, les cellules sont les organes d'un corps uniforme.

On voit ici reparaître le problème de l'individualité vivante et comment l'aspect d'une totalité, initialement rebelle à toute division, l'emporte sur l'aspect d'atomicité, terme dernier supposé d'une division commencée. C'est donc avec beaucoup d'à-propos que Petersen cite les mots de Julius Sachs en 1887, concernant les végétaux pluricellulaires : «Il dépend tout à fait de notre *manière de voir* de regarder les cellules comme des organismes indépendants élémentaires ou seulement comme des parties ».

Dans les années les plus récentes, on a vu s'intensifier les réticences et les critiques concernant la théorie cellulaire sous son aspect classique, c'est-à-dire sous la forme dogmatique et figée que lui ont donnée les manuels d'enseignement, même supérieur[1]. La prise en considération, dans l'ordre des substan-

---

1. Les lignes qui suivent ont été ajoutées à notre article de 1945. Elles s'y insèrent naturellement. Nous ne l'indiquons pas en vue de prétendre à quelque don prophétique, mais bien au contraire pour souligner que certaines

ces constitutives de l'organisme, d'éléments non cellulaires et l'attention donnée aux modes possibles de formation de cellules à partir de masses protoplasmiques continues rencontrent aujourd'hui beaucoup moins d'objections qu'au temps où Virchow, en Allemagne, reprochait à Schwann d'admettre l'existence d'un cytoblastème initial, et où Charles Robin, en France, faisait figure d'attardé grincheux. En 1941, Huzella a montré, dans son livre *Zwischen Zellen Organisation*, que les relations intercellulaires et les substances extracellulaires (par exemple la lymphe interstitielle, ou bien ce qui dans le tissu conjonctif ne se ramène pas à des cellules) sont au moins aussi importantes, biologiquement parlant, que les cellules elles-mêmes, en sorte que le vide intercellulaire, observé sur les préparations microscopiques, est bien loin d'être un néant histologique et fonctionnel. En 1946, P. Büsse Grawitz, dans ses *Experimentelle Grundlagen der modernen Pathologie*[1], pense pouvoir conclure de ses observations que des cellules sont susceptibles d'apparaître au sein de substances fonda-mentales | acellulaires. Selon la théorie cellulaire, on doit **76** admettre que les substances fondamentales (par exemple le collagène des tendons) sont sécrétées par les cellules, sans qu'on puisse établir précisément comment se fait cette sécré-tion. Ici, le rapport est inversé. Naturellement, l'argument expérimental dans une telle théorie est d'ordre négatif; il fait confiance aux précautions prises pour empêcher l'immi-gration de cellules dans la substance acellulaire où on en voit progressivement apparaître. Nageotte, en France, avait bien observé, au cours du développement de l'embryon de lapin, que la cornée de l'œil se présente d'abord comme une substance homogène qui, durant les trois premiers jours, ne

nouveautés sont un peu plus âgées que ne le disent certains thuriféraires plus soucieux de les exploiter que de les comprendre.

1. Cet ouvrage, publié à Bâle, a pour sous-titre *Von Cellular zur Molecularpathologie*. C'est la version allemande d'un ouvrage paru origina-lement en espagnol.

contient pas de cellules, mais il pensait, en vertu de l'axiome de Virchow, que les cellules postérieurement apparues provenaient de migrations. On n'avait pourtant jamais pu constater le fait de ces migrations.

Enfin, il faut mentionner que la mémoire et la réputation de Virchow ont subi ces derniers temps et subissent encore, de la part de biologistes russes, des attaques auxquelles la publicité ordinairement donnée aux découvertes inspirées par la dialectique marxiste-léniniste a conféré une importance quelque peu disproportionnée à leur signification effective, mesurée aux enseignements de l'histoire de la biologie – écrite il est vrai par des bourgeois. Depuis 1933, Olga Lepechinskaia consacre ses recherches au phénomène de la naissance de cellules à partir de matières vivantes acellulaires. Son ouvrage, *Origine des cellules à partir de la matière vivante*, publié en 1945, a été réédité en 1950, et a donné lieu, à cette dernière occasion, à l'examen et à l'approbation des thèses qu'il contient par la section de biologie de l'Académie des sciences de l'U.R.S.S. et à la publication de nombreux articles dans les revues[1]. Les conceptions «idéalistes» de Virchow y ont été violemment critiquées au nom des faits d'observation et au nom d'une double autorité, celle de la science russe – le physiologiste Setchenow avait, dès 1860, combattu les idées de Virchow –, et celle du matérialisme dialectique – Engels avait fait des réserves sur l'omnivalence de la théorie cellulaire dans l'*Anti-Dühring* et dans la *Dialectique de la Nature*[2]. Les faits

---

1. Nous empruntons notre information à un article de Joukov-Berejnikov, Maiski et Kalinitchenko, « Des formes acellulaires de vie et de développement des cellules», publié dans le recueil de documents intitulé *Orientation des théories médicales en U.R.S.S.*, Paris, Éditions du Centre culturel et économique France-U.R.S.S., 1950. On trouvera dans un article d'André Pierre (*Le Monde*, 18 août 1950) les références des articles de revues auxquels nous faisons allusion.

2. *Anti-Dühring,* trad. Bracke-Desrousseaux, Costes, t. I, p. 105-109.

Dans ce passage, Engels admet, comme tous les tenants de la théorie cellulaire, que «chez tous les êtres organiques cellulaires, depuis l'amibe […] jusqu'à l'homme, […] les cellules ne se multiplient que d'une seule et même

| invoqués par Olga Lepechinskaia tiennent en des observa- 77
tions sur le développement de l'embryon de poulet. Le jaune
de l'œuf fécondé contiendrait des grains protéiniques, visibles
au microscope, capables de s'agréger en sphérules n'ayant pas
la structure cellulaire. Ultérieurement ces sphérules évolue-
raient vers la forme typique de la cellule nucléée, indépendamment, bien entendu, de toute immigration dans la masse du
jaune d'œuf de cellules nées, à sa limite, de la division des
cellules embryonnaires. On peut se demander quel est l'enjeu
d'une telle polémique dont l'histoire de la théorie cellulaire
offre, on l'a vu, bien des exemples. Il consiste essentiellement
dans l'acquisition d'un argument nouveau, et apparemment
massif, contre la continuité obligée des lignées cellulaires et
par conséquent contre la théorie de la continuité et de l'indépendance du plasma germinatif. C'est un argument contre
Weissmann et donc un soutien pour les thèses de Lyssenko sur
la transmission héréditaire des caractères acquis par l'organisme individuel sous l'influence du milieu. Si nous sommes
incompétent pour examiner, d'un point de vue scientifique, la

manière, par scissiparité » (p. 106). Mais il pense qu'il existe une foule d'êtres
vivants, parmi les moins élevés, d'organisation inférieure à la cellule : « Tous
les êtres n'ont qu'un seul point commun avec les organismes supérieurs : c'est
que leur élément essentiel est l'albumine et qu'ils accomplissent en conséquence les fonctions albuminiques, c'est-à-dire vivre et mourir ». Parmi ces
êtres, Engels cite « le protamibe, simple grumeau albuminoïde sans aucune
différenciation, toute une série d'autres monères et tous les siphonés » (ibid.).
Voir aussi p. 113-116 : « La vie est le mode d'existence des corps albuminoïdes,
etc. ». On n'a pas de peine à reconnaître ici les idées de Haeckel et jusqu'à sa
terminologie propre.

Dans la *Dialectique de la Nature* (à nous en tenir du moins aux extraits
élogieusement reproduits dans l'article cité à la note précédente), les idées de
Engels, pour affirmer plus nettement la possibilité d'une naissance de cellules à
partir de l'albumine vivante et d'une formation de l'albumine vivante à partir de
composés chimiques, ne nous semblent pas fondamentalement différentes des
thèses de l'*Anti-Dühring*.

Sous l'une ou l'autre de leurs formes, ces anticipations à la mode haecke-
lienne ne nous donnent pas l'impression – avouons-le humblement – de la
nouveauté révolutionnaire.

solidité des expériences invoquées et des techniques utilisées, il nous appartient toutefois de souligner qu'ici encore la théorie biologique se prolonge, sans ambiguïté, en thèse socio-logique et politique et que le retour à d'anciennes hypothèses de travail se légitime, assez paradoxalement, dans un langage progressiste. Si les expériences d'Olga Lepechinskaia et les

78 théories qu'elles supportent résistaient | à la critique bien armée et bien informée des biologistes, nous y verrions moins la preuve du fait « qu'il y a sur terre un pays qui est le soutien de la vraie science : ce pays est l'Union Soviétique »[1] qu'une raison de vérifier de nouveau, sur la théorie cellulaire et les idées de Virchow, que, selon un mot célèbre, « une théorie ne vaut rien quand on ne peut pas démontrer qu'elle est fausse »[2].

Lorsque Haeckel écrivait en 1904 :

> Depuis le milieu du XIXe siècle, la théorie cellulaire est tenue généralement et à bon droit pour une des théories biologiques du plus grand poids ; tout travail anatomique et histologique, physiologique et ontogénique doit s'appuyer sur le concept de cellule comme sur celui de l'organisme élémentaire[3],

il ajoutait que tout n'était pas encore clair dans ce concept et que tous les biologistes n'y étaient pas encore acquis. Mais ce qui apparaissait à Haeckel comme la dernière résistance d'esprits étriqués ou attardés, nous apparaît plutôt aujourd'hui comme une attention méritoire à l'étroitesse même d'une

---

1. Art. cit., p. 151. Nous ne résistons pas à la tentation de citer d'autres affirmations péremptoires tirées du même article : « C'est en U.R.S.S. qu'on a commencé pour la première fois à étudier la question du passage du non-vivant au vivant » (p. 148) ; « Les questions comme l'origine de la vie intéressent fort peu les savants serviteurs du capital ; ils ne cherchent nullement à développer la biologie dans l'intérêt du genre humain. Les laquais de l'impérialisme prouvent que la vie sur terre doit être détruite etc. » (p. 150).

2. Ce mot de M. Schuster est cité par Léon Brunschvicg, *L'Expérience humaine et la causalité physique*, p. 447.

3. *Die Lebenswunder*, VIIe Kap. : « Lebenseinheiten », *Ges Werke*, IV, 1924, p. 173.

théorie. Certes le sens de la théorie cellulaire est bien clair : c'est celui d'une extension de la méthode analytique à la totalité des problèmes théoriques posés par l'expérience. Mais la valeur de cette même théorie réside autant dans les obstacles qu'elle s'est suscités que dans les solutions qu'elle a permises, et notamment dans le rajeunissement qu'elle a provoqué sur le terrain biologique du vieux débat concernant les relations du continu et du discontinu. Sous le nom de cellule, c'est l'individualité biologique qui est en question. L'individu est-il une réalité ? Une illusion ? Un idéal ? Ce n'est pas *une* science, fût-ce la biologie, qui peut répondre à cette question. Et si *toutes* les sciences peuvent et doivent apporter leur contribution à cet éclaircissement, il est douteux que le problème soit proprement scientifique, au sens usuel de ce mot [1].

| En ce qui concerne la biologie, il n'est pas absurde de **79** penser que, touchant la structure des organismes, elle s'achemine vers une fusion de représentations et de principes, analogue à celle qu'a réalisée la mécanique ondulatoire entre les deux concepts apparemment contradictoires d'onde et de corpuscule. La cellule et le plasmide sont une des deux dernières incarnations des deux exigences intellectuelles de discontinuité et de continuité incessamment affrontées au cours de l'élucidation théorique qui se poursuit depuis que des hommes pensent. Peut-être est-il vrai de dire que les théories scientifiques, pour ce qui est des concepts fondamentaux qu'elles font tenir dans leurs principes d'explication, se greffent sur d'antiques images, et nous dirions sur des mythes, si ce terme n'était aujourd'hui dévalorisé, avec quelque raison, par suite de l'usage qui en a été fait dans des philosophies manifestement édifiées aux fins de propagande et de mystification. Car enfin ce plasma initial continu, dont la prise en considération sous des noms divers a fourni aux biologistes,

---

1*. Depuis que ces lignes ont été écrites, la thèse de M. Gilbert Simondon, *L'Individu et sa genèse physico-biologique*, Paris, P.U.F., 1964, a heureusement contribué à l'éclaircissement de ces questions.

dès la position du problème d'une structure commune aux
êtres vivants, le principe d'explication appelé par les insuffis-
sances à leurs yeux d'une explication corpusculaire, ce plasma
initial est-il autre chose qu'un avatar logique du fluide mytho-
logique générateur de toute vie, de l'onde écumante d'où
émergea Vénus ? Charles Naudin, ce biologiste français qui
manqua de découvrir avant Mendel les lois mathématiques de
l'hérédité, disait que le blastème primordial c'était le limon
de la Bible[1]. Voilà pourquoi nous avons proposé que les
théories ne naissent pas des faits qu'elles coordonnent et qui
sont censés les avoir suscitées. Ou plus exactement, les faits
suscitent les théories mais ils n'engendrent pas les concepts
qui les unifient intérieurement ni les intentions intellectuelles
qu'elles développent. Ces intentions viennent de loin, ces
concepts sont en petit nombre et c'est pourquoi les thèmes
théoriques survivent à leur destruction apparente qu'une
polémique et une réfutation se flattent d'avoir obtenue[2].

80 | Il serait absurde d'en conclure qu'il n'y a point de diffé-
rence entre science et mythologie, entre une mensuration
et une rêverie. Mais inversement, à vouloir dévaloriser radicalement, sous prétexte de dépassement théorique, d'antiques
intuitions, on en vient, insensiblement mais inévitablement,
à ne plus pouvoir comprendre comment une humanité stupide
serait un beau jour devenue intelligente. On ne chasse pas
toujours le miracle aussi facilement qu'on le croit, et pour le
supprimer dans les choses on le réintègre parfois dans la

---

1. « Les Espèces affines et la théorie de l'évolution », dans *Revue
scientifique de la France et de l'Étranger*, 2e série, tome VIII, 1875.
    2. « Même l'activité de l'esprit la plus libre qui soit, l'imagination, ne peut
jamais errer à l'aventure (quoique le poète en ait l'impression), elle reste liée
à des possibilités préformées, *prototypes*, *archétypes*, ou *images originelles*.
Les contes des peuples les plus lointains dévoilent, par la ressemblance de leurs
thèmes, cet assujettissement à certaines images primordiales. Même les images
qui servent de base à des théories scientifiques se tiennent dans les mêmes
limites : éther, énergie, leurs transformations et leur constance, théorie
des atomes, affinités, etc. », C. G. Jung, *Types psychologiques*, trad. Le Lay,
Genève, 1950, p. 310.

pensée, où il n'est pas moins choquant et au fond inutile. On serait donc mal venu de conclure de notre étude que nous trouvons plus de valeur théorique dans le mythe de Vénus ou dans le récit de la Genèse que dans la théorie cellulaire. Nous avons simplement voulu montrer que les obstacles et les limites de cette théorie n'ont pas échappé à bien des savants et des philosophes contemporains de sa naissance, même parmi ceux qui ont le plus authentiquement contribué à son élaboration. En sorte que la nécessité actuelle d'une théorie plus souple et plus compréhensive ne peut surprendre que les esprits incapables de chercher dans l'histoire des sciences le sentiment de possibilités théoriques différentes de celles que l'enseignement des seuls derniers résultats du savoir leur a rendues familières, sentiment sans lequel il n'y a ni critique scientifique, ni avenir de la science.

III

PHILOSOPHIE

La connaissance biologique est l'acte créateur toujours répété par lequel l'Idée de l'organisme devient pour nous de plus en plus un événement vécu, une espèce de vue, au sens que lui donne Gœthe, vue qui ne perd jamais contact avec des faits très empiriques.

K. GOLDSTEIN,
La Structure de l'organisme, p. 318

ASPECTS DU VITALISME

Il est bien difficile au philosophe de s'exercer à la philosophie biologique sans risquer de compromettre les biologistes qu'il utilise ou qu'il cite. Une biologie utilisée par un philosophe n'est-ce pas déjà une biologie philosophique, donc fantaisiste? Mais serait-il possible, sans la rendre suspecte, de demander à la biologie l'occasion, sinon la permission, de repenser ou de rectifier des concepts philosophiques fondamentaux, tels que celui de vie? Et peut-on tenir rigueur au philosophe qui s'est mis à l'école des biologistes de choisir dans les enseignements reçus celui qui a le mieux élargi et ordonné sa vision?

Il suit immédiatement que, pour ce propos, on doit attendre peu d'une biologie fascinée par le prestige des sciences physico-chimiques, réduite ou se réduisant au rôle de satellite de ces sciences. Une biologie réduite a pour corollaire l'objet biologique annulé en tant que tel, c'est-à-dire dévalorisé dans sa spécificité. Or une biologie autonome quant à son sujet et à sa façon de le saisir – ce qui ne veut pas dire une biologie ignorant ou méprisant les sciences de la matière – risque toujours à

quelque degré la qualification, sinon l'accusation, de vitalisme. Mais ce terme a servi d'étiquette à tant d'extravagances
qu'en un moment où la pratique de la science a imposé un style
de la recherche, et pour ainsi dire un code et une déontologie de
la vie savante, il apparaît pourvu d'une valeur péjorative au
jugement même des biologistes les moins enclins à aligner leur
objet d'étude sur celui des physiciens et des chimistes. Il est peu
de biologistes, classés par leurs critiques parmi les vitalistes,
qui acceptent de bon gré cette assimilation. En France du
moins, ce n'est pas faire un grand compliment que d'évoquer le
nom et la renommée de Paracelse ou de van Helmont.

84 | C'est pourtant un fait que l'appellation de vitalisme
convient, à titre approximatif et en raison de la signification
qu'elle a prise au XVIIIe siècle, à toute biologie soucieuse de son
indépendance à l'égard des ambitions annexionnistes des
sciences de la matière. L'histoire de la biologie importe ici
à considérer autant que l'état actuel des acquisitions et des
problèmes. Une philosophie qui demande à la science des
éclaircissements de concepts ne peut se désintéresser de la
construction de la science. C'est ainsi qu'une orientation
de la pensée biologique, quelque résonance historique limitée
qu'ait le nom qu'on lui donne, apparaît comme plus
significative qu'une étape de sa démarche.

Il ne s'agit pas de défendre le vitalisme d'un point de vue
scientifique, le débat ne concerne authentiquement que les
biologistes. Il s'agit de le comprendre d'un point de vue philosophique. Il se peut que pour tels biologistes d'aujourd'hui
comme d'hier le vitalisme se présente comme une illusion de
la pensée. Mais cette dénonciation de son caractère illusoire
appelle, bien loin de l'interdire ou de la clore, la réflexion
philosophique. Car la nécessité, aujourd'hui encore, de réfuter
le vitalisme, signifie de deux choses l'une. Ou bien c'est l'aveu
implicite que l'illusion en question n'est pas du même ordre
que le géocentrisme ou le phlogistique, qu'elle a une vitalité
propre. Il faut donc philosophiquement rendre compte de la

vitalité de cette illusion. Ou bien c'est l'aveu que la résistance de l'illusion a obligé ses critiques à reforger leurs arguments et leurs armes, et c'est reconnaître dans le gain théorique ou expérimental correspondant un bénéfice dont l'importance ne peut être absolument sans rapport avec celle de l'occasion dont il procède, puisqu'il doit se retourner vers elle et contre elle. C'est ainsi qu'un biologiste marxiste dit du bergsonisme, classé comme une espèce philosophique du genre vitalisme :

> Il en résulte (de la finalité bergsonienne) une dialectique de la vie qui, dans son allure d'ensemble, n'est pas sans analogie avec la dialectique marxiste, en ce sens que toutes deux sont créatrices de faits et d'êtres nouveaux... Du bergsonisme en biologie, seule présenterait un intérêt la critique du mécanisme, si elle n'avait été faite, bien auparavant, par Marx et Engels. Quant à sa partie constructive, elle est sans valeur ; le bergsonisme se trouve être, en creux, le moule du matérialisme dialectique [1].

| Le premier aspect du vitalisme, sur lequel la réflexion **85** philosophique est amenée à s'interroger est donc, selon nous, la vitalité du vitalisme.

Atteste de cette vitalité la série de noms qui va d'Hippocrate et d'Aristote à Driesch, à von Monakow, à Goldstein, en passant par van Helmont, Barthez, Blumenbach, Bichat, Lamarck et J. Müller, von Baer, sans éviter Claude Bernard.

---

1. Prenant, *Biologie et Marxisme*, p. 230-231. M. Prenant a formulé depuis, de nouveau, la même opinion : « Bergson, dans *L'Évolution créatrice*, qu'a-t-il fait ? Deux choses : d'une part une critique du matérialisme mécanique qui est, à notre avis, une critique excellente, et qu'il a eu seulement le tort de ne pas porter plus loin, parce qu'il l'a appliquée simplement à la vie. Tandis que nous, nous pensons qu'elle est applicable aussi, dans d'autres conditions, au monde inanimé lui-même. Par conséquent, là-dessus, nous sommes d'accord.

Ce que nous reprochons gravement à Bergson, et ce qui fait son mysticisme, c'est que vous cherchez vainement une conclusion positive transformable en une expérience quelconque », *Progrès technique et progrès moral*, dans *Rencontres internationales de Genève*, 1947, p. 431 (Neuchâtel, Éditions La Baconnière, 1948).

On peut remarquer que la théorie biologique se révèle à travers son histoire comme une pensée divisée et oscillante. Mécanisme et Vitalisme s'affrontent sur le problème des structures et des fonctions; Discontinuité et Continuité, sur le problème de la succession des formes; Préformation et Épigénèse, sur le problème du développement de l'être; Atomicité et Totalité, sur le problème de l'individualité.

Cette oscillation permanente, ce retour pendulaire à des positions dont la pensée semblait être définitivement écartée, peuvent être interprétés différemment. En un sens, on peut se demander s'il y a vraiment un progrès théorique, mise à part la découverte de faits expérimentaux nouveaux, dont après tout la certitude de leur réalité ne console pas tout à fait de l'incertitude de leur signification. En un autre sens, on peut considérer cette oscillation théorique apparente comme l'expression d'une dialectique méconnue, le retour à la même position n'ayant de sens que par l'erreur d'optique qui fait confondre un point dans l'espace toujours différemment situé sur une même verticale avec sa projection identique sur un même plan. Mais on peut, transposant le procès dialectique de la pensée dans le réel, soutenir que c'est l'objet d'étude lui-même, la vie, qui est l'essence dialectique, et que la pensée doit en épouser la structure. L'opposition Mécanisme et Vitalisme, Préformation et Épigénèse est transcendée par la vie elle-même se prolongeant en théorie de la vie.

Comprendre la vitalité du vitalisme c'est s'engager dans une recherche du sens des rapports entre la vie et la science en général, la vie et la science de la vie plus spécialement.

Le vitalisme, tel qu'il a été défini par Barthez, médecin de **86** | l'École de Montpellier au XVIIIᵉ siècle, se réclame explicitement de la tradition hippocratique, et cette filiation est sans doute plus importante que la filiation aristotélicienne, car si le vitalisme emprunte souvent à l'aristotélisme beaucoup de termes, de l'hippocratisme il retient toujours l'esprit.

J'appelle *principe vital* de l'homme la cause qui produit tous les phénomènes de la vie dans le corps humain. Le nom de cette cause est assez indifférent et peut être pris à volonté. Si je préfère celui de principe vital, c'est qu'il présente une idée moins limitée que le nom d'*impetum faciens* (τὸ ἐνορμῶν), que lui donnait Hippocrate, ou autres noms par lesquels on a désigné la cause des fonctions de la vie[1].

Il n'est pas sans intérêt de voir dans le vitalisme une biologie de médecin sceptique à l'égard du pouvoir contraignant des remèdes. La théorie hippocratique de la *natura medicatrix* accorde, en pathologie, plus d'importance à la réaction de l'organisme et à sa défense qu'à la cause morbide. L'art du pronostic l'emporte sur celui du diagnostic dont il dépend. Il importe autant de prévoir le cours de la maladie que d'en déterminer la cause. La thérapeutique est faite de prudence autant que d'audace, car le premier des médecins c'est la nature. Ainsi vitalisme et naturisme sont indissociables. Le vitalisme médical est donc l'expression d'une méfiance, faut-il dire instinctive, à l'égard du pouvoir de la technique sur la vie. Il y a ici analogie avec l'opposition aristotélicienne du mouvement naturel et du mouvement violent. Le vitalisme c'est l'expression de la confiance du vivant dans la vie, de l'identité de la vie avec soi-même dans le vivant humain, conscient de vivre.

Nous pouvons donc proposer que le vitalisme traduit une exigence permanente de la vie dans le vivant, l'identité avec soi-même de la vie immanente au vivant. Par là s'explique un des caractères que les biologistes mécanistes et les philosophes rationalistes critiquent dans le vitalisme, sa nébulosité, son flou. Il est normal, si le vitalisme est avant tout une exigence, qu'il ait quelque peine à se formuler en déterminations. Cela ressortira mieux d'une comparaison avec le mécanisme.

1. *Nouveaux éléments de la science de l'homme*, 1778.

Si le vitalisme traduit une exigence permanente de la vie dans le vivant, le mécanisme traduit une attitude permanente du vivant humain devant la vie. L'homme c'est le vivant séparé de la vie par la science et s'essayant à rejoindre la vie à travers la science. Si le vitalisme est vague et informulé comme une exigence, le mécanisme est strict et impérieux comme une méthode.

87 | Mécanisme, on le sait, vient de μηχανή dont le sens d'*engin* réunit les deux sens de ruse et de stratagème d'une part et de machine d'autre part. On peut se demander si les deux sens n'en font pas qu'un. L'invention et l'utilisation de machines par l'homme, l'activité technique en général, n'est-ce pas ce que Hegel appelle la ruse de la raison[1] ? La ruse de la raison consiste à accomplir ses propres fins par l'intermédiaire d'objets agissant les uns sur les autres conformément à leur propre nature. L'essentiel d'une machine c'est bien d'être une médiation ou, comme le disent les mécaniciens, un relais. Un mécanisme ne crée rien et c'est en quoi consiste son inertie (*in-ars*), mais il ne peut être construit que par l'art et c'est une ruse. Le mécanisme, comme méthode scientifique et comme philosophie, c'est donc le postulat implicite de tout usage des machines. La ruse humaine ne peut réussir que si la nature n'a pas la même ruse. La nature ne peut être soumise par l'art que si elle n'est pas elle-même un art. On ne fait entrer le cheval de bois dans Troie que si l'on s'appelle Ulysse et si l'on a affaire à des ennemis qui sont plutôt des forces de la nature que des ingénieurs astucieux. À la théorie cartésienne de l'animal-machine, on a toujours opposé les ruses de l'animal pour éviter les pièges[2]. Leibniz adoptant dans l'avant-propos des *Nouveaux Essais* la thèse cartésienne des animaux seulement capables de consécutions empiriques

1. *Logique de la Petite Encyclopédie*, § 209.
2. *Cf.* Morus, *Lettre à Descartes*, 11 décembre 1648 ; Correspondance de Descartes, Adam-Tannery, t. V, Paris, Vrin, p. 244. La Fontaine, *Les Deux Rats, le Renard et l'Œuf*.

(nous dirions aujourd'hui de réflexes conditionnés) en donne pour preuve la facilité qu'à l'homme de prendre les bêtes au piège. Réciproquement l'hypothèse du Dieu trompeur ou du mauvais génie formulée par Descartes dans les *Méditations* revient à transformer l'homme en animal environné de pièges. Il est impossible de prêter à Dieu, à l'égard de l'homme, la ruse de l'homme à l'égard de l'animal sans annuler l'homme, en tant que vivant, en le réduisant à l'inertie[1]. Mais n'est-on pas fondé à conclure alors que la théorie du vivant-machine c'est une ruse humaine qui, prise à la lettre, annulerait le vivant? Si l'animal n'est rien de plus qu'une machine, et de même la nature entière, pourquoi tant d'efforts humains pour les y réduire?

Que le vitalisme soit une exigence plutôt qu'une méthode et | peut-être une morale plus qu'une théorie, cela a été bien **88** aperçu par Radl qui en parlait, semble-t-il, en connaissance de cause[2].

L'homme, dit-il, peut considérer la nature de deux façons. D'abord il *se sent* un enfant de la nature et éprouve à son égard un sentiment d'appartenance et de subordination, il se voit dans la nature et il voit la nature en lui. Ou bien, il *se tient* face à la nature comme devant un objet étranger, indéfinissable. Un savant qui éprouve à l'égard de la nature un sentiment filial, un sentiment de sympathie, ne considère pas les phénomènes naturels comme étranges et étrangers, mais tout naturellement, il y trouve vie, âme et sens. Un tel homme est fondamentalement un vitaliste. Platon, Aristote, Galien, tous les hommes du Moyen Âge et en grande partie les hommes de la

---

1. « [...] Je ne saurais aujourd'hui trop accorder à ma défiance, puisqu'il n'est pas maintenant question d'agir, mais seulement de méditer et de connaître », *Première Méditation*.

2. *Geschichte der biologischen Theorien in der Neuzeit*, I, 2e édition, Leipzig, 1913; chap. IV, § 1: « Der Untergang der biologischen Weltanschauung ».

Renaissance étaient, en ce sens, des vitalistes. Ils considéraient l'univers comme un organisme, c'est-à-dire un système harmonieux réglé à la fois selon des lois et des fins. Ils se concevaient eux-mêmes comme une partie organisée de l'univers, une sorte de cellule de l'univers organisme ; toutes les cellules étaient unifiées par une sympathie interne, de sorte que le destin de l'organe partiel leur paraissait avoir naturellement affaire avec les mouvements des cieux.

Si cette interprétation, en laquelle la psychanalyse de la connaissance doit sans doute trouver matière, mérite d'être retenue, c'est parce qu'elle est recoupée par les commentaires de W. Riese concernant les théories biologiques de von Monakow : « Dans la neurobiologie de von Monakow, l'homme est un enfant de la nature qui n'abandonne jamais le sein de sa mère »[1]. Il est certain que le phénomène biologique fondamental pour les vitalistes, dont les images qu'il suscite comme aussi les problèmes qu'il soulève retentissent à quelque degré sur la signification des autres phénomènes biologiques, c'est celui de la génération. Un vitaliste, proposerions-nous, c'est un homme qui est induit à méditer sur les problèmes de la vie davantage par la contemplation d'un œuf que par le maniement d'un treuil ou d'un soufflet de forge.

Cette confiance vitaliste dans la spontanéité de la vie, cette réticence – et même pour certains cette horreur – à faire sortir la vie d'une nature décomposée en mécanismes, c'est-à-dire réduite paradoxalement à ne rien contenir d'autre qu'une
89 somme d'engins | analogues à ceux qu'a créés la volonté humaine de lutter contre la nature comme contre un obstacle, s'incarnent typiquement dans un homme comme van Helmont. Van Helmont est l'un des trois médecins vitalistes que l'histoire de la philosophie ne peut ignorer ; Willis, à cause de Berkeley (La *Siris*) ; van Helmont, à cause de Leibniz (*La*

1. *L'Idée de l'homme dans la neurobiologie contemporaine*, Paris, Alcan, 1938, p. 8 (voir aussi p. 9).

Monadologie); Blumenbach, à cause de Kant (*La Critique du Jugement*).

Radl présente van Helmont comme un mystique, en révolte à Louvain contre la science et la pédagogie des Jésuites (on notera que Descartes fut l'élève de ceux-ci) retournant délibérément à Aristote et à Hippocrate, par-delà Descartes, Harvey, Bacon, Galilée qu'il méprise ou ignore. Van Helmont croit à la puissance du monde, à l'astrologie, aux sorcières, au diable. Il tient la science expérimentale et le mécanisme pour œuvre jésuitique et diabolique à la fois. Il refuse le mécanisme parce que c'est une hypothèse, c'est-à-dire une ruse de l'intelligence à l'égard du réel. La Vérité, selon lui, est réalité, elle existe. Et la pensée n'est rien qu'un reflet. La Vérité transperce l'homme comme la foudre. En matière de connaissance, van Helmont est un réaliste intégral.

Van Helmont est loin d'admettre comme Descartes l'unité des forces naturelles. Chaque être a sa force et une force spécifique. La nature est une infinité de forces et de formes hiérarchisées. Cette hiérarchie comporte les semences, les ferments, les Archées, les Idées. Le corps vivant est organisé par une hiérarchie d'Archées. Ce terme, repris de Paracelse, désigne une force directrice et organisatrice qui tient davantage du chef d'armée que de l'ouvrier. C'est un retour à l'idée aristotélicienne du corps soumis à l'âme comme le soldat au chef, comme l'esclave au maître[1]. Notons encore une fois, à ce propos, que l'hostilité du vitalisme au mécanisme vise ce dernier autant et peut-être plus sous sa forme technologique que sous sa forme théorique.

Comme il n'y a pas de vitalité authentique qui ne soit féconde, le second aspect du vitalisme auquel nous sommes tenus de nous intéresser, c'est sa fécondité.

---

1. *Politique*, I, II, § 11.

Le vitalisme a généralement, auprès de ses critiques, la réputation d'être chimérique. Et ce terme est, en l'espèce, d'autant plus dur que les biologistes savent aujourd'hui fabriquer des *chimères* par conjonction de cellules obtenues par la division d'œufs d'espèces différentes. Spemann a fabriqué les premières chimères animales par transplantation l'un sur l'autre de tissus de jeunes embryons de tritons différents par l'espèce. Cette fabrication de chimères a | été un argument précis contre le vitalisme. Puisqu'on forme un vivant d'espèce équivoque, quel est le principe vital ou l'entéléchie qui régit et dirige la coopération des deux espèces de cellules ? Une question de préséance ou de compétence se pose-t-elle entre les deux entéléchies spécifiques ? Il est incontestable que les expériences de Spemann et sa théorie de l'organisateur ont conduit à interpréter le fait des localisations germinales dans un sens d'abord apparemment favorable au point de vue mécaniste[1]. La dynamique du développement de l'embryon est commandée par une zone localisée, par exemple dans le cas du triton l'environnement immédiat de la bouche primitive. Or, d'une part, l'organisateur peut stimuler et régir le développement d'un embryon d'espèce différente sur lequel il a été

---

1. Spemann lui-même a donné l'exemple de la plus grande liberté d'esprit dans l'interprétation de ces faits : « On s'est servi continuellement d'expressions indiquant des analogies psychologiques et non physiques, ce qui implique que leur signification dépasse l'image poétique. Il doit donc être dit que les réactions d'un fragment donné d'embryon, pourvu de ses diverses potentialités, conformément au "champ" embryonnaire dans lequel il est placé, que son comportement dans une "situation" déterminée, ne sont pas des réactions chimiques ordinaires, simples ou complexes. Cela veut dire que ces processus de développement pourront un jour, comme tous les processus vitaux, être analysés en processus chimiques ou physiques ou se laisser construire à partir d'eux – ou bien qu'ils ne le pourront pas, selon la nature de leur relation avec une autre réalité assez facilement accessible, telle que ces processus vitaux, dont nous possédons la connaissance la plus intime, les processus psychiques », *Experimentelle Beiträge zu einer Theorie der Entwicklung*, Springer éd., 1936, p. 278.

greffé, d'autre part, il n'est pas nécessaire, pour ce faire, qu'il soit vivant – la destruction par la chaleur n'annule pas le pouvoir d'organisation de l'organisateur – et enfin il est possible d'assimiler à l'action de l'organisateur celles de substances chimiques de la famille des stérols préparées *in vitro* (travaux de Needham). Mais un fait subsiste néanmoins – et ici l'interprétation mécaniste un moment triomphante retrouve un nouvel obstacle : si l'action de l'organisateur n'est pas spécifique, son effet est spécifique. Un organisateur de grenouille, greffé sur un triton, induit la formation d'un axe nerveux de triton. Des causes différentes obtiennent un même effet, des effets différents dépendent d'une même cause. L'organisateur, réduit à une structure chimique, est bien une cause si l'on veut, mais une cause sans causalité nécessaire. La causalité appartient au système constitué par l'organisateur et le tissu où on l'implante. La causalité est celle d'un tout sur lui-même et non d'une partie sur une autre. Voilà donc un cas précis où l'interprétation chimérique renaît de ses cendres.

| Il n'est pourtant que trop vrai que les notions théoriques 91 suscitées par l'exigence vitaliste, en présence des obstacles rencontrés par les notions théoriques de type mécaniste, sont des notions verbales. Parler de *principe vital* comme Barthez, de *force vitale* comme Bichat, *d'entéléchie* comme Driesch, de *hormè* comme von Monakow, c'est loger la question dans la réponse beaucoup plus que fournir une réponse[1]. Sur ce point il y a unanimité même chez les philosophes les plus sympathiques à l'esprit du vitalisme. Citons seulement Cournot (*Matérialisme, Vitalisme, Rationalisme*), Claude Bernard (*Leçons sur les phénomènes de la vie communs aux animaux et aux végétaux*, 1878-1879), Ruyer (*Éléments de psychobiologie*).

---

1. On trouvera dans Cuénot, *Invention et finalité en biologie* (p. 223), une liste assez complète de ces notions verbales forgées par les biologistes vitalistes.

La fécondité du vitalisme apparaît à première vue d'autant plus contestable que, comme il le montre naïvement lui-même en empruntant assez souvent au grec la dénomination des entités assez obscures qu'il se croit tenu d'invoquer, toujours il se présente comme un retour à l'antique. Le vitalisme de la Renaissance est un retour à Platon contre un Aristote par trop logicisé. Le vitalisme de van Helmont, de Stahl, de Barthez est, comme on l'a dit, un retour par-delà Descartes à l'Aristote du *Traité de l'Âme*. Pour Driesch, le fait est notoire. Mais quel sens donner à ce retour à l'antique ? Est-ce une revalorisation de concepts chronologiquement plus vieux et partant plus usés, ou une nostalgie d'intuitions ontologiquement plus originelles et plus proches de leur objet ? L'archéologie est autant retour aux sources qu'amour de vieilleries. Par exemple, nous sommes plus près sans doute de saisir le sens biologique et humain de l'outil et de la machine devant un silex taillé ou une herminette, que devant une minuterie d'éclairage électrique ou devant une caméra. Et de plus, dans l'ordre des théories, il faudrait être certain des origines et du sens du mouvement pour interpréter un retour comme un recul et un abandon comme une réaction ou une trahison. Le vitalisme d'Aristote n'était-il pas déjà une réaction contre le mécanisme de Démocrite, comme le finalisme de Platon dans le *Phédon,* une réaction contre le mécanisme d'Anaxagore ? Il est certain, en tout cas, que l'œil du vitaliste recherche une certaine naïveté de vision antétechnologique, antélogique, une vision de la vie antérieure aux instruments créés par l'homme pour étendre et consolider la vie : l'outil et le langage. C'est en ce sens que Bordeu (1722-1776), le premier grand théoricien de l'École de **92** Montpellier, appelait van | Helmont « un de ces enthousiastes comme il en faudrait un chaque siècle pour tenir les scolastiques en haleine »[1].

---

1. *Recherches anatomiques sur les positions des glandes*, § 64 ; cité par Daremberg, dans l'*Histoire des sciences médicales*, II, 1870, p. 1157, note 2.

Dans le problème de la fécondité du vitalisme ce serait aux faits et à l'histoire de se prononcer. Il faut d'abord prendre garde de ne pas porter à l'actif du vitalisme des acquisitions dues sans doute à des chercheurs qualifiés de vitalistes, mais *après* la découverte de ces faits et non *avant*, et dont par conséquent les conceptions vitalistes procèdent, bien loin qu'elles les y aient conduits. Par exemple Driesch a été conduit au vitalisme et à la doctrine de l'entéléchie par ses découvertes sur la totipotentialité des premiers blastomères de l'œuf d'oursin fécondé en voie de division. Mais il avait conduit ses recherches dans les premiers temps (1891-1895) avec l'intention de confirmer les travaux de W. Roux sur l'œuf de grenouille et la doctrine de l'*Entwicklungsmechanik*[1].

Cela dit, une histoire de la science biologique assez systématique pour ne privilégier aucun point de vue, aucun parti pris, nous apprendrait peut-être que la fécondité du vitalisme en tant que tel est loin d'être nulle, qu'en particulier elle est fonction de circonstances historiques et nationales, assez difficiles à apprécier quant à leur signification, et rentrant d'ailleurs assez malaisément dans les cadres rigides de la théorie de la race, du milieu et du moment ou dans ceux plus souples du matérialisme historique[2].

Son adhésion à des conceptions vitalistes n'a pas empêché G. F. Wolff (1733-1794) de fonder authentiquement l'embryo-

---

A. Comte a bien vu que le vitalisme de Barthez répond « dans sa pensée première » à une intention « évidemment progressive », c'est-à-dire à une réaction contre le mécanisme de Descartes et de Bœrhaave (*Cours de Philosophie positive*, XLIIIe leçon ; éd. Schleicher, III, p. 340-342).

1. Cf. *La Philosophie de l'organisme*, trad. fr., Rivière, 1921, p. 41 *sq.*

2. On a un exemple de l'exploitation nationaliste d'une interprétation raciste de ces faits chez le biologiste allemand Adolf Meyer. Les vitalistes sont naturellement des Nordiques. Les Latins avec Baglivi, Descartes et A. Comte sont naturellement des mécanistes, fourriers du bolchevisme ! C'est faire assez bon marché de l'École de Montpellier. Quant à A. Comte, il tenait précisément de Bichat une conception vitaliste de la vie qui le rendit, comme on sait, hostile à la théorie cellulaire. Voir Cuénot, *Invention et finalité en biologie*, p. 152.

logie moderne, grâce à des observations microscopiques habiles et précises, d'introduire l'histoire et la dynamique dans l'explication des moments successifs du développement de l'œuf. C'est un autre vitaliste, von Baer, qui devait, après avoir découvert en 1827 l'œuf des mammifères, formuler en 1828, dans la théorie des feuillets, le résultat d'observations **93** remarquables sur la production | des premières formations embryonnaires. À cette époque, être vitaliste ce n'était pas nécessairement freiner le mouvement de la recherche scientifique.

L'histoire de la formation de la théorie cellulaire montre, parmi les précurseurs et les fondateurs, autant de vitalistes que de mécanistes[1]. Vitalistes en Allemagne (Oken et J. Müller), mécanistes en France (Brisseau-Mirbel, Dutrochet)? Les faits sont beaucoup plus complexes. Pour ne prendre qu'un exemple, Schwann, qui est considéré à juste titre comme ayant établi les lois générales de la formation cellulaire (1838), pourrait être aussi tenu pour favorable à certaines conceptions antimécanistes, en raison de sa croyance à l'existence d'un blastème formateur dans lequel apparaîtraient secondairement les cellules; s'il existe un blastème formateur, le vivant n'est pas seulement une mosaïque ou une coalition de cellules. Inversement, Virchow, défenseur dogmatique de l'omnivalence explicative du concept de cellule, hostile à la théorie du blastème formateur, auteur de l'aphorisme *Omnis cellula e cellula*, passe généralement pour un mécaniste convaincu. Mais au jugement de J. S. Haldane c'est l'inverse qui est le vrai[2]. Schwann, catholique orthodoxe, professeur à l'université catholique de Louvain, était un mécaniste strict : il pensait que les cellules apparaissent par précipitation dans la substance fondamentale; l'affirmation que toute cellule provient d'une cellule pré-existante apparut en regard comme une déclaration de vitalisme.

---

1. Voir le chapitre précédent, sur « La théorie cellulaire ».
2. *The Philosophy of a Biologist*, Oxford, 1935, p. 36.

Il est un autre domaine généralement peu connu, où les biologistes vitalistes peuvent revendiquer des découvertes aussi
authentiques qu'inattendues, c'est la neurologie. La théorie du
réflexe – nous ne disons pas la description expérimentale ou
clinique des mouvements automatiques – doit probablement,
quant à sa formation, davantage aux vitalistes qu'aux mécanistes, du XVIIᵉ siècle (Willis) au début du XIXᵉ siècle (Pflüger).
Il est certain que Prochaska – pour ne citer que lui – participe de
cette tradition de biologistes qui ont été conduits à la notion de
réflexe par leurs théories vitalistes sur le sensorium commune
et l'âme médullaire. La mécanisation ultérieure de la théorie du
réflexe ne change rien à ses origines[1].

Mais l'histoire montrerait aussi que très souvent le bio-
logiste | vitaliste, même si, jeune, il a participé à l'avancement 94
de la science par des travaux expérimentaux confirmés, finit
dans son âge avancé par la spéculation philosophique et
prolonge la biologie pure par une biologie philosophique.
Libre à lui, en somme, mais ce qu'on est fondé à lui reprocher
c'est de se prévaloir, sur le terrain philosophique, de sa qualité
de biologiste. Le biologiste vitaliste devenu philosophe de la
biologie croit apporter à la philosophie des capitaux et ne
lui apporte en réalité que des *rentes* qui ne cessent de baisser
à la bourse des valeurs scientifiques, du fait seul que se
poursuit la recherche à laquelle il ne participe plus. Tel est le
cas de Driesch abandonnant la recherche scientifique pour
la spéculation et même l'enseignement de la philosophie. Il y a
là une espèce d'abus de confiance sans préméditation. Le
prestige du travail scientifique lui vient d'abord de son dyna-
misme interne. L'ancien savant se voit privé de ce prestige
auprès des savants militants. Il croit qu'il le conserve chez les

1*. Nous avons, depuis la rédaction de ce passage, traité la question
dans toute son extension. Cf. notre thèse de doctorat ès lettres, *La Formation
du concept de réflexe aux XVIIᵉ et XVIIIᵉ siècles*, Paris, P.U.F., 1955; 2ᵉ éd.,
Paris, Vrin, 1977.

philosophes. Il n'en doit rien être. La philosophie, étant une entreprise autonome de réflexion, n'admet aucun prestige, pas même celui de savant, à plus forte raison celui d'ex-savant.

Peut-on reconnaître ces faits sans en chercher la justification dans l'exigence vitaliste? La confiance vitaliste dans la vie ne se traduit-elle pas dans une tendance au laisser-aller, à la paresse, dans un manque d'ardeur pour la recherche biologique? N'y aurait-il pas dans les postulats du vitalisme une raison interne de stérilité intellectuelle, comme le soupçonnent et même l'affirment énergiquement ses adversaires?

Le vitalisme ne serait-il rien que la transposition en interdits dogmatiques des limites du mécanisme et de l'explication physico-chimique de la vie? Serions-nous en présence d'une fausse conception de la notion de frontière épistémologique, pour reprendre une expression de G. Bachelard[1]? Le vitalisme est-il autre chose que le refus des délais demandés par le mécanisme pour achever son œuvre? C'est à ce refus que le ramène Jean Rostand:

> Le mécanisme a, à l'heure actuelle, une position extrêmement solide, et l'on ne voit guère ce qu'on peut lui répondre quand, fort de ses succès quotidiens, il demande simplement des délais pour achever son œuvre, à savoir *pour expliquer complètement la vie sans la vie*[2].

95 | Comme le remarque G. Bachelard:

> Toute frontière absolue proposée à la science est la marque d'un problème mal posé... Il est à craindre que la pensée scientifique ne garde des traces des limitations philosophiques... Les frontières opprimantes sont des frontières illusoires.

1. *Critique préliminaire du concept de frontière épistémologique*, Congrès international de philosophie de Prague, 1934.
2. *La Vie et ses problèmes*, Paris, Flammarion, 1939, p. 155; c'est nous qui soulignons.

Ces considérations, très justes en soi et parfaitement adaptées à notre problème, valent en effet pour le vitalisme en tant que nous pouvons l'identifier avec une doctrine de partage de l'expérience à expliquer, telle qu'elle se présente chez un biologiste comme Bichat. Selon Bichat, les actes de la vie opposent à l'invariabilité des lois physiques leur instabilité, leur irrégularité, comme un « écueil où sont venus échouer tous les calculs des physiciens-médecins du siècle passé ».

> La physique, la chimie, ajoute-t-il, se touchent, parce que les mêmes lois président à leurs phénomènes. Mais un immense intervalle les sépare de la science des corps organisés, parce qu'une énorme différence existe entre leurs lois et celles de la vie. Dire que la physiologie est la physique des animaux c'est en donner une idée extrêmement inexacte ; j'aimerais autant dire que l'astronomie est la physiologie des astres [1].

En somme, le vitaliste classique admet l'insertion du vivant dans un milieu physique aux lois duquel il constitue une exception. Là est, à notre sens, la faute philosophiquement inexcusable. Il ne peut y avoir d'empire dans un empire, sinon il n'y a plus aucun empire, ni comme contenant, ni comme contenu. Il n'y a qu'une philosophie de l'empire, celle qui refuse le partage, l'impérialisme. L'impérialisme des physiciens ou des chimistes est donc parfaitement logique, poussant à bout l'expansion de la logique ou la logique de l'expansion. On ne peut pas défendre l'originalité du phénomène biologique et par suite l'originalité de la biologie en délimitant dans le territoire physico-chimique, dans un milieu d'inertie ou de mouvements déterminés de l'extérieur, des enclaves d'indétermination, des zones de dissidence, des foyers d'hérésie. Si l'originalité du biologique doit être revendiquée c'est

1. *Recherches physiologiques sur la vie et la mort*, 1800 ; article 7, § 1, « Différence des forces vitales d'avec les lois physiques », Paris, Vrin, 1982.

comme l'originalité d'un règne sur le tout de l'expérience et non pas sur des îlots dans l'expérience. Finalement, le vitalisme classique ne pécherait, paradoxalement, que par trop de modestie, par sa réticence à universaliser sa conception de l'expérience.

Lorsqu'on reconnaît l'originalité de la vie, on doit « comprendre » la matière dans la vie et la science de la matière, qui est la science tout court, dans l'activité du vivant. La physique
96 et la chimie | en cherchant à réduire la spécificité du vivant, ne faisaient en somme que rester fidèles à leur intention profonde qui est de déterminer des lois entre objets, valables hors de toute référence à un centre absolu de référence. Finalement cette détermination les a conduites à reconnaître aujourd'hui l'immanence du mesurant au mesuré, et le contenu des protocoles d'observation relatif à l'acte même de l'observation. Le milieu dans lequel on veut voir apparaître la vie n'a donc quelque sens de milieu que par l'opération du vivant humain qui y effectue des mesures auxquelles leur relation aux appareils et aux procédés techniques est essentielle. Après trois siècles de physique expérimentale et mathématique, milieu, qui signifiait d'abord, pour la physique, environnement, en vient à signifier, pour la physique et pour la biologie, centre. Il en vient à signifier ce qu'il signifie originellement. La physique est une science des champs, des milieux. Mais on a fini par découvrir que, pour qu'il y ait environnement, il faut qu'il y ait centre. C'est la position d'un vivant se référant à l'expérience qu'il vit en sa totalité, qui donne au milieu le sens de conditions d'existence. Seul un vivant, infra-humain, peut coordonner un milieu. Expliquer le centre par l'environnement peut sembler un paradoxe.

Cette interprétation n'enlève rien à une physique aussi déterministe qu'elle voudra et pourra, ne lui retire aucun de ses objets. Mais elle inclut l'interprétation physique dans une autre, plus vaste et plus compréhensive, puisque le sens de la physique y est justifié et l'activité du physicien intégralement garantie.

Mais une théorie générale du milieu, d'un point de vue authentiquement biologique, est encore à faire pour l'homme technicien et savant, dans le sens de ce qu'ont tenté von Uexküll pour l'animal et Goldstein pour le malade [1].

Ainsi compris, un point de vue biologique sur la totalité de l'expérience apparaît comme parfaitement honnête, et à l'égard de l'homme savant, du physicien spécialement, et à l'égard de l'homme vivant. Or il se trouve que ce caractère d'honnêteté est contesté, par ses adversaires, mécanistes ou matérialistes, à une biologie jalouse de son autonomie méthodique et doctrinale. Voilà donc le troisième aspect du vitalisme que nous nous proposons d'examiner.

| Le vitalisme est tenu par ses critiques comme scientifi- **97** quement rétrograde – et nous avons dit quel sens il convient, selon nous, de donner à ce retour en arrière – mais aussi comme politiquement réactionnaire ou contre-révolutionnaire.

Le vitalisme classique (XVIIᵉ-XVIIIᵉ siècle) donne prise à cette accusation par la relation qu'il soutient avec l'animisme (Stahl), c'est-à-dire la théorie selon laquelle la vie du corps animal dépend de l'existence et de l'activité d'une âme pourvue de tous les attributs de l'intelligence – « Ce principe vital, actif et vivifiant de l'homme, doué de la faculté de raisonner, je veux dire l'âme raisonnable telle qu'elle est... »[2] – et agissant sur le corps comme une substance sur une autre dont elle est ontologiquement distincte. La vie est ici au corps vivant ce que l'âme cartésienne est au corps humain,

1. Voir plus bas le chapitre «Le Vivant et son milieu». Sur ce même problème on trouvera des indications suggestives dans l'ouvrage cité de J. S. Haldane, chap. II.

2. Stahl, cité par Daremberg, *Histoire des sciences médicales*, II, p. 1029.
Dans le même ouvrage, Daremberg dit très justement (p. 1022): « Si l'esprit de parti religieux ou la théologie pure ne s'étaient emparés de l'animisme, cette doctrine n'eût pas survécu à son auteur ».

qu'elle n'anime pas, mais dont elle régit volontairement les mouvements. De même que l'âme cartésienne ne laisserait pas d'être tout ce qu'elle est encore que le corps ne fût point, de même la force vitale ne laisserait pas d'être tout ce qu'elle est encore que des corps ne fussent pas vivants. Le vitalisme contaminé d'animisme tombe donc sous les mêmes critiques, à la fois philosophiques et politiques, que le spiritualisme dualiste. Les mêmes raisons qui font voir dans le spiritualisme une philosophie réactionnaire font tenir la biologie vitaliste pour une biologie réactionnaire.

Aujourd'hui surtout, l'utilisation par l'idéologie nazie d'une biologie vitaliste, la mystification qui a consisté à utiliser les théories de la *Ganzheit* contre le libéralisme indivi-dualiste, atomiste et mécaniste, en prônant des forces et des formes sociales totalitaires, et la conversion assez aisée de biologistes vitalistes au nazisme, sont venues confirmer cette accusation qui a été formulée par des philosophes positivistes comme Philipp Frank[1] et par les marxistes.

Il est certain que la pensée de Driesch offre à considérer un cas typique de transplantation sur le terrain politique du concept biologique de totalité organique. Après 1933, l'enté-léchie est devenue un *Führer*[2] de l'organisme. Est-ce le vita-lisme ou le caractère de Driesch qui est responsable de cette justification pseudo-scientifique du *Führerprinzip*? Etait-ce le darwinisme ou le caractère | de Paul Bourget qui était res-ponsable de l'exploitation du concept de sélection naturelle sur le plan de la politique dans certaine réponse à l'*Enquête sur la Monarchie* de Maurras? S'agit-il de biologie ou de para-sitisme de la biologie? Ne pourrait-on penser que la politique retire de la biologie ce qu'elle lui avait d'abord prêté? La notion aristotélicienne d'une âme qui est au corps ce que le

98

---

1. *Le Principe de causalité et ses limites*, Paris, Flammarion, 1937, chap. III.
2. *Die Ueberwindung des Materialismus*, 1935: «Eine Maschine als Werkzeug für den Führer – aber der Führer ist die Hauptsache», p. 59.

chef politique ou domestique est à la cité ou à la famille, la notion chez van Helmont de l'archée comme général d'armée sont des préfigurations des théories de Driesch. Or, chez Aristote, la structure et les fonctions de l'organisme sont exposées par des analogies avec l'outil intelligemment dirigé et avec la société humaine unifiée par le commandement[1]. Ce qui est en question, dans le cas de l'exploitation par les sociologues nazis de concepts biologiques antimécanistes, c'est le problème des rapports entre l'organisme et la société. Aucun biologiste, en tant que tel, ne peut donner à ce problème une réponse qui trouve une garantie d'autorité dans les *seuls* faits biologiques. Il est aussi absurde de chercher dans la biologie une justification pour une politique et une économie d'exploitation de l'homme par l'homme qu'il serait absurde de nier à l'organisme vivant tout caractère authentique de hiérarchie fonctionnelle et d'intégration des fonctions de relation à des niveaux ascendants (Sherrington) parce qu'on est partisan, pour des raisons de justice sociale, d'une société sans classes.

En outre, ce n'est pas seulement la biologie vitaliste que les nazis ont annexée pour l'orienter vers leurs conclusions intéressées. Ils ont tiré à eux aussi bien la génétique pour la justification d'une eugénique raciste, des techniques de stérilisation et d'insémination artificielle, que le darwinisme pour la justification de leur impérialisme, de leur politique du *Lebensraum*. On ne peut pas plus honnêtement reprocher à une biologie soucieuse de son autonomie son utilisation par le nazisme, qu'on ne peut reprocher à l'arithmétique et au calcul des intérêts composés leur utilisation par des banquiers ou des actuaires capitalistes. La conversion intéressée de certains biologistes au nazisme ne prouve rien contre la qualité des faits expérimentaux et des suppositions jugées raisonnables pour en rendre compte, auxquels ces biologistes, avant leur

1. Cf. *Du Mouvement des Animaux.*

conversion, avaient cru devoir donner leur adhésion de savants. On n'est pas tenu de loger dans la biologie, sous forme de conséquences logiquement inévitables, l'attitude que, par manque de caractère et par manque de fermeté philosophique, quelques biologistes ont adoptée.

99 | Si nous recherchons le sens du vitalisme à ses origines et sa pureté à sa source, nous n'aurons pas la tentation de reprocher à Hippocrate ou aux humanistes de la Renaissance la malhonnêteté de leur vitalisme.

Il faut pourtant reconnaître qu'il n'est pas sans intérêt et qu'il n'est pas entièrement faux de présenter les retours offensifs ou défensifs du vitalisme comme liés à des crises de confiance de la société bourgeoise dans l'efficacité des institutions capitalistes. Mais cette interprétation du phéno-mène peut paraître trop faible, plutôt que trop forte, au sens épistémologique bien entendu. Elle peut paraître trop faible, en tant qu'elle présente comme phénomène de crise sociale et politique, un phénomène de crise biologique dans l'espèce humaine, un phénomène qui relève d'une philosophie techno-logique et non pas seulement d'une philosophie politique. Les renaissances du vitalisme traduisent peut-être de façon discontinue la méfiance permanente de la vie devant la mécanisation de la vie. C'est la vie cherchant à remettre le mécanisme à sa place dans la vie.

Finalement, l'interprétation dialectique des phénomènes biologiques que défendent les philosophes marxistes est justi-fiée, mais elle est justifiée par ce qu'il y a dans la vie de rebelle à sa mécanisation[1]. Si la dialectique en biologie est justifiable c'est parce qu'il y a dans la vie ce qui a suscité le vitalisme, sous forme d'exigence plus que de doctrine, et qui en explique

---

1. Il n'est donc pas surprenant de voir un positiviste comme Ph. Frank aussi réticent devant la dialectique marxiste en biologie que devant le vitalisme. Voir ouvrage cité, p. 116, 117, 120.

la vitalité, savoir sa spontanéité propre, ce que Claude Bernard exprimait en disant : la vie c'est la création [1].

Il est pourtant plus aisé de dénoncer en paroles le mécanisme et le scientisme en biologie que de renoncer, en fait, à leurs postulats et aux attitudes qu'ils commandent. Attentifs à ce que la vie présente d'invention et d'irréductibilité, des biologistes marxistes devraient louer dans le vitalisme son objectivité devant certains caractères de la vie. Et sans doute un biologiste anglais, J. B. S. Haldane, fils de J. B. Haldane, écrit-il, dans son livre sur *La philosophie marxiste et les sciences*, qu'une théorie comme celle de Samuel Butler qui place, dans une perspective lamarckienne, la conscience au principe de la vie [2] ne contient, *a priori*, rien dont le matérialisme dialectique | ne pourrait éventuellement 100 s'accommoder. Mais nous n'avons encore rien lu de tel en France [3].

En revanche, M. Jean Wahl, dans son *Tableau de la Philosophie française* [4], a très heureusement mis en lumière la part considérable de vitalisme qui subsiste dans l'œuvre de tels philosophes du XVIIIᵉ siècle, ordinairement tenus pour matérialistes. Diderot nous y est présenté comme un philosophe ayant le sens de l'unité de la vie, se situant « sur le chemin qui va de Leibniz à Bergson » ; sa doctrine est caractérisée comme un « matérialisme vitaliste », comme un « retour à la Renaissance » [5].

Rendre justice au vitalisme ce n'est finalement que lui rendre la vie.

---

1. *Introduction à la Médecine expérimentale*, IIᵉ partie, chap. II.
2. Cf. *La Vie et l'habitude*.
3. *Cf.* notre « Note sur la situation faite en France à la philosophie biologique », dans la *Revue de Métaphysique et de Morale*, octobre 1947.
4. Éditions de la Revue Fontaine, Paris, 1946.
5. *Cf.* p. 75-82.

MACHINE ET ORGANISME

Après avoir été longtemps admise comme un dogme par les biologistes, la théorie mécanique de l'organisme est aujourd'hui tenue par les biologistes se réclamant du matérialisme dialectique comme une vue étroite et insuffisante. Le fait de s'en occuper encore d'un point de vue philosophique peut donc tendre à confirmer l'idée assez répandue que la philosophie n'a pas de domaine propre, qu'elle est une parente pauvre de la spéculation et qu'elle est contrainte de prendre les vêtements usagés et abandonnés par les savants. On voudrait essayer de montrer que le sujet est beaucoup plus large et plus complexe, et philosophiquement plus important qu'on ne le suppose en le réduisant à une question de doctrine et de méthode en biologie.

Ce problème est même le type de ceux dont on peut dire que la science qui se les approprierait est elle-même encore un problème, car, s'il existe déjà de bons travaux de technologie, la notion même et les méthodes d'une « organologie » sont encore très vagues. De sorte que, paradoxalement, la philosophie indiquerait à la science une place à prendre, bien loin de venir occuper avec retard une position désertée. Car le problème des rapports de la machine et de l'organisme n'a été généralement étudié qu'à sens unique. On a presque toujours cherché, à partir de la structure et du fonctionnement de la machine déjà construite, à expliquer la structure et le fonctionnement de l'organisme ; mais on a rarement cherché à comprendre la construction même de la machine à partir de la structure et du fonctionnement de l'organisme.

Les philosophes et les biologistes mécanistes ont pris la machine comme donnée ou, s'ils ont étudié sa construction, ils
102 ont résolu | le problème en invoquant le calcul humain. Il ont fait appel à l'ingénieur, c'est-à-dire au fond, pour eux, au savant. Abusés par l'ambiguïté du terme de mécanique, ils n'ont vu, dans les machines, que des théorèmes solidifiés, exhibés *in concreto* par une opération de construction toute secondaire, simple application d'un savoir conscient de sa portée et sûr de ses effets. Or nous pensons qu'il n'est pas possible de traiter le problème biologique de l'organisme-machine en le séparant du problème technologique qu'il suppose résolu, celui des rapports entre la technique et la science. Ce problème est ordinairement résolu dans le sens de l'antériorité à la fois logique et chronologique du savoir sur ses applications. Mais nous voudrions tenter de montrer que l'on ne peut comprendre le phénomène de construction des machines par le recours à des notions de nature authentiquement biologique sans s'engager du même coup dans l'examen du problème de l'originalité du phénomène technique par rapport au phénomène scientifique.

Nous étudierons donc successivement : le sens de l'assimilation de l'organisme à une machine ; les rapports du mécanisme et de la finalité ; le renversement du rapport traditionnel entre machine et organisme ; les conséquences philosophiques de ce renversement.

Pour un observateur scrupuleux, les êtres vivants et leurs formes présentent rarement, à l'exception des vertébrés, des dispositifs qui puissent donner l'idée d'un mécanisme, au sens que les savants donnent à ce terme. Dans *La Pensée technique*[1], par exemple, Julien Pacotte remarque que les articulations des membres et les mouvements du globe de l'œil répondent dans l'organisme vivant à ce que les mathématiciens appellent un mécanisme. On peut définir la machine comme une construction artificielle, œuvre de l'homme, dont une fonction essentielle dépend de mécanismes. Un mécanisme, c'est une configuration de solides en mouvement telle que le mouvement n'abolit pas la configuration. Le mécanisme est donc un assemblage de parties déformables avec restauration périodique des mêmes rapports entre parties. L'assemblage consiste en un système de liaisons comportant des degrés de liberté déterminés : par exemple, un balancier de pendule, une soupape sur came, comportent un degré de liberté ; un écrou sur axe fileté en comporte deux. La réalisation matérielle | de ces degrés de liberté consiste en guides, **103** – c'est-à-dire en limitations de mouvements de solides au contact. En toute machine, le mouvement est donc fonction de l'assemblage, et le mécanisme, de la configuration. On trouvera, par exemple, dans un ouvrage bien connu, *La Cinématique* de Reuleaux[2], les principes fondamentaux d'une théorie générale des mécanismes ainsi compris.

Les mouvements produits, mais non créés, par les machines, sont des déplacements géométriques et mesurables. Le mécanisme règle et transforme un mouvement dont l'impulsion lui est communiquée. Mécanisme n'est pas moteur. Un des exemples les plus simples de ces transformations de mouvements consiste à recueillir, sous forme de rotation, un mouvement initial de translation, par l'intermédiaire de dispositifs techniques comme la manivelle ou l'excentrique. Naturellement des mécanismes peuvent être combinés, par

---

1. Paris, Alcan, 1931.
2. Traduit de l'allemand en français en 1877.

superposition ou par composition. On peut construire des mécanismes qui modifient la configuration d'un mécanisme primitif et rendent une machine alternativement capable de plusieurs mécanismes. C'est le cas des modifications opérées par déclenchement et par enclenchement, par exemple le dispositif de roue libre sur une bicyclette[1].

On a déjà dit que ce qui est la règle dans l'industrie humaine est l'exception dans la structure des organismes et l'exception dans la nature, et l'on doit ajouter ici que, dans l'histoire des techniques, des inventions de l'homme, les configurations par assemblage ne sont pas primitives. Les plus anciens outils connus sont d'une pièce. Déjà, la construction de haches ou de flèches par assemblage d'un silex et d'un manche, la construction de filets ou de tissus ne sont pas des faits primitifs. On fait dater généralement leur apparition de la fin du quaternaire.

Ce bref rappel de notions élémentaires de cinématique ne paraît pas inutile pour permettre de poser dans toute sa signification paradoxale le problème suivant : comment expliquer qu'on ait cherché dans des machines et des mécanismes, définis comme précédemment, un modèle pour l'intelligence de la structure et des fonctions de l'organisme ? À cette question, on peut répondre, semble-t-il, que c'est parce que la représentation d'un modèle mécanique de l'être vivant ne fait pas intervenir uniquement des mécanismes de type cinématique. Une machine, au sens déjà défini, ne se suffit pas à 104 elle-même, puisqu'elle doit recevoir d'ailleurs | un mouvement qu'elle transforme. On ne se la représente en mouvement, par conséquent, que dans son association avec une source d'énergie[2].

---

1. Sur tout ce qui concerne les machines et les mécanismes, cf. Pacotte, *La Pensée technique*, chap. III.

2. Selon Marx, l'outil est mû par la force humaine, la machine est mue par une force naturelle. Cf. *Le Capital*, trad. Molitor, tome III, p. 8.

Pendant très longtemps, les mécanismes cinématiques ont reçu leur mouvement de l'effort musculaire humain ou animal. À ce stade, il était évidemment tautologique d'expliquer le mouvement du vivant par assimilation au mouvement d'une machine dépendant, quant à ce mouvement même, de l'effort musculaire du vivant. Par conséquent, l'explication mécanique des fonctions de la vie suppose historiquement – et on l'a très souvent montré – la construction d'automates, dont le nom signifie à la fois le caractère miraculeux et l'apparence de suffisance à soi d'un mécanisme transformant une énergie qui n'est pas, immédiatement du moins, l'effet d'un effort musculaire humain ou animal.

C'est ce qui ressort de la lecture d'un texte très connu :

> Examinez avec quelque attention l'économie physique de l'homme : qu'y trouvez-vous ? Les mâchoires armées de dents, qu'est-ce autre chose que des tenailles ? L'estomac n'est qu'une cornue ; les veines, les artères, le système entier des vaisseaux, ce sont des tubes hydrauliques ; le cœur c'est un ressort ; les viscères ne sont que des filtres, des cribles ; le poumon n'est qu'un soufflet ; qu'est-ce que les muscles ? sinon des cordes. Qu'est-ce que l'angle oculaire ? si ce n'est une poulie, et ainsi de suite. Laissons les chimistes avec leurs grands mots de « fusion », de « sublimation », de « précipitation » vouloir expliquer la nature et chercher ainsi à établir une philosophie à part ; ce n'en est pas moins une chose incontestable que tous ces phénomènes doivent se rapporter aux lois de l'équilibre, à celles du coin, de la corde, du ressort et des autres éléments de la mécanique.

Texte qui ne vient pas de qui l'on pourrait croire, mais qui est emprunté à la *Praxis Medica*, ouvrage paru en 1696, écrit par Baglivi (1668-1706), médecin italien de l'école des iatro-mécaniciens. Cette école des iatromécaniciens fondée par Borelli a subi, semble-t-il, de façon incontestable, l'influence de Descartes, bien qu'en Italie on la rattache plus volontiers à Galilée, pour des raisons de prestige national[1]. Ce texte est intéressant parce qu'il met sur le même plan, comme principes d'explication, le coin, la corde, le ressort. Il est clair pourtant

105   que, du point de vue mécanique, il y a une différence | entre ces engins, car si la corde est un mécanisme de transmission, et le coin un mécanisme de transformation pour un mouvement donné, le ressort est un moteur. Sans doute, c'est un moteur qui restitue ce qu'on lui a prêté, mais il est apparemment pourvu, au moment de l'action, de l'indépendance. Dans le texte de Baglivi, c'est le cœur – le *primum movens* – qui est assimilé à un ressort. En lui réside le moteur de tout l'organisme.

Il est donc indispensable à la formation d'une explication mécanique des phénomènes organiques, qu'à côté des machines au sens de dispositifs cinématiques, existent des machines au sens de moteurs, tirant leur énergie, au moment où elle est utilisée, d'une source autre que le muscle animal. Et c'est pourquoi, bien que ce texte de Baglivi doive nous renvoyer à Descartes, nous devons en réalité faire remonter à Aristote l'assimilation de l'organisme à une machine. Quand on traite de la théorie cartésienne de l'animal-machine, on est assez embarrassé d'élucider si Descartes a eu ou non, en la matière, des précurseurs. Ceux qui cherchent des ancêtres à Descartes citent en général Gomez Pereira, médecin espagnol de la deuxième moitié du XVIe siècle. Il est bien vrai que Pereira, avant Descartes, pense pouvoir démontrer que les animaux sont de pures machines et que, de toute façon, ils n'ont pas cette âme sensitive qu'on leur a si souvent attribuée[2]. Mais il est par ailleurs incontestable que c'est Aristote qui a trouvé dans la construction de machines de siège, comme les

1. Voir là-dessus l'*Histoire des sciences médicales* de Daremberg, tome II, p. 879, Paris, 1870.

2. *Antoniana Margarita; opus physicis, medicis ac theologis non minus utile quam necessarium*, Medina del Campo, 1555-1558.

catapultes, la permission d'assimiler à des mouvements mécaniques automatiques les mouvements des animaux. Ce fait a
été très bien mis en lumière par Alfred Espinas, dans l'article
« L'Organisation ou la machine vivante en Grèce au IVe siècle
avant J.-C. »[1]. Espinas relève la parenté des problèmes traités
par Aristote dans son traité *De motu animalium*, et dans son
recueil des *Quaestiones mechanicae*. Aristote assimile effectivement les organes du mouvement animal à des « *organa* »,
c'est-à-dire à des parties de machines de guerre, par exemple
au bras d'une catapulte qui va lancer un projectile, et le dérou-
lement de ce mouvement, à celui des machines capables de
restituer, après libération par déclenchement, une énergie
emmagasinée, machines automatiques dont les catapultes sont
le type à l'époque. Aristote, dans le même ouvrage, assimile le
mouvement des membres à des mécanismes au sens qui leur a
été donné plus | haut, fidèle du reste sur ce point à Platon qui, **106**
dans le *Timée*, définit le mouvement des vertèbres comme
celui de charnières ou de gonds.

Il est vrai que chez Aristote la théorie du mouvement
est bien différente de ce qu'elle sera chez Descartes. Selon
Aristote, le principe de tout mouvement, c'est l'âme. Tout
mouvement requiert un premier moteur. Le mouvement
suppose l'immobile; ce qui meut le corps c'est le désir et ce qui
explique le désir c'est l'âme, comme ce qui explique la
puissance c'est l'acte. Malgré cette différence d'explication
du mouvement, il reste que chez Aristote, comme plus tard
chez Descartes, l'assimilation de l'organisme à une machine
présuppose la construction par l'homme de dispositifs où le
mécanisme automatique est lié à une source d'énergie dont les
effets moteurs se déroulent dans le temps, bien longtemps
après la cessation de l'effort humain ou animal qu'ils resti-
tuent. C'est ce décalage entre le moment de la restitution et

1. *Revue de Métaphysique et de Morale*, 1903.

celui de l'emmagasinement de l'énergie restituée par le mécanisme qui permet l'oubli du rapport de dépendance entre les effets du mécanisme et l'action d'un vivant. Quand Descartes cherche des analogies pour l'explication de l'organisme dans les machines, il invoque des automates à ressort, des automates hydrauliques. Il se rend par conséquent tributaire, intellectuellement parlant, des formes de la technique à son époque, de l'existence des horloges et des montres, des moulins à eau, des fontaines artificielles, des orgues, etc. On peut donc dire que, tant que le vivant humain ou animal «colle» à la machine, l'explication de l'organisme par la machine ne peut naître. Cette explication ne peut se concevoir que le jour où l'ingéniosité humaine a construit des appareils imitant des mouvements organiques, par exemple le jet d'un projectile, le va-et-vient d'une scie, et dont l'action, mis à part la construction et le déclenchement, se passe de l'homme.

On vient de dire à deux reprises : *peut* naître. Est-ce à dire que cette explication *doit* naître ? Comment donc rendre compte de l'apparition chez Descartes, avec une netteté et même une brutalité qui ne laissent rien à désirer, d'une interprétation mécaniste des phénomènes biologiques ? Cette théorie est évidemment en rapport avec une modification de la structure économique et politique des sociétés occidentales, mais c'est la nature du rapport qui est obscure.

Ce problème a été abordé par P.-M. Schuhl dans son livre *Machinisme et Philosophie*[1]. Schuhl a montré que dans **107** la philosophie | antique, l'opposition de la science et de la technique recouvre l'opposition du libéral et du servile et, plus profondément, l'opposition de la nature et de l'art. Schuhl se réfère à l'opposition aristotélicienne du mouvement naturel et du mouvement violent. Celui-ci est engendré par les mécanismes pour contrarier la nature et il a pour caractéristique :

1. Paris, Alcan, 1938.

1) de s'épuiser rapidement; 2) de n'engendrer jamais une habitude, c'est-à-dire une disposition permanente à se reproduire.

Ici se pose un problème, assurément fort difficile, de l'histoire de la civilisation et de la philosophie de l'histoire. Chez Aristote, la hiérarchie du libéral et du servile, de la théorie et de la pratique, de la nature et de l'art, est parallèle à une hiérarchie économique et politique, la hiérarchie dans la cité de l'homme libre et des esclaves. L'esclave, dit Aristote dans *La Politique*[1] est une machine animée. D'où le problème que Schuhl indique seulement : est-ce la conception grecque de la dignité de la science qui engendre le mépris de la technique et par suite l'indigence des inventions et donc, en un certain sens, la difficulté de transposer dans l'explication de la nature les résultats de l'activité technique? Ou bien est-ce l'absence d'inventions techniques qui se traduit par la conception de l'éminente dignité d'une science purement spéculative, d'un savoir contemplatif et désintéressé? Est-ce le mépris du travail qui est la cause de l'esclavage ou bien l'abondance des esclaves en rapport avec la suprématie militaire qui engendre le mépris du travail? Est-ce qu'il faut ici expliquer l'idéologie par la structure de la société économique, ou bien la structure par l'orientation des idées? Est-ce la facilité de l'exploitation de l'homme par l'homme qui fait dédaigner les techniques d'exploitation de la nature par l'homme? Est-ce la difficulté de l'exploitation de la nature par l'homme qui oblige à justifier l'exploitation de l'homme par l'homme? Sommes-nous en présence d'un rapport de causalité et dans quel sens? Ou bien sommes-nous en présence d'une structure globale avec relations et influences réciproques?

Un problème analogue est posé dans *Les Études sur Descartes*[2] du Père Laberthonnière et notamment dans l'appen-

---

1. Livre, I, chap. II, § 4, 5, 6, 7.
2. Paris, Vrin, 1935.

dice du tome II : *La Physique de Descartes et la Physique d'Aristote*, qui oppose une physique d'artiste, d'esthète, à une physique d'ingénieur et d'artisan. Le Père Laberthonnière semble penser qu'ici le déterminant c'est l'idée, puisque la révolution cartésienne, en | matière de philosophie des techniques, suppose la révolution chrétienne. Il fallait d'abord que l'homme fût conçu comme un être transcendant à la nature et à la matière pour que son droit et son devoir d'exploiter la matière, sans égards pour elle, fût affirmé. Autrement dit il fallait que l'homme fût valorisé pour que la nature fût dévalorisée. Il fallait ensuite que les hommes fussent conçus comme radicalement et originellement égaux pour que, la technique politique d'exploitation de l'homme par l'homme étant condamnée, la possibilité et le devoir d'une technique d'exploitation de la nature par l'homme apparût. Cela permet donc au Père Laberthonnière de parler d'une origine chrétienne de la physique cartésienne. Il se fait du reste à lui-même les objections suivantes : la physique, la technique rendues possibles par le christianisme, sont venues en somme, chez Descartes, bien après la fondation du christianisme comme religion ; en outre, n'y a-t-il pas antinomie entre la philosophie humaniste qui voit l'homme maître et possesseur de la nature, et le christianisme, tenu par les humanistes comme une religion de salut, de fuite dans l'au-delà, et rendu responsable du mépris pour les valeurs vitales et techniques, pour tout aménagement technique de l'en-deçà de la vie humaine ? Le Père Laberthonnière dit : « Le temps ne fait rien à l'affaire ». Il n'est pas certain que le temps ne fasse rien à l'affaire. En tout cas, on ne peut nier que certaines inventions techniques – et ceci a été montré dans des ouvrages classiques –, telles que le fer à cheval, le collier d'épaule, qui ont modifié l'utilisation de la force motrice animale, aient fait pour l'émancipation des esclaves ce qu'une certaine prédication n'avait pas suffi à obtenir.

Le problème dont on a dit tout à l'heure qu'il pouvait être résolu par une solution recherchée en deux sens, rapport de causalité ou bien structure globale, le problème des rapports de la philosophie mécaniste avec l'ensemble des conditions économiques et sociales dans lesquelles elle se fait jour, est résolu dans le sens d'un rapport de causalité par Franz Borkenau dans son livre *Der Uebergang vom feudalem zum bürgerlichen Weltbild* (1933). L'auteur affirme qu'au début du XVIIe siècle la conception mécaniste a éclipsé la philosophie qualitative de l'Antiquité et du Moyen Âge. Le succès de cette conception traduit, dans la sphère de l'idéologie, le fait économique que sont l'organisation et la diffusion des manufactures. La division du travail artisanal en actes productifs segmentaires, uniformes et non qualifiés, aurait imposé la conception d'un travail social abstrait. Le travail décomposé en mouvements simples, identiques et répétés, aurait exigé la comparaison, | aux fins de calcul du prix de revient et du salaire, des heures **109** de travail, par conséquent aurait abouti à la quantification d'un processus auparavant tenu pour qualitatif [1]. Le calcul du travail comme pure quantité susceptible de traitement mathématique serait la base et le départ d'une conception mécaniste de l'univers de la vie. C'est donc par la réduction de toute valeur à la valeur économique, « au froid argent comptant », comme dit Marx dans *Le Manifeste communiste*, que la conception mécaniste de l'univers serait fondamentalement une *Weltanschaung* bourgeoise. Finalement, derrière la théorie de l'animal-machine, on devrait apercevoir les normes de l'économie capitaliste naissante. Descartes, Galilée et Hobbes seraient les hérauts inconscients de cette révolution économique.

Ces conceptions de Borkenau ont été exposées et critiquées avec beaucoup de vigueur dans un article de Henryk Grossman [2]. Selon lui, Borkenau annule cent cinquante ans de

---

1. La fable de La Fontaine, *Le Savetier et le Financier*, illustre fort bien le conflit des deux conceptions du travail et de sa rémunération.
2. « Die Gesellchaftlichen Grundlagen der mechanistichen Philosophie und die Manufaktur » dans *Zeitschrift für Sozialforschung*, 1935, n° 2.

l'histoire économique et idéologique en rendant la conception mécaniste contemporaine de la parution de la manufacture, au début du XVIIᵉ siècle. Borkenau écrit comme si Léonard de Vinci n'avait pas existé. Se référant aux travaux de Duhem sur *Les Origines de la Statique* (1905), à la publication des manuscrits de Léonard de Vinci (Herzfeld, 1904 – Gabriel Séailles, 1906 – Péladan, 1907), Grossman affirme avec Séailles que la publication des manuscrits de Léonard recule de plus d'un siècle les origines de la science moderne. La quantification de la notion de travail est d'abord mathématique et précède sa quantification économique. De plus, les normes de l'évaluation capitaliste de la production avaient été définies par les banquiers italiens dès le XIIIᵉ siècle. S'appuyant sur Marx, Grossman rappelle qu'en règle générale, il n'y avait pas à proprement parler, dans les manufactures, de division du travail, mais que la manufacture a été, à l'origine, la réunion dans un même local d'artisans qualifiés auparavant dispersés. Ce n'est donc pas, selon lui, le calcul des prix de revient par heure de travail, c'est l'évolution du machinisme qui est la cause authentique de la conception mécaniste de l'univers. L'évolution du machinisme a ses origines à la période de la Renaissance. Descartes a donc rationalisé consciemment une technique machiniste, beaucoup plus qu'il n'a traduit inconsciemment les
110 pratiques | d'une économie capitaliste. La mécanique est, pour Descartes, une *théorie des machines*, ce qui suppose d'abord une invention spontanée que la science doit ensuite consciemment et explicitement promouvoir.

Quelles sont ces machines dont l'invention a modifié, avant Descartes, les rapports de l'homme a la nature et qui, faisant naître un espoir inconnu des Anciens, ont appelé la justification et, plus précisément, la rationalisation de cet espoir ? Ce sont d'abord les armes à feu auxquelles Descartes ne s'est guère intéressé qu'en fonction du problème du projectile[1]. En revanche, Descartes s'est beaucoup intéressé aux montres et aux horloges, aux machines de soulèvement, aux machines à eau, etc.

En conséquence, nous dirons que Descartes a intégré à sa philosophie un phénomène humain, la construction des machines, plus encore qu'il n'a transposé en idéologie un phénomène social, la production capitaliste.

Quels sont maintenant, dans la théorie cartésienne, les rapports du mécanisme et de la finalité à l'intérieur de cette assimilation de l'organisme à la machine ?

La théorie des animaux-machines est inséparable du « Je pense donc je suis ». La distinction radicale de l'âme et du corps, de la pensée et de l'étendue, entraîne l'affirmation de l'unité substantielle de la matière, quelque forme qu'elle affecte, et de la pensée, quelque fonction qu'elle exerce[2]. L'âme n'ayant qu'une fonction qui est le jugement, il est impossible d'admettre une âme animale, puisque nous n'avons aucun signe que les animaux jugent, incapables qu'ils sont de langage et d'invention[3].

---

1. Dans les *Principes de la Philosophie* (IV, § 109-113) quelques passages montrent que Descartes s'est intéressé également à la poudre à canon, mais il n'a pas cherché dans l'explosion de la poudre à canon comme source d'énergie, un principe d'explication analogique pour l'organisme animal. C'est un médecin anglais, Willis (1621-1675), qui a expressément construit une théorie du mouvement musculaire fondée sur l'analogie avec ce qui se passe lorsque, dans une arquebuse, la poudre éclate. Willis, au XVIIe siècle, a comparé, d'une façon qui, pour certains reste encore valable –on pense notamment à W. M. Bayliss –, les nerfs à des cordeaux de poudre. Les nerfs, ce sont des sortes de cordons Bickford. Ils propagent un feu qui va déclencher, dans le muscle, l'explosion qui, aux yeux de Willis, est seule capable de rendre compte des phénomènes de spasme et de tétanisation observés par le médecin.

2. « Il n'y a en nous qu'une seule âme, et cette âme n'a en soi aucune diversité de parties : la même qui est sensitive est raisonnable et tous ses appétits sont des volontés », *Les Passions de l'Âme*, art. 47.

3. *Discours de la Méthode*, V[e] partie. Lettre au marquis de Newcastle, 23 nov. 1646.

111 | Le refus de l'âme, c'est-à-dire de la raison, aux animaux, n'entraîne pas pour autant, selon Descartes, le refus de la vie, laquelle ne consiste qu'en la chaleur du cœur, ni le refus de la sensibilité, pour autant qu'elle dépend de la disposition des organes[1].

Dans la même lettre, apparaît un fondement moral de la théorie de l'animal-machine. Descartes fait pour l'animal ce qu'Aristote avait fait pour l'esclave, il le dévalorise afin de justifier l'homme de l'utiliser comme instrument.

> Mon opinion n'est pas si cruelle à l'égard des bêtes qu'elle n'est pieuse à l'égard des hommes, affranchis des superstitions des Pythagoriciens, car elle les absout du soupçon de faute chaque fois qu'ils mangent ou qu'ils tuent des animaux.

Et il nous semble bien remarquable de trouver le même argument renversé dans un texte de Leibniz[2] : si l'on est forcé de voir en l'animal plus qu'une machine, il faut se faire Pythagoricien et renoncer à la domination sur l'animal[3]. Nous nous trouvons ici en présence d'une attitude typique de l'homme occidental. La mécanisation de la vie, du point de vue théorique, et l'utilisation technique de l'animal sont inséparables. L'homme ne peut se rendre maître et possesseur de la nature que s'il nie toute finalité naturelle et s'il peut tenir toute

---

1. Lettre à Morus, 21 février 1649. Pour bien comprendre le rapport de la sensibilité à la disposition des organes, il faut connaître la théorie cartésienne des degrés du sens ; voir à ce sujet *Réponses aux sixièmes Objections*, § 9.

2. Lettre à Conring, 19 mars 1678.

3. On trouvera aisément cet admirable texte dans les *Œuvres choisies* de Leibniz publiées par L. Prenant (Paris, Garnier, p. 52). On rapprochera en particulier l'indication des critères qui permettraient, selon Leibniz, de distinguer l'animal d'un automate, des arguments analogues invoqués par Descartes dans les textes cités à la note 2, et aussi des profondes réflexions d'Edgar Poe sur la même question dans *Le Joueur d'échecs de Maelzel*. Sur la distinction leibnizienne de la machine et de l'organisme, voir *Le Système nouveau de la Nature*, § 10, et la *Monadologie*, § 63, 64, 65, 66.

la nature, y compris la nature apparemment animée, hors lui-même, pour un moyen.

C'est par là que se légitime la construction d'un modèle mécanique du corps vivant, y compris du corps humain, car déjà, chez Descartes, le corps humain, sinon l'homme, est une machine. Ce modèle mécanique, Descartes le trouve, comme on l'a déjà dit, dans les automates, c'est-à-dire dans les machines mouvantes [1].

| Nous proposons de lire maintenant, pour donner à la **112** théorie de Descartes tout son sens, le début du *Traité de l'Homme*, c'est-à-dire de cet ouvrage qui a été publié pour la première fois à Leyde d'après une copie en latin en 1662, et pour la première fois en français en 1664.

> Ces hommes, dit Descartes, seront composés comme nous d'une âme et d'un corps et il faut que je vous décrive, premièrement le corps à part, puis après l'âme, aussi à part, et enfin, que je vous montre comment ces deux natures doivent être jointes et unies pour composer des hommes qui nous ressemblent. Je suppose que le corps n'est autre chose qu'une statue ou machine de terre que Dieu forme tout exprès pour la rendre plus semblable à nous qu'il est possible. En sorte que non seulement il lui donne au-dehors la couleur et la figure de tous nos membres, mais aussi qu'il met au-dedans toutes les pièces qui sont requises pour faire

---

1. Il nous semble important de faire remarquer que Leibniz ne s'est pas moins intéressé que Descartes à l'invention et à la construction de machines ainsi qu'au problème des automates. Voir notamment la correspondance avec le duc Jean de Hanovre (1676-1679) dans *Sämtliche Schriften und Briefe*, Darmstadt 1927, Reihe I, Band II. Dans un texte de 1671, *Bedenken von Aufrichtung einer Academie oder Societät in Deutschland zu Aufnehmen der Künste und Wissenschaften*, Leibniz exalte la supériorité de l'art allemand qui s'est toujours appliqué à faire des œuvres qui se meuvent (montres, horloges, machines hydrauliques, etc.) sur l'art italien qui s'est presque exclusivement attaché à fabriquer des objets sans vie, immobiles et faits pour être contemplés du dehors (*ibid.*, Darmstadt, 1931, Reihe IV, Band I, p. 544). Ce passage est cité par J. Maritain dans *Art et Scolastique*, p. 123.

> qu'elle marche, qu'elle mange, qu'elle respire et enfin qu'elle imite toutes celles de nos fonctions qui peuvent être imaginées procéder de la matière et ne dépendre que de la disposition des organes. Nous voyons des horloges, des fontaines artificielles, des moulins et autres semblables machines qui, n'étant faites que par des hommes, ne laissent pas d'avoir la forme de se mouvoir d'elles-mêmes en plusieurs diverses façons et il me semble que je ne saurais imaginer tant de sortes de mouvements en celles-ci que je suppose être faites des mains de Dieu, ni lui attribuer tant d'artifices que vous n'ayez sujet de penser qu'il y en peut avoir encore davantage.

À lire ce texte dans un esprit aussi naïf que possible, il semble que la théorie de l'animal-machine ne prenne un sens que grâce à l'énoncé de deux postulats que l'on néglige, trop souvent, de faire bien ressortir. Le premier, c'est qu'il existe un Dieu fabricateur, et le second c'est que le vivant soit donné comme tel, préalablement à la construction de la machine. Autrement dit, il faut, pour comprendre la machine-animal, l'apercevoir comme précédée, au sens logique et chronologique, à la fois par Dieu, comme cause efficiente, et par un vivant préexistant à imiter, comme cause formelle et finale. En somme nous proposerions de lire que dans la théorie de 113 l'animal-machine, où l'on voit généralement une | rupture avec la conception aristotélicienne de la causalité, tous les types de causalité invoqués par Aristote se retrouvent, mais non pas au même endroit et non pas simultanément.

La construction de la machine vivante implique, si l'on sait bien lire ce texte, une obligation d'imiter un donné organique préalable. La construction d'un modèle mécanique suppose un original vital, et finalement on peut se demander si Descartes n'est pas ici plus près d'Aristote que de Platon. Le démiurge platonicien copie des Idées. L'Idée est un modèle dont l'objet naturel est une copie. Le Dieu cartésien, l'*Artifex Maximus*, travaille à égaler le vivant lui-même. Le modèle du vivant-machine, c'est le vivant lui-même. L'Idée du vivant que l'art divin imite, c'est le vivant. Et, de même qu'un polygone régulier est inscrit dans un cercle et que pour conclure de l'un à l'autre il faut le passage à l'infini, de même l'artifice mécanique est inscrit dans la vie et pour conclure de l'un à l'autre il faut le passage à l'infini, c'est-à-dire Dieu. C'est ce qui semble ressortir de la fin du texte :

> Il me semble que je ne saurais imaginer tant de sortes de mouvements en celles-ci que je suppose être faites des mains de Dieu, ni lui attribuer tant d'artifice que vous n'ayez sujet de penser qu'il y en peut avoir encore davantage.

La théorie de l'animal-machine serait donc à la vie ce qu'une axiomatique est à la géométrie, c'est-à-dire que ce n'est qu'une reconstruction rationnelle, mais qui n'ignore que par une feinte l'existence de ce qu'elle doit représenter et l'antériorité de la production sur la légitimation rationnelle.

Cet aspect de la théorie cartésienne a du reste été bien aperçu par un anatomiste du temps, le célèbre Sténon, dans le *Discours sur l'anatomie du cerveau* prononcé à Paris en 1665, c'est-à-dire un an après la parution du *Traité de l'Homme*. Sténon, tout en rendant à Descartes un hommage d'autant plus remarquable que les anatomistes n'ont pas été toujours tendres pour l'anatomie professée par celui-ci, constate que l'homme de Descartes c'est l'homme reconstruit par Descartes sous le couvert de Dieu, mais ce n'est pas l'homme de l'anatomiste[1]. On peut donc dire qu'en substituant le mécanisme à l'organisme, Descartes fait disparaître la téléologie de la vie ; mais il ne la fait disparaître qu'apparemment, parce qu'il la rassemble tout entière au point de départ. Il y a substitution d'une forme anatomique à une formation dynamique, mais comme cette forme est un produit technique, toute | la téléologie possible est **114**

1. Voir l'appendice III, p. 243.

enfermée dans la technique de production. À la vérité, on ne peut pas, semble-t-il, opposer mécanisme et finalité, on ne peut pas opposer mécanisme et anthropomorphisme, car si le fonctionnement d'une machine *s'explique* par des relations de pure causalité, la construction d'une machine ne *se comprend* ni sans la finalité, ni sans l'homme. Une machine est faite par l'homme et pour l'homme, en vue de quelques fins à obtenir, sous forme d'effets à produire[1].

Ce qui est donc positif chez Descartes, dans le projet d'expliquer mécaniquement la vie, c'est l'élimination de la finalité sous son aspect anthropomorphique. Seulement, il semble que dans la réalisation de ce projet un anthropomorphisme se substitue à un autre. Un anthropomorphisme technologique se substitue à un anthropomorphisme politique.

Dans la *Description du Corps humain*, petit traité écrit en 1648, Descartes aborde l'explication du mouvement volontaire chez l'homme et formule, avec une netteté qui a dominé toute la théorie des mouvements automatiques et des mouvements réflexes jusqu'au XIXe siècle, le fait que le corps n'obéit à l'âme qu'à la condition d'y être d'abord mécaniquement disposé. La décision de l'âme n'est pas une condition suffisante pour le mouvement du corps.

> L'âme, dit Descartes, ne peut exciter aucun mouvement dans le corps, si ce n'est que tous les organes corporels qui sont requis à ce mouvement soient bien disposés, mais tout au contraire, lorsque le corps a tous ses organes disposés à quelque mouvement, il n'a pas besoin de l'âme pour les produire.

Descartes veut dire que, lorsque l'âme meut le corps, elle ne le fait pas comme un roi ou un général, selon la représentation

1. Du reste Descartes ne peut énoncer qu'en termes de finalité le sens de la construction par Dieu des animaux-machines : « ... Considérant la machine du corps humain comme ayant été formée de Dieu pour avoir en soi tous les mouvements qui ont coutume d'y être » (VIe *Méditation*).

populaire, qui commande à des sujets ou à des soldats. Mais, par assimilation du corps à un mécanisme d'horlogerie, il veut dire que les mouvements des organes se commandent les uns les autres comme des rouages entraînés. Il y a donc, chez Descartes, substitution à l'image politique du commandement, à un type de causalité magique – causalité par la parole ou par le signe –, de l'image technologique de «commande», d'un type de causalité positive par un dispositif ou par un jeu de liaisons mécaniques.

Descartes procède ici à l'inverse de Claude Bernard lorsque celui-ci, critiquant le vitalisme dans les *Leçons sur les Phénomènes | de la vie communs aux animaux et aux végétaux* 115 (1878-1879), refuse d'admettre l'existence séparée de la force vitale parce qu'elle «ne saurait rien faire», mais admet, chose étonnante, qu'elle puisse «diriger des phénomènes qu'elle ne produit pas». Autrement dit, Claude Bernard substitue à la notion d'une force vitale conçue comme un ouvrier, celle d'une force vitale conçue comme un législateur ou un guide. C'est une façon d'admettre qu'on peut diriger sans agir et c'est ce que l'on peut appeler une conception magique de la direction, impliquant que la direction est transcendante à l'exécution. Au contraire, selon Descartes, un dispositif mécanique d'exécution remplace un pouvoir de direction et de commandement, mais Dieu a fixé la direction une fois pour toutes ; la direction du mouvement est incluse par le constructeur dans le dispositif mécanique d'exécution.

Bref, avec l'explication cartésienne et malgré les apparences, il peut sembler que nous n'ayons pas fait un pas hors de la finalité. La raison en est que le mécanisme peut tout expliquer si l'on se donne des machines, mais que le mécanisme ne peut pas rendre compte de la construction des machines. Il n'y a pas de machine à construire des machines et on dirait même que, en un sens, expliquer les organes ou les organismes par des modèles mécaniques, c'est expliquer l'organe par l'organe. Au fond, c'est une tautologie, car les machines peuvent être – et l'on voudrait essayer de justifier cette interprétation – considérées comme les organes de l'espèce humaine [1]. Un outil, une machine ce sont des organes, et des organes sont des outils ou des machines. On voit mal, par conséquent, où se trouve l'opposition entre le mécanisme et la finalité. Personne ne doute qu'il faille un mécanisme pour assurer le succès d'une finalité ; et inversement, tout mécanisme doit avoir un sens, car un mécanisme ce n'est pas une dépendance de mouvement fortuite et quelconque. L'opposition serait donc, en réalité, entre les mécanismes dont le sens est patent et ceux dont le sens est latent. Une serrure, une horloge, leur sens est patent ; le bouton-pression du crabe qu'on invoque souvent comme exemple de merveille d'adaptation, son sens est latent. Par conséquent, il ne paraît pas possible de nier la finalité de certains mécanismes biologiques. Pour prendre l'exemple qui a été souvent cité et qui est un argument chez certains biologistes mécanistes, quand on nie la finalité de l'élargissement du bassin féminin avant l'accouchement, il suffit de retourner la question : étant donné que la plus grande dimension du fœtus est supérieure | de 1 centimètre ou 1,5 cm à la plus grande dimension du bassin, si, par une sorte de relâchement des symphyses et un mouvement de bascule vers l'arrière de l'os sacro-coccygien, le diamètre le plus large ne s'augmentait pas un peu, l'accouchement serait rendu impossible. Il est permis de se refuser à penser qu'un acte dont le sens biologique est aussi net soit possible uniquement parce qu'un mécanisme sans aucun sens biologique le lui permettrait. Et il faut dire « permettrait » puisque l'absence de ce mécanisme l'interdirait. Il est bien connu que, devant un mécanisme insolite, nous sommes obligés pour vérifier qu'il s'agit bien d'un mécanisme, c'est-à-dire d'une séquence nécessaire d'opérations, de chercher à savoir quel

116

---

1. *Cf.* Raymond Ruyer, *Éléments de psycho-biologie*, p. 46-47.

effet en est attendu, c'est-à-dire quelle est la fin qui a été visée. Nous ne pouvons conclure à l'usage, d'après la forme et la structure de l'appareil, que si nous connaissons déjà l'usage de la machine ou de machines analogues. Il faut par conséquent voir d'abord fonctionner la machine pour pouvoir ensuite paraître déduire la fonction de la structure.

Nous voici parvenus au point où le rapport cartésien entre la machine et l'organisme se renverse.

Dans un organisme, on observe – et ceci est trop connu pour que l'on insiste – des phénomènes d'auto-constuction, d'auto-conservation, d'auto-régulation, d'auto-réparation.

Dans le cas de la machine, la construction lui est étrangère et suppose l'ingéniosité du mécanicien; la conservation exige la surveillance et la vigilance constantes du machiniste, et on sait à quel point certaines machines compliquées peuvent être irrémédiablement perdues par une faute d'attention ou de sur-veillance. Quant à la régulation et à la réparation, elles suppo-sent également l'intervention périodique de l'action humaine. Il y a sans doute des dispositifs d'auto-régulation, mais ce sont des superpositions par l'homme d'une machine à une machine. La construction de servo-mécanismes ou d'auto-mates électroniques déplace le rapport de l'homme à la machine sans en altérer le sens.

Dans la machine, il y a vérification stricte des règles d'une comptabilité rationnelle. Le tout est rigoureusement la somme des parties. L'effet est dépendant de l'ordre des causes. De plus, une machine présente une rigidité fonctionnelle nette, rigidité de plus en plus accusée par la pratique de la norma-lisation. La normalisation, c'est la simplification des modèles d'objets et des pièces de rechange, l'unification des caractéris-tiques métriques et qualitatives permettant l'interchangea-bilité des pièces. Toute | pièce vaut une autre pièce de même 117 destination, à l'intérieur, naturellement, d'une marge de tolé-rance qui définit les limites de fabrication.

Y a-t-il, les propriétés d'une machine étant ainsi définies comparativement à celles de l'organisme, plus ou moins de finalité dans la machine que dans l'organisme ?

On dirait volontiers qu'il y a plus de finalité dans la machine que dans l'organisme, parce que la finalité y est rigide et univoque, univalente. Une machine ne peut pas remplacer une autre machine. Plus la finalité est limitée, plus la marge de tolérance est réduite, plus la finalité paraît être durcie et accusée. Dans l'organisme, au contraire, on observe – et ceci est encore trop connu pour que l'on insiste – une vicariance des fonctions, une polyvalence des organes. Sans doute cette vicariance des fonctions, cette polyvalence des organes ne sont pas absolues, mais elles sont, par rapport à celles de la machine, tellement plus considérables que, à vrai dire, la comparaison ne peut pas se soutenir[1]. Comme exemple de vicariance des fonctions, on peut citer un cas très simple, bien connu, c'est celui de l'aphasie chez l'enfant. Une hémiplégie droite chez l'enfant ne s'accompagne presque jamais d'aphasie, parce que d'autres régions du cerveau assurent la fonction du langage. Chez l'enfant de moins de neuf ans, l'aphasie lorsqu'elle existe se dissipe très rapidement[2]. Quant au problème de la polyvalence des organes, on citera très simplement ce fait que, pour la plupart des organes, dont nous croyons traditionnellement qu'ils servent à quelque fonction définie, en réalité

---

1. « Artificiel veut dire qui tend à un but défini. Et s'oppose par là à *vivant*. Artificiel ou humain ou anthropomorphe se distinguent de ce qui est seulement vivant ou vital. Tout ce qui parvient à apparaître sous forme d'un but net et fini devient artificiel et c'est la tendance de la conscience croissante. C'est aussi le travail de l'homme quand il est appliqué à *imiter* le plus exactement possible un objet ou un phénomène spontané. La pensée consciente d'elle-même se fait d'elle-même un système artificiel. Si la vie avait un but, elle ne serait plus la vie », P. Valéry, *Cahier B*, 1910.

2. *Cf.* Ed. Pichon, *Le Développement psychique de l'enfant et de l'adolescent*, Paris, Masson, 1936, p. 126 ; P. Cossa, *Physiopathologie du système nerveux*, Paris, Masson, 1942, p. 845.

nous ignorons à quelles autres fonctions ils peuvent bien servir. C'est ainsi que l'estomac est dit en principe organe de digestion. Or, il est un fait que, après une gastrectomie instituée pour le traitement d'un ulcère, ce sont moins des troubles de la digestion qu'on observe que des troubles de l'hématopoïèse. On a fini par découvrir que l'estomac se comporte comme une glande à sécrétion | interne. On citera **118** également, et non pas du tout à titre d'exhibition de merveilles, l'exemple récent d'une expérience faite par Courrier, professeur de biologie au Collège de France. Courrier pratique dans l'utérus d'une lapine gravide une incision, extrait de l'utérus un placenta et le dépose dans la cavité péritonéale. Ce placenta se greffe sur l'intestin et se nourrit normalement. Lorsque la greffe est opérée, on pratique l'ablation des ovaires de la lapine, c'est-à-dire qu'on supprime par là la fonction du corps jaune de grossesse. À ce moment, tous les placentas qui sont dans l'utérus avortent et seul le placenta situé dans la cavité péritonéale vient à terme. Voilà un exemple où l'intestin s'est comporté comme un utérus, et on pourrait même dire, plus victorieusement.

Nous serions donc tentés de renverser, sur ce point, une proposition d'Aristote.

> La nature, dit-il dans *La Politique*, ne procède pas mesquinement comme les couteliers de Delphes dont les couteaux servent à plusieurs usages, mais pièce par pièce, le plus parfait de ses instruments n'est pas celui qui sert à plusieurs travaux mais à un seul.

Il semble au contraire que cette définition de la finalité convienne mieux à la machine qu'à l'organisme. À la limite, on doit reconnaître que, dans l'organisme, la pluralité de fonctions peut s'accommoder de l'unicité d'un organe. Un organisme a donc plus de latitude d'action qu'une machine.

Il a moins de finalité et plus de potentialités[1]. La machine, produit d'un calcul, vérifie les normes du calcul, normes rationnelles d'identité, de constance et de prévision, tandis que l'organisme vivant agit selon l'empirisme. La vie est expérience, c'est-à-dire improvisation, utilisation des occurrences ; elle est tentative dans tous les sens. D'où ce fait, à la fois massif et très souvent méconnu, que la vie tolère des monstruosités. Il n'y a pas de machine monstre. Il n'y a pas de pathologie mécanique et Bichat l'avait fait remarquer dans son *Anatomie générale appliquée à la physiologie et à la médecine* (1801). Tandis que les monstres sont encore des vivants, il n'y a pas de distinction du normal et du pathologique en physique et en mécanique. Il y a une distinction du normal et du pathologique à l'intérieur des êtres vivants.

119 | Ce sont surtout les travaux d'embryologie expérimentale qui ont conduit à l'abandon des représentations de type mécanique dans l'interprétation des phénomènes vivants, en montrant que le germe ne renferme pas une sorte de « machinerie spécifique » (Cuénot) qui serait, une fois mise en train, destinée à produire automatiquement tel ou tel organe. Que telle fût la conception de Descartes, ce n'est pas douteux. Dans la *Description du Corps humain*, il écrivait :

> Si on connaissait bien quelles sont toutes les parties de la semence de quelque espèce d'animal en particulier, par exemple de l'homme, on pourrait déduire de cela seul, par des raisons certaines et mathématiques, toute la figure et conformation de chacun de ses membres comme aussi

---

1. Max Scheler a fait remarquer que ce sont les vivants les moins spécialisés qui sont, contrairement à la croyance des mécanistes, les plus difficiles à expliquer mécaniquement, car toutes fonctions sont chez eux assumées par l'ensemble de l'organisme. C'est seulement avec la différenciation croissante des fonctions et la complication du système nerveux qu'apparaissent des structures ayant la ressemblance approximative avec une machine. *La Situation de l'homme dans le monde*, trad. Dupuy, Paris, Aubier, 1951, p. 29 et 35.

réciproquement en connaissant plusieurs particularités de cette conformation, on en peut déduire quelle en est la semence.

Or, comme le fait remarquer Guillaume[1], plus on compare les êtres vivants à des machines automatiques, mieux on comprend, semble-t-il, la fonction, mais moins on comprend la genèse. Si la conception cartésienne était vraie, c'est-à-dire s'il y avait à la fois préformation dans le germe et mécanisme dans le développement, une altération au départ entraînerait un trouble dans le développement de l'œuf ou bien l'empêcherait.

En fait, il est très loin d'en être ainsi, et c'est l'étude des potentialités de l'œuf qui a fait apparaître, à la suite des travaux de Driesch, de Hörstadius, de Spemann et de Mangold que le développement embryologique se laisse difficilement réduire à un modèle mécanique. Prenons par exemple les expériences de Hörstadius sur l'œuf d'oursin. Il coupe un œuf d'oursin A au stade 16, selon un plan de symétrie horizontale, et un autre œuf B, selon un plan de symétrie verticale. Il accole une moitié A à une moitié B et l'œuf se développe normalement. Driesch prend l'œuf d'oursin au stade 16 et comprime cet œuf entre deux lamelles, modifiant la position réciproque des cellules aux deux pôles; l'œuf se développe normalement. Par conséquent, ces deux expériences nous permettent de conclure à l'indifférence de l'effet par rapport à l'ordre de ses causes. Il y a une autre expérience encore plus frappante. C'est celle de Driesch, qui consiste à prendre les blastomères de l'œuf d'oursin au stade 2. La dissociation des blastomères obtenue soit mécaniquement, soit chimiquement dans de l'eau de mer privée de sels de calcium, aboutit au fait que chacun des blastomères donne naissance à une larve normale | aux dimen- **120** sions près. Ici, par conséquent, il y a indifférence de l'effet à la quantité de la cause. La réduction quantitative de la cause

1. *La Psychologie de la forme*, Paris, p. 131.

n'entraîne pas une altération qualitative de l'effet. Inversement, lorsqu'on conjugue deux œufs d'oursin on obtient une seule larve plus grosse que la larve normale. C'est une nouvelle confirmation de l'indifférence de l'effet à la quantité de la cause. L'expérience par multiplication de la cause confirme l'expérience par division de la cause.

Il faut dire que le développement de tous les œufs ne se laisse pas réduire à ce schéma. Le problème s'est longtemps posé de savoir si l'on avait affaire à deux sortes d'œufs, des œufs à régulation du type œuf d'oursin, et des œufs en mosaïque, du type œuf de grenouille, dans lesquels l'avenir cellulaire des premiers blastomères est identique, qu'ils soient dissociées ou qu'ils restent solidaires. La plupart des biologistes aboutissent à l'heure actuelle à admettre qu'entre les deux phénomènes il y a simplement une différence de précocité dans l'apparition de la détermination chez les œufs dits « en mosaïque ». D'une part, l'œuf à régulation se comporte à partir d'un certain stade comme l'œuf en mosaïque, d'autre part le blastomère de l'œuf de grenouille au stade 2 donne un embryon complet, tel un œuf à régulation, si on le renverse [1].

Il nous semble donc qu'on se fait illusion en pensant expulser la finalité de l'organisme par l'assimilation de ce dernier à une composition d'automatismes aussi complexes qu'on voudra. Tant que la construction de la machine ne sera pas une fonction de la machine elle-même, tant que la totalité de l'organisme ne sera pas équivalente à la somme des parties qu'une analyse y découvre une fois qu'il est donné, il pourra paraître légitime de tenir l'antériorité de l'organisation biologique comme une des conditions nécessaires de l'existence et du sens des constructions mécaniques. Du point de vue philosophique, il importe moins d'expliquer la machine que de la comprendre. Et la comprendre, c'est l'inscrire dans l'histoire

---

1. Aron et Grassé, *Précis de biologie animale*, 2ᵉ éd., 1947, p. 647 *sq.*

humaine en inscrivant l'histoire humaine dans la vie, sans méconnaître toutefois l'apparition avec l'homme d'une culture irréductible à la simple nature.

Nous voici venus à voir dans la machine *un fait de culture* s'exprimant dans des mécanismes qui, eux, ne sont rien qu'un *fait de nature à expliquer*. Dans un texte célèbre des *Principes*, Descartes | écrit :　　**121**

> Il est certain que toutes les règles des mécaniques appartiennent à la physique, *en sorte que toutes les choses qui sont artificielles sont avec cela naturelles*. Car, par exemple, lorsqu'une montre marque les heures, par le moyen des roues dont elle est faite, cela ne lui est pas moins naturel qu'il est à un arbre de produire des fruits[1].

Mais, de notre point de vue, nous pouvons et nous devons inverser le rapport de la montre et de l'arbre, et dire que les roues dont une montre est faite afin de montrer les heures, et, d'une façon générale, toutes les pièces des mécanismes montés pour la production d'un effet d'abord seulement rêvé ou désiré, sont des produits immédiats ou dérivés d'une activité technique aussi authentiquement organique que celle de la fructification des arbres et, primitivement, aussi peu consciente de ses règles et des lois qui en garantissent l'efficacité, que peut l'être la vie végétale. L'antériorité logique de la connaissance de la physique sur la construction des machines, à un moment donné, ne peut pas et ne doit pas faire oublier l'antériorité chronologique et biologique absolue de la construction des machines sur la connaissance de la physique.

Or un même auteur a affirmé, contrairement à Descartes, l'irréductibilité de l'organisme à la machine et, symétriquement, l'irréductibilité de l'art à la science. C'est Kant, dans

---

1. IV, 203. *Cf.* notre étude *Descartes et la technique*, Travaux du IXᵉ Congrès international de philosophie, II, p. 77 *sq.*, Paris, Hermann, 1937.

la *Critique du Jugement.* Il est vrai qu'en France, on n'a pas l'habitude de chercher dans Kant une philosophie de la technique, mais il est non moins vrai que les auteurs allemands qui se sont abondamment intéressés à ces problèmes, notamment à partir de 1870, n'ont pas manqué de le faire.

Au § 65 de la *Critique du Jugement téléologique*, Kant distingue, en se servant de l'exemple de la montre, si cher à Descartes, la machine et l'organisme. Dans une machine, dit-il, chaque partie existe pour l'autre, mais non par l'autre ; aucune pièce n'est produite par une autre, aucune pièce n'est produite par le tout, ni aucun tout par un autre tout de même espèce. Il n'y a pas de montre à faire des montres. Aucune partie ne s'y remplace d'elle-même. Aucun tout ne remplace une partie dont il est privé. La machine possède donc la force motrice, mais non l'énergie formatrice capable de se communiquer à une matière extérieure et de se propager. Au § 75, Kant distingue la technique intentionnelle de l'homme de la technique inintentionnelle de la vie. Mais au § 43 de la *Critique du Jugement esthétique*, Kant a défini l'originalité 122 | de cette technique intentionnelle humaine relativement au savoir par un texte important :

> L'art, habileté de l'homme, se distingue aussi de la science comme pouvoir de savoir, comme la faculté pratique de la faculté théorique, comme la technique de la théorie. Ce que l'on peut, dès que l'on sait seulement ce qui doit être fait, et que l'on connaît suffisamment l'effet recherché, ne s'appelle pas de l'art. Ce que l'on n'a pas l'habileté d'exécuter tout de suite, alors même qu'on en possède complètement la science, voilà seulement ce qui, dans cette mesure, est de l'art. Camper décrit très exactement comment devrait être faite la meilleure chaussure, mais il était assurément incapable d'en faire une.

Ce texte est cité par Krannhals dans son ouvrage *Der Weltsinn der Tecknik*, il y voit, avec raison semble-t-il, la reconnaissance du fait que toute technique comporte essentiellement et positivement une originalité vitale irréductible à la rationalisation[1]. Considérons, en effet, que le tour de main dans l'ajustement, que la synthèse dans la production, ce qu'on a coutume d'appeler l'ingéniosité et dont on délègue parfois la responsabilité à un instinct, tout cela est aussi inexplicable dans son mouvement formateur que peut l'être la production d'un œuf de mammifère hors de l'ovaire, encore qu'on veuille supposer entièrement connue la composition physico-chimique du protoplasma et celle des hormones sexuelles.

C'est la raison pour laquelle nous trouvons plus de lumière, quoique encore faible, sur la construction des machines dans les travaux des ethnographes que dans ceux des ingénieurs[2]. En France, ce sont les ethnographes qui sont le plus près, à l'heure actuelle, de la constitution d'une philosophie de la technique dont les philosophes se sont désintéressés, attentifs qu'ils ont été avant tout à la philosophie des sciences. Au contraire, les ethnographes ont été avant tout attentifs au rapport entre la production des premiers outils, des premiers dispositifs d'action sur la nature et l'activité organique elle-même. Le seul philosophe qui, à notre connaissance, se soit en France posé des questions de cet ordre, est Alfred Espinas et nous renvoyons à son ouvrage classique sur *Les Origines de la technologie* (1897). Cet ouvrage comporte un appendice, le plan d'un cours professé à la Faculté des lettres de Bordeaux vers 1890, qui portait sur la Volonté, et où Espinas | traitait, **123** sous le nom de volonté, de l'activité pratique humaine, et notamment de l'invention des outils. On sait qu'Espinas emprunte sa théorie de la projection organique qui lui sert à

---

1. Munich-Berlin, Oldenbourg Verlag, 1932, p. 68.

2. Le point de départ de ces études doit être cherché dans Darwin, *La Descendance de l'Homme : Instruments et armes employés par les animaux* (trad. fr., Schleicher éd.). Marx a bien vu toute l'importance des idées de Darwin. Cf. *Le Capital*, trad. Molitor, tome III, p. 9, note.

expliquer la construction des premiers outils, à un auteur allemand, Ernst Kapp (1808-1896), qui l'a exposée pour la première fois en 1877 dans son ouvrage *Grundlinien einer Philosophie der Technik*. Cet ouvrage, classique en Allemagne, est à ce point méconnu en France, que certains des psychologues qui ont repris, à partir des études de Köhler et de Guillaume, le problème de l'utilisation des outils par les animaux et de l'intelligence animale, attribuent cette théorie de la projection à Espinas lui-même, sans voir qu'Espinas déclare très explicitement à plusieurs reprises qu'il l'emprunte à Kapp[1]. Selon la théorie de la projection dont les fondements philosophiques remontent, à travers von Hartmann et *La Philosophie de l'inconscient*, jusqu'à Schopenhauer, les premiers outils ne sont que le prolongement des organes humains en mouvement. Le silex, la massue, le levier prolongent et étendent le mouvement organique de percussion du bras. Cette théorie, comme toute théorie, a ses limites et rencontre un obstacle notamment dans l'explication d'inventions comme celle du feu ou comme celle de la roue qui sont si caractéristiques de la technique humaine. On cherche ici vainement, dans ce cas, les gestes et les organes dont le feu ou la roue seraient le prolongement ou l'extension, mais il est certain que pour des instruments dérivés du marteau ou du levier, pour toutes ces familles d'instruments, l'explication est acceptable. En France, ce sont donc les ethnographes qui ont réuni, non seulement les faits, mais encore les hypothèses sur lesquelles pourrait se constituer une philosophie biologique de la technique. Ce que les Allemands ont constitué par la voie philosophique[2] – par exemple, une théorie du développement des inventions fondée sur les notions darwiniennes de variations et de sélection natu-

---

1. Nous faisons allusion ici à l'excellent petit livre de Viaud, *L'Intelligence*, «Que sais-je?», Paris, P.U.F., 1945.
2. *Cf.* l'ouvrage de E. Zschimmer, *Deutsche Philosophen der Technik*, Stuttgart, 1937.

relle, comme l'a fait Alard Du Bois-Reymond (1860-1922) dans son ouvrage *Erfindung und Erfinder* (1906)[1], ou encore, une théorie de la construction des | machines comme « tactique 124 de la vie », comme l'a fait O. Spengler dans son livre *Der Mensch und die Technik* (1931) –, nous le voyons repris, et autant qu'on peut savoir sans dérivation directe, par Leroi-Gourhan dans son livre *Milieu et Techniques*. C'est par assimilation au mouvement d'une amibe poussant hors de sa masse une expansion qui saisit et capte pour le digérer l'objet extérieur de sa convoitise, que Leroi-Gourhan cherche à comprendre le phénomène de la construction de l'outil.

> Si la percussion, dit-il, a été proposée comme l'action technique fondamentale, c'est qu'il y a, dans la presque totalité des actes techniques, la recherche du contact du toucher, mais alors que l'expansion de l'amibe conduit toujours sa proie vers le même processus digestif, entre la matière à traiter et la pensée technique qui l'enveloppe se créent, pour chaque circonstance, des organes de percussion particuliers[2].

Et les derniers chapitres de cet ouvrage constituent l'exemple le plus saisissant à l'heure actuelle d'une tentative de rapprochement systématique et dûment circonstancié entre biologie et technologie. À partir de ces vues, le problème de la construction des machines reçoit une solution tout à fait différente de la solution traditionnelle dans la perspective que l'on appellera, faute de mieux, cartésienne, perspective selon laquelle l'invention technique consiste en l'application d'un savoir.

---

1. Alain a esquissé une interprétation darwinienne des constructions techniques dans un très beau propos (*Propos d'Alain,* N.R.F., 1920, tome I, p. 60) précédé et suivi de quelques autres, pleins d'intérêt pour notre problème. La même idée est indiquée plusieurs fois dans le *Système des Beaux-Arts,* concernant la fabrication du violon (IV, 5), des meubles (VI, 5), des maisons campagnardes (VI, 3 ; VI, 8).

2. *Cf.* p. 499.

Il est classique de présenter la construction de la locomotive comme une « merveille de la science ». Et pourtant la construction de la machine à vapeur est inintelligible si on ne sait pas qu'elle n'est pas l'application de connaissances théoriques préalables, mais qu'elle est la solution d'un problème millénaire, proprement technique, qui est le problème de l'assèchement des mines. Il faut connaître l'histoire naturelle des formes de la pompe, connaître l'existence de pompes à feu, où la vapeur n'a d'abord pas joué le rôle de moteur, mais a servi à produire, par condensation sous le piston de la pompe, un vide qui permettait à la pression atmosphérique agissant comme moteur d'abaisser le piston, pour comprendre que l'organe essentiel, dans une locomotive, soit un cylindre et un piston[1].

125 | Dans un tel ordre d'idées, Leroi-Gourhan va plus loin encore, et c'est dans le rouet qu'il cherche un des ancêtres, au sens biologique du mot, de la locomotive.

> C'est de machines comme le rouet, dit-il, que sont sorties les machines à vapeur et les moteurs actuels. Autour du mouvement circulaire se rassemble tout ce que l'esprit inventif de nos temps a découvert de plus élevé dans les techniques, la manivelle, la pédale, la courroie de transmission[2].

---

1. La machine motrice à double effet alternatif de la vapeur sur le piston est mise au point par Watt en 1784. Les *Réflexions sur la puissance motrice du feu* de Sadi-Carnot sont de 1824 et l'on sait que l'ouvrage demeura ignoré jusqu'au milieu du XIXe siècle. À ce sujet l'ouvrage de P. Ducassé, *Histoire des Techniques*, « Que sais-je ? », Paris, P.U.F., 1945, souligne l'antériorité de la technique sur la théorie.

Sur la succession empirique des divers organes et des divers usages de la machine à vapeur, consulter l'*Esquisse d'une histoire de la technique* de A. Vierendeel, (Bruxelles-Paris, 1921), qui résume en particulier le gros ouvrage de Thurston, *Histoire de la machine à vapeur*, trad. de Hirsch. Sur l'histoire des travaux de Watt, lire le chapitre « James Watt ou Ariel ingénieur » dans *Les Aventures de la science* de Pierre Devaux, Paris, Gallimard, 1943.

2. *Cf.* p. 100.

Et encore : « L'influence réciproque des inventions n'a pas été suffisamment dégagée et l'on ignore que, sans le rouet, nous n'aurions pas eu la locomotive »[1]. Plus loin :

> Le début du XIXᵉ siècle ne connaissait pas de formes qui fussent les embryons matériellement utilisables de la locomotive, de l'automobile et de l'avion. On en découvre les principes mécaniques épars dans vingt applications connues depuis plusieurs siècles. C'est là le phénomène qui explique l'invention, mais le propre de l'invention est de se matérialiser en quelque sorte instantanément[2].

On voit comment, à la lumière de ces remarques, Science et Technique doivent être considérées comme deux types d'activités dont l'un ne se greffe pas sur l'autre, mais dont chacun emprunte réciproquement à l'autre tantôt des solutions, tantôt ses problèmes. C'est la rationalisation des techniques qui fait oublier l'origine irrationnelle des machines et il semble qu'en ce domaine, comme en tout autre, il faille savoir faire place à l'irrationnel, même et surtout quand on veut défendre le rationalisme[3].

---

1. *Cf.* p. 104. On lit de même dans un article de A. Haudricourt sur «Les moteurs animés en agriculture» : «Il ne faut pas oublier que c'est à l'irrigation que nous devons les moteurs inanimés : la noria est à l'origine du moulin hydraulique, comme la pompe est à l'origine de la machine à vapeur», dans *Revue de Botanique appliquée et d'Agriculture tropicale*, t. XX, 1940, p. 762. Cette excellente étude pose les principes d'une explication des outils dans leurs rapports aux commodités organiques et aux traditions d'usage.

2. *Cf.* p. 406.

3. Bergson, dans les *Deux Sources de la Morale et de la Religion*, pense très explicitement que l'esprit d'invention mécanique, quoique alimenté par la science, en reste distinct et pourrait, à la rigueur, s'en séparer (*cf.* p. 329-330). C'est que Bergson est aussi l'un des rares philosophes français, sinon le seul, qui ait considéré l'invention mécanique comme une fonction biologique, un aspect de l'organisation de la matière par la vie. *L'Évolution créatrice* est, en quelque sorte, un traité d'organologie générale.

Sur les rapports de l'expliquer et du faire, voir aussi dans *Variété V* de P. Valéry les deux premiers textes : *L'Homme et la Coquille, Discours aux Chirurgiens*, et dans *Eupalinos*, le passage sur la construction des bateaux.

126 | À quoi il faut ajouter que le renversement du rapport entre la machine et l'organisme, opéré par une compréhension systématique des inventions techniques comme comportements du vivant, trouve quelque confirmation, dans l'attitude que l'utilisation généralisée des machines a peu à peu imposée aux hommes des sociétés industrielles contemporaines. L'important ouvrage de G. Friedmann, *Problèmes humains du machinisme industriel*, montre bien quelles ont été les étapes de la réaction qui a ramené l'organisme au premier rang des termes du rapport machine-organisme humain. Avec Taylor et les premiers techniciens de la rationalisation des mouvements de travailleurs nous voyons l'organisme humain aligné, pour ainsi dire, sur le fonctionnement de la machine. La rationalisation est proprement une mécanisation de l'organisme pour autant quelle vise à l'élimination des mouvements inutiles, du seul point de vue du rendement considéré comme fonction mathématique d'un certain nombre de facteurs. Mais la constatation que les mouvements techniquement superflus sont des mouvements biologiquement nécessaires a été le premier écueil rencontré par cette assimilation exclusivement techniciste de l'organisme humain à la machine. À partir de là, l'examen systématique des conditions physiologiques, psycho-techniques et même psychologiques au sens le plus général du mot (puisqu'on finit par atteindre avec la prise en considération des valeurs le noyau le plus original de la personnalité) a conduit à un renversement qui amène Friedmann à appeler comme une révolution inéluctable la constitution d'une technique d'adaptation des machines à l'organisme humain. Cette technique lui paraît être, du reste, la redécouverte savante des procédés tout empiriques par lesquels les peuplades primitives ont toujours cherché à adapter leurs outils aux normes organiques d'une action à la

Et lire enfin l'admirable « Éloge de la Main » d'Henri Focillon, dans *La Vie des formes*, Paris, P.U.F., 1939.

fois efficace et biologiquement économique, c'est-à-dire d'une action où la valeur positive d'appréciation des normes techniques est située dans l'organisme en travail, se défendant spontanément contre toute subordination exclusive du biologique au mécanique[1]. En sorte que Friedmann peut parler, sans ironie et sans paradoxe, de la légitimité de considérer d'un point de vue ethnographique le développement industriel de l'Occident[2].

En résumé, en considérant la technique comme un phénomène biologique universel[3] et non plus seulement comme une opération | intellectuelle de l'homme, on est amené d'une part **127** à affirmer l'autonomie créatrice des arts et des métiers par rapport à toute connaissance capable de se les annexer pour s'y appliquer ou de les informer pour en multiplier les effets, et par conséquent, d'autre part, à inscrire le mécanique dans

1. *Cf.* p. 96, note.
2. *Cf.* p. 369.
3. C'est là une attitude qui commence à être familière aux biologistes. Voir notamment L. Cuénot, *Invention et finalité en biologie*, Paris, Flammarion, 1941 ; A. Tétry, *Les Outils chez les êtres vivants*, Paris, Gallimard, 1948, et A. Vandel, *L'homme et l'évolution*, Paris, Gallimard, 1949. Voir spécialement dans ce dernier ouvrage les considérations sur *Adaptation et Invention*, p. 120 *sq.* On ne peut méconnaître le rôle de ferment qu'ont tenu en ces matières les idées du Père Teilhard de Chardin.

* Sous le nom de *Bionics*, une récente discipline, née aux U.S.A. il y a une dizaine d'années, s'applique à l'étude des structures et systèmes biologiques pouvant être utilisés comme modèles ou analogues par la technologie, notamment par les constructeurs d'appareils de détection, d'orientation, d'équilibration destinés à l'équipement d'avions ou de missiles. La Bionique, c'est l'art – très savant – de l'information qui se met à l'école de la nature vivante. La grenouille, à l'œil sélectif d'information instantanément utilisable, le crotale, au thermocepteur sensible dans la nuit à la température du sang de ses proies, la mouche commune équilibrant son vol par deux cils vibratiles, ont fourni des modèles à une nouvelle espèce d'Ingénieurs. Il existe aux U.S.A., dans plusieurs universités, un enseignement spécial de Bio-engineering, dont le Massachusetts Institute of Technology paraît avoir été le foyer initial.

Cf. l'article de J. Dufrenoy, « Systèmes biologiques servant de modèles à la technologie », dans *Cahiers des Ingénieurs Agronomes*, juin-juillet, 1962, p. 21.

l'organique. Il n'est plus, alors, naturellement question de se demander dans quelle mesure l'organisme peut ou doit être considéré comme une machine, tant au point de vue de sa structure qu'au point de vue de ses fonctions. Mais il est requis de rechercher pour quelles raisons l'opinion inverse, l'opinion cartésienne, a pu naître. Nous avons tenté d'éclairer ce problème. Nous avons proposé qu'une conception mécaniste de l'organisme n'était pas moins anthropomorphique, en dépit des apparences, qu'une conception téléologique du monde physique. La solution que nous avons tenté de justifier a cet avantage de montrer l'homme en continuité avec la vie par la technique, avant d'insister sur la rupture dont il assume la responsabilité par la science. Elle a sans doute l'inconvénient de paraître renforcer les réquisitoires nostalgiques que trop d'écrivains, peu exigeants quant à l'originalité de leurs thèmes, dressent périodiquement contre la technique et ses progrès. Nous n'entendons pas voler à leur secours. Il est bien clair que si le vivant humain s'est donné une technique de type mécanique, ce phénomène massif a un sens non gratuit et par conséquent non révocable à la demande. Mais c'est là une tout autre question que celle que nous venons d'examiner.

LE VIVANT ET SON MILIEU

La notion de milieu est en train de devenir un mode universel et obligatoire de saisie de l'expérience et de l'existence des êtres vivants et on pourrait presque parler de sa constitution comme catégorie de la pensée contemporaine. Mais les étapes historiques de la formation du concept et les diverses formes de son utilisation, comme aussi les retournements successifs du rapport dont il est un des termes, en géographie, en biologie, en psychologie, en technologie, en histoire économique et sociale, tout cela est assez malaisé, jusqu'à présent, à percevoir en une unité synthétique. C'est pourquoi la philosophie doit, ici, prendre l'initiative d'une recherche synoptique du sens et de la valeur du concept, et par initiative on n'entend pas seulement l'apparence d'une initiative qui consisterait à prendre en réalité la suite des explorations scientifiques pour en confronter l'allure et les résultats; il s'agit, par une confrontation critique de plusieurs démarches, d'en retrouver, si possible, le départ commun et d'en présumer la fécondité pour une philosophie de la nature centrée par rapport au problème de l'individualité. Il convient donc d'examiner tour à tour les composantes simultanées et successives de la notion de milieu, les variétés d'usage de cette notion, de 1800 à nos jours, les divers renversements du rapport organisme-milieu, et enfin la portée philosophique générale de ces renversements.

Historiquement considérés la notion et le terme de *milieu* sont importés de la mécanique dans la biologie, dans la deuxième partie du XVIII\ siècle. La notion mécanique, mais non le terme, apparaît avec Newton, et le terme de milieu, avec sa signification mécanique, est présent dans l'*Encyclopédie* de d'Alembert et Diderot, à l'article Milieu. Il est introduit **130** en biologie par Lamarck, | s'inspirant de Buffon, mais n'est jamais employé par lui qu'au pluriel. De Blainville consacre cet usage. Étienne Geoffroy Saint-Hilaire en 1831, et Comte en 1838, emploient le terme au singulier, comme terme abstrait. Balzac lui donne droit de cité dans la littérature en 1842, dans la préface de la *Comédie humaine*, et c'est Taine qui le consacre comme l'un des trois principes d'explication analytique de l'histoire, les deux autres étant, comme on sait, la race et le moment. C'est de Taine plutôt que de Lamarck que les biologistes néolamarckiens français d'après 1870, Giard, Le Dantec, Houssay, Costantin, Gaston Bonnier, Roule tiennent ce terme. C'est, si l'on veut, de Lamarck qu'ils tiennent l'idée, mais le terme pris comme universel, comme abstrait, leur est transmis par Taine.

Les mécaniciens français du XVIII\ siècle ont appelé milieu ce que Newton entendait par fluide, et dont le type, sinon l'archétype unique, est, dans la physique de Newton, l'éther. Le problème à résoudre pour la mécanique, à l'époque de Newton, était celui de l'action à distance d'individus physiques distincts. C'était le problème fondamental de la physique des forces centrales. Ce problème ne se posait pas pour Descartes. Pour Descartes, il n'y a qu'un seul mode d'action physique, c'est le choc, dans une seule situation physique possible, le contact. Et c'est pourquoi nous pouvons dire que, dans la physique cartésienne, la notion de milieu ne trouve pas sa place. La matière subtile n'est en aucune façon un milieu. Mais il y avait difficulté d'étendre la théorie cartésienne du choc et de l'action par contact au cas d'individus physiques ponctuels, car dans ce cas ils ne peuvent agir sans confondre leur action. On conçoit par conséquent que Newton ait été conduit à poser le problème du véhicule de l'action. L'éther lumineux est pour lui ce fluide véhicule d'action à distance. Par là s'explique le passage de la notion de fluide véhicule à sa désignation comme milieu. Le fluide est l'intermédiaire entre deux corps, il est leur milieu ; et en tant qu'il pénètre tous ces corps, ces corps sont situés au milieu de lui. Selon Newton et selon la physique des forces centrales, c'est donc parce qu'il y a des centres de forces qu'on peut parler d'un environnement, qu'on peut parler d'un milieu. La notion de milieu est une notion essentiellement relative. C'est pour autant qu'on considère séparément le corps sur lequel s'exerce l'action transmise par le moyen du milieu, qu'on oublie du milieu qu'il est *un entre-deux centres* pour n'en retenir que sa fonction de transmission centripète, et l'on peut dire sa situation environnante. Ainsi le milieu tend à perdre sa signification relative et à prendre celle d'un absolu et d'une réalité en soi.

| Newton est peut-être le responsable de l'importation du **131** terme de la physique en biologie. L'éther ne lui a pas servi seulement pour résoudre le phénomène de l'éclairement, mais aussi pour l'explication du phénomène physiologique de la vision et enfin pour l'explication des effets physiologiques de la sensation lumineuse, c'est-à-dire des réactions musculaires. Newton, dans son *Optique*, considère l'éther comme étant en continuité dans l'air, dans l'œil, dans les nerfs, et jusque dans les muscles. C'est donc par l'action d'un milieu qu'est assurée la liaison de dépendance entre l'éclat de la source lumineuse perçue et le mouvement des muscles par lesquels l'homme réagit à cette sensation. Tel est, semble-t-il, le premier exemple d'explication d'une réaction organique par l'action

d'un milieu, c'est-à-dire d'un fluide strictement défini par des propriétés physiques[1]. Or l'article de l'*Encyclopédie* déjà cité confirme cette façon de voir. C'est à la physique de Newton que sont empruntés tous les exemples de milieux donnés par cet article. Et c'est en un sens purement mécanique qu'il est dit de l'eau qu'elle est un milieu pour les poissons qui s'y déplacent. C'est aussi en ce sens mécanique que l'entend d'abord Lamarck.

Lamarck parle toujours de milieux, au pluriel, et entend par là expressément des fluides comme l'eau, l'air et la lumière. Lorsque Lamarck veut désigner l'ensemble des actions qui s'exercent du dehors sur un vivant, c'est-à-dire ce que nous appelons aujourd'hui le milieu, il ne dit jamais le milieu, mais toujours « circonstances influentes ». Par conséquent, circonstances est pour Lamarck un genre dont climat, lieu et milieu, sont les espèces. Et c'est pourquoi Brunschvicg, dans *Les Étapes de la philosophie mathématique*[2], a pu écrire que Lamarck avait emprunté à Newton le modèle physico-mathématique d'explication du vivant par un système de connexions avec son environnement. Les rapports de Lamarck à Newton sont directs dans l'ordre intellectuel et indirects dans l'ordre historique. C'est par Buffon que Lamarck est lié à Newton. On rappelle simplement que Lamarck à été l'élève de Buffon et le précepteur de son fils.

Buffon compose en fait, dans sa conception des rapports entre l'organisme et le milieu, deux influences. La première est précisément celle de la cosmologie de Newton, dont Buffon **132** a été l'admirateur | constant[3]. La deuxième est celle de la tradition des anthropogéographes dont avant lui, et après Bodin, Machiavel et Arbuthnot, Montesquieu maintenait en France

1. Sur tous ces points, *cf.* Léon Bloch, *Les Origines de la théorie de l'éther et la physique de Newton*, 1908.

2. *Cf.* p. 508.

3. *Cf.* plus haut, p. 68.

la vitalité[1]. Le traité hippocratique *De l'Air, des Eaux et des Lieux* peut être considéré comme la première œuvre qui ait donné une forme philosophique à cette conception. Voilà quelles sont les deux composantes que Buffon réunit dans ses principes d'éthologie animale, pour autant que les mœurs des animaux sont des caractères distinctifs et spécifiques et que ces mœurs peuvent être expliquées par la même méthode qui avait servi aux géographes à expliquer la variété des hommes, la variété des races et des peuples sur le sol terrestre[2].

Donc, en tant que maître et précurseur de Lamarck dans sa théorie du milieu, Buffon nous apparaît à la convergence des deux composantes de la théorie, la composante mécanique et la composante anthropogéographique. Ici se pose un problème d'épistémologie et de psychologie historique de la connaissance dont la portée dépasse de beaucoup l'exemple à propos duquel il se pose : le fait que deux ou plusieurs idées directrices viennent se composer à un moment donné dans une même théorie ne doit-il pas être interprété comme le signe qu'elles ont, en fin d'analyse, si différentes qu'elles puissent paraître au moment où l'analyse s'en empare, une origine commune dont le sens et même souvent l'existence sont oubliés quand on en considère séparément les membres disjoints. C'est le problème que nous retrouverons à la fin.

Les origines newtoniennes de la notion de milieu suffisent donc à rendre compte de la signification mécanique initiale de cette notion et de l'usage qui en a d'abord été fait. L'origine commande le sens et le sens commande l'usage. C'est si vrai qu'Auguste Comte en proposant en 1838, dans la XLe leçon de son *Cours de Philosophie positive*, une théorie biologique générale du milieu, a le sentiment d'employer « milieu » comme un néologisme et revendique la

---

1. *Esprit des Lois*, XIV à XIX : rapports des lois avec le climat.
2. Le chapitre sur « La Dégénération des Animaux » (dans *l'Histoire des Animaux*) étudie l'action sur l'organisme animal de l'habitat et de la nourriture.

responsabilité de l'ériger en notion universelle et abstraite de l'explication en biologie. Et Auguste Comte dit qu'il entendra par là désormais, non plus seulement « le fluide dans lequel un corps se trouve plongé » (ce qui confirme bien les origines **133** mécaniques de la notion), mais « l'ensemble total des | circonstances extérieures nécessaires à l'existence de chaque organisme ». Mais on voit aussi chez Comte, qui a le sentiment parfaitement net des origines de la notion, en même temps que de la portée qu'il veut lui conférer en biologie, que l'usage de la notion va rester dominé précisément par cette origine mécanique de la notion, sinon du terme. En effet, il est tout à fait intéressant de remarquer qu'Auguste Comte est sur le point de former une conception dialectique des rapports entre l'organisme et le milieu. On fait état ici des passages où Auguste Comte définit le rapport de « l'organisme approprié » et du « milieu favorable », comme un « conflit de puissances » dont l'acte est constitué par la fonction. Il pose que « le système ambiant ne saurait modifier l'organisme, sans que celui-ci n'exerce à son tour sur lui une influence correspondante ». Mais, sauf dans le cas de l'espèce humaine, Auguste Comte tient cette action de l'organisme sur le milieu comme négligeable. Dans le cas de l'espèce humaine, Comte, fidèle à sa conception philosophique de l'histoire, admet que, par l'intermédiaire de l'action collective, l'humanité modifie son milieu. Mais, pour le vivant en général, Auguste Comte refuse de considérer – l'estimant simplement négligeable – cette réaction de l'organisme sur le milieu. C'est que, très explicitement, il cherche une garantie de cette liaison dialectique, de ce rapport de réciprocité entre le milieu et l'organisme, dans le principe newtonien de l'action et de la réaction. Il est évident en effet que, du point de vue mécanique, l'action du vivant sur le milieu est pratiquement négligeable. Et Auguste Comte finit par poser le problème biologique des rapports de l'organisme et du milieu sous la forme d'un problème mathématique : «Dans un milieu donné, étant donné l'organe, trouver la fonction, et réciproquement ». La liaison de l'organisme et du milieu est donc celle d'une fonction à un ensemble de variables, liaison d'égalité qui permet de déterminer la fonction par les variables, et les variables séparément à partir de la fonction, « toutes choses égales d'ailleurs »[1].

L'analyse des variables dont le milieu se trouve être la fonction est faite par Auguste Comte à la XLIIIe leçon du *Cours de Philosophie positive*. Ces variables sont la pesanteur, la pression de l'air et de l'eau, le mouvement, la chaleur, l'électricité, les espèces chimiques, tous facteurs capables d'être expérimentalement étudiés et quantifiés par la mesure. La qualité d'organisme se trouve | réduite à un ensemble de 134 quantités, quelle que soit par ailleurs la méfiance que Comte professe à l'égard du traitement mathématique des problèmes biologiques, méfiance qui, on le sait, lui vient de Bichat.

En résumé, le bénéfice d'un historique même sommaire de l'importation en biologie du terme de milieu, dans les premières années du XIXe siècle, c'est de rendre compte de l'acception originairement strictement mécaniste de ce terme. S'il apparaît, chez Comte, le soupçon d'une acception authentiquement biologique et d'un usage plus souple, il cède immédiatement devant le prestige de la mécanique, science exacte fondant la prévision sur le calcul. La théorie du milieu apparaît nettement à Comte comme une variante du projet fondamental que le *Cours de Philosophie positive* s'efforce de remplir : le monde d'abord, l'homme ensuite ; aller du monde à l'homme. L'idée d'une subordination du mécanique au vital telle que la formuleront plus tard, sous forme de mythes, *Le Système de Politique positive* et *La Synthèse subjective*, si elle est présumée, est néanmoins délibérément refoulée.

1. C'est aussi sous la forme d'un rapport de fonction à variable que Tolman conçoit, dans sa psychologie behavioriste, les relations de l'organisme et du milieu. *Cf.* Tilquin, *Le Behaviorisme*, Paris, Vrin, 1944, p. 439.

Mais il y a encore une leçon à retirer de l'emploi, tel qu'il est consacré définitivement par Comte, du terme de *milieu*, absolument et sans qualificatif. L'équivalent de ce que ce terme désignera désormais, c'était chez Lamarck, les circonstances ; Étienne Geoffroy Saint-Hilaire, dans son mémoire à l'Académie des sciences, en 1831, disait : le milieu ambiant. Ces termes de *circonstances* et d'*ambiance* se réfèrent à une certaine intuition d'une formation centrée. Dans le succès du terme *milieu* la représentation de la droite ou du plan indéfiniment extensibles, l'un et l'autre continus, et homogènes, sans figure définie et sans position privilégiée, l'emporte sur la représentation de la sphère ou du cercle, formes qui sont encore qualitativement définies et, si l'on ose dire, accrochées à un centre de référence fixe. Circonstances et ambiance conservent encore une valeur symbolique, mais milieu renonce à évoquer toute autre relation que celle d'une position niée par l'extériorité indéfiniment. Le maintenant renvoie à l'avant, l'ici renvoie à son au-delà et ainsi toujours sans arrêt. Le milieu est vraiment un pur système de rapports sans supports.

À partir de là on peut comprendre le prestige de la notion de milieu pour la pensée scientifique analytique. Le milieu devient un instrument universel de dissolution des synthèses organiques individualisées dans l'anonymat des éléments et des mouvements universels. Lorsque les néo-lamarckiens français empruntent à Lamarck, sinon le terme au sens absolu 135 et pris au singulier, du | moins l'idée, ils ne retiennent des caractères morphologiques et des fonctions du vivant que leur formation par le conditionnement extérieur et pour ainsi dire par déformation. Il suffit de rappeler les expériences de Costantin sur les formes de la feuille de sagittaire ; les expériences de Houssay sur la forme, les nageoires et le métamérisme des poissons. Louis Roule peut écrire dans un petit livre,

La vie des rivières[1] : «Les poissons ne mènent pas leur vie d'eux-mêmes, c'est la rivière qui la leur fait mener, ils sont des personnes sans personnalité». Nous tenons ici un exemple de ce à quoi doit aboutir un usage strictement mécaniste de la notion de milieu[2]. Nous sommes revenus à la thèse des animaux-machines. Au fond Descartes ne disait pas autre chose quand il disait des animaux : «C'est la nature qui agit en eux par le moyen de leurs organes».

À partir de 1859, c'est-à-dire de la publication de l'*Origine des Espèces* de Darwin, le problème des rapports entre l'organisme et le milieu est dominé par la polémique qui oppose lamarckiens et darwiniens. L'originalité des positions de départ paraît devoir être rappelée pour comprendre le sens et l'importance de la polémique.

Lamarck écrit dans la *Philosophie zoologique* (1809) que si, par action des circonstances ou action des milieux, on entend une action directe du milieu extérieur sur le vivant, on lui fait dire ce qu'il n'a pas voulu dire[3]. C'est par l'intermédiaire du besoin, notion subjective impliquant la référence à un pôle positif des valeurs vitales, que le milieu domine et commande l'évolution des vivants. Les changements dans les circonstances entraînent des changements dans les besoins, les changements dans les besoins entraînent des changements dans les actions. Pour autant que ces actions sont durables, l'usage et le non-usage de certains organes les développent ou

1. Paris, Stock, 1930, p. 61.
2. On trouve un résumé saisissant de la thèse dans *Force et Cause* de Houssay (Paris, Flammarion, 1920) quand il parle de «certaines sortes d'unités que nous appelons êtres vivants, que nous dénommons à part comme s'ils avaient vraiment une existence propre, indépendante, alors qu'ils n'ont aucune réalité isolée et qu'ils ne peuvent être sinon en liaison absolue et permanente avec le milieu ambiant dont ils sont une simple concentration locale et momentanée (p. 47).
3. Il s'agit surtout des animaux. Concernant les plantes, Lamarck est plus réservé.

les atrophient, et ces acquisitions ou ces pertes morphologiques obtenues par l'habitude individuelle sont conservées par le
136 mécanisme de l'hérédité, à la condition que le | caractère morphologique nouveau soit commun aux deux reproducteurs.

Selon Lamarck, la situation du vivant dans le milieu est une situation que l'on peut dire désolante, et désolée. La vie et le milieu qui l'ignore sont deux séries d'événements asynchrones. Le changement des circonstances est initial, mais c'est le vivant lui-même qui a, au fond, l'initiative de l'effort qu'il fait pour n'être pas lâché par son milieu. L'adaptation c'est un effort renouvelé de la vie pour continuer à « coller » à un milieu indifférent. L'adaptation, étant l'effet d'un effort, n'est donc pas une harmonie, elle n'est pas une providence, elle est obtenue et elle n'est jamais garantie. Le lamarckisme n'est pas un mécanisme ; il serait inexact de dire que c'est un finalisme. En réalité, c'est un vitalisme nu. Il y a une originalité de la vie dont le milieu ne rend pas compte, qu'il ignore. Le milieu est ici, vraiment, extérieur au sens propre du mot, il est étranger, il ne fait rien pour la vie. C'est vraiment du vitalisme parce que c'est du dualisme. La vie, disait Bichat, est l'ensemble des fonctions qui résistent à la mort. Dans la conception de Lamarck la vie résiste uniquement en se déformant pour se survivre. À notre connaissance, aucun portrait de Lamarck, aucun résumé de sa doctrine, ne dépasse celui que Sainte-Beuve a donné dans son roman *Volupté*[1]. On voit

---

1. « Je fréquentais plusieurs fois par décade, au Jardin des Plantes, le cours d'histoire naturelle de M. de Lamarck... M. de Lamarck était, dès lors, comme le dernier représentant de cette grande école de physiciens et observateurs généraux qui avait régné depuis Thalès et Démocrite jusqu'à Buffon... Sa conception des choses avait beaucoup de simplicité, de nudité et beaucoup de tristesse. Il construisait le monde avec le moins d'éléments, le moins de crises et le plus de durée possible... Une longue patience aveugle, c'était son génie de l'Univers... De même, dans l'ordre organique, une fois admis ce pouvoir mystérieux de la vie, aussi petit et aussi élémentaire que possible, il le supposait se développant lui-même, se confectionnant peu à peu avec le temps ; le besoin

combien il y a loin du vitalisme lamarckien au mécanisme des néo-lamarckiens français. Cope, néo-lamarckien américain, était plus fidèle à l'esprit de la doctrine.

Darwin se fait une tout autre idée de l'environnement du vivant, et de l'apparition de nouvelles formes. Dans l'introduction à | l'*Origine des Espèces*, il écrit : 137

> Les naturalistes se réfèrent continuellement aux conditions extérieures telles que le climat, la nourriture, comme aux seules causes possibles de variations, ils n'ont raison que dans un sens très limité.

Il semble que Darwin ait regretté plus tard de n'avoir attribué à l'action directe des forces physiques sur le vivant qu'un rôle secondaire. Cela ressort de sa correspondance. Là-dessus, M. Prenant, dans l'introduction qu'il a donnée à des textes choisis de Darwin, a publié un certain nombre de passages particulièrement intéressants[1]. Darwin cherche l'apparition des formes nouvelles dans la conjonction de deux mécanismes : un mécanisme de production des différences qui est la variation, un mécanisme de réduction et de critique de ces différences produites, qui est la concurrence vitale et la sélection naturelle. Le rapport biologique fondamental, aux yeux de Darwin, est un rapport de vivant à d'autres vivants ; il prime le rapport entre le vivant et le milieu, conçu comme ensemble de forces physiques. Le premier milieu dans lequel vit un organisme, c'est un entourage de vivants qui sont pour lui des ennemis ou des alliés, des proies ou des prédateurs. Entre les

---

sourd, la seule habitude dans les milieux divers faisaient naître à la longue les organes, contrairement au pouvoir constant de la nature qui les détruisait, car M. de Lamarck séparait la vie d'avec la nature. La nature à ses yeux, c'était la pierre et la cendre, le granit de la tombe, la mort. La vie n'y intervenait que comme un accident étrange et singulièrement industrieux, une lutte prolongée avec plus ou moins de succès ou d'équilibre çà et là, mais toujours finalement vaincue ; l'immobilité froide était régnante après comme devant ».

1. *Darwin*, Paris, E.S.I., 1938, p. 145-149.

vivants s'établissent des relations d'utilisation, de destruction, de défense. Dans ce concours de forces, des variations accidentelles d'ordre morphologique jouent comme avantages ou désavantages. Or la variation, c'est-à-dire l'apparition de petites différences morphologiques par lesquelles un descendant ne ressemble pas exactement à ses ascendants, relève d'un mécanisme complexe : l'usage ou le non-usage des organes (le facteur lamarckien ne concerne que les adultes), les corrélations ou compensations de croissance (pour les jeunes), ou bien l'action directe du milieu (sur les germes).

En ce sens on peut donc dire que selon Darwin, contrairement à Lamarck, l'initiative de la variation appartient quelquefois, mais quelquefois seulement, au milieu. Selon qu'on majore ou minore cette action, selon qu'on s'en tient à ses œuvres classiques ou au contraire à l'ensemble de sa pensée telle que sa correspondance la livre, on se fait de Darwin une idée un peu différente Quoi qu'il en soit, pour Darwin, vivre c'est soumettre au jugement de l'ensemble des vivants une différence individuelle. Ce jugement ne comporte que deux sanctions : ou mourir ou bien faire à son tour, pour quelque temps, partie du jury. Mais on est toujours, tant que l'on vit, juge et jugé. On voit, par conséquent, que dans
138 | l'œuvre de Darwin, telle qu'il nous l'a laissée, le fil qui relie la formation des vivants au milieu physico-chimique peut paraître assez ténu. Et le jour où une nouvelle explication de l'évolution des espèces, le mutationnisme, verra dans la génétique l'explication de phénomènes (que Darwin connaissait mais qu'il a sous-estimés) d'apparition de variations spécifiques d'emblée héréditaires, le rôle du milieu se trouvera réduit à éliminer le pire sans avoir part à la production de nouveaux êtres, normalisés par leur adaptation non préméditée à de nouvelles conditions d'existence, la monstruosité devenant règle et l'originalité banalité provisoire.

Dans la polémique qui a opposé lamarckiens et darwiniens il est instructif de remarquer que les arguments et objections sont à double sens et à double entrée, que le finalisme est dénoncé et le mécanisme célébré, tantôt chez l'un, tantôt chez l'autre. C'est sans doute le signe que la question est mal posée. Chez Darwin, on peut dire que le finalisme est dans les mots (on lui a assez reproché son terme de sélection), il n'est pas dans les choses. Chez Lamarck, il y a moins finalisme que vitalisme. L'un et l'autre sont d'authentiques biologistes, à qui la vie paraît une donnée qu'ils cherchent à caractériser sans trop se préoccuper d'en rendre compte analytiquement. Ces deux authentiques biologistes sont complémentaires. Lamarck pense la vie selon la durée, et Darwin plutôt selon l'interdépendance; une forme vivante suppose une pluralité d'autres formes avec lesquelles elle est en rapport. La vision synoptique qui fait l'essentiel du génie de Darwin fait défaut à Larmarck. Darwin s'apparente davantage aux géographes, et on sait ce qu'il doit à ses voyages et à ses explorations. Le milieu dans lequel Darwin se représente la vie du vivant, c'est un milieu biogéographique.

Au début du XIXᵉ siècle, deux noms résument l'avènement de la géographie comme science consciente de sa méthode et de sa dignité, Ritter et Humboldt.

Carl Ritter a publié, en 1817, sa *Géographie générale comparée, ou Science de la Terre dans ses rapports avec la nature et l'histoire de l'homme.* Alexandre de Humboldt publie, à partir de 1845, et pendant une dizaine d'années, le livre dont le titre *Kosmos* résume précisément l'esprit. En eux s'unissent les traditions de la géographie grecque, c'est-à-dire la science de l'œcoumène humain depuis Aristote et Strabon, et la science de coordination de l'espace humain, en relation avec les configurations et les mouvements célestes, c'est-à-dire la géographie mathématique dont | Ératosthène, **139** Hipparque et Ptolémée sont considérés comme les fondateurs.

Selon Ritter, l'histoire humaine est inintelligible sans la liaison de l'homme au sol et à tout le sol. La terre, considérée dans son ensemble, est le support stable des vicissitudes de l'histoire. L'espace terrestre, sa configuration, sont, par conséquent, objet de connaissance non seulement géométrique, non seulement géologique, mais sociologique et biologique.

Humboldt est un naturaliste voyageur qui a parcouru plusieurs fois ce qu'on pouvait parcourir du monde à son époque et qui a appliqué à ses investigations tout un système de mesures barométriques, thermométriques, etc. L'intérêt de Humboldt s'est surtout porté sur la répartition des plantes selon les climats : il est le fondateur de la géographie botanique et de la géographie zoologique. Le *Kosmos*, c'est une synthèse des connaissances ayant pour objet la vie sur la terre et les relations de la vie avec le milieu physique. Cette synthèse ne veut pas être une encyclopédie, mais veut parvenir à une intuition de l'univers, et elle commence par une histoire de la *Weltanschauung*, par une histoire du Cosmos dont on chercherait difficilement l'équivalent dans un ouvrage de philosophie. Il y a là une recension tout à fait remarquable.

Il est essentiel de noter que Ritter et Humboldt appliquent à leur objet, aux rapports de l'homme historique et du milieu, la catégorie de totalité. C'est toute l'humanité sur toute la terre qui est leur objet. À partir d'eux, l'idée d'une détermination des rapports historiques par le support géographique se consolide en géographie, pour aboutir, en Allemagne, à Ratzel et à l'anthropogéographie d'abord, puis à la géopolitique, et elle envahit par contagion l'histoire, à partir de Michelet. Qu'on se souvienne du *Tableau de la France* [1]. Et enfin, Taine, comme on l'a déjà dit, va contribuer à répandre l'idée dans tous les milieux, y compris le milieu littéraire. On peut résumer l'esprit de cette théorie des rapports du milieu géographique et de l'homme en disant que faire l'histoire consiste à lire une carte, en entendant par carte la figuration d'un ensemble de données

---

1. Voir dans *La Terre et l'évolution humaine* de Lucien Febvre, un exposé historique du développement de l'idée et une critique de ses exagérations.

métriques, géodésiques, géologiques, climatologiques et de données descriptives biogéographiques.

Le traitement – de plus en plus déterministe, ou plus précisément mécaniste, à mesure qu'on s'éloigne de l'esprit des fondateurs | – des problèmes d'anthropologie et d'éthologie 140 humaine se double d'un traitement parallèle, sinon exactement synchrone, en matière d'éthologie animale. À l'interprétation mécaniste de la formation des formes organiques succède l'explication mécaniste des mouvements de l'organisme dans le milieu. Rappelons seulement des travaux de Jacques Lœb et de Watson. Généralisant les conclusions de ses recherches sur les phototropismes chez les animaux, Lœb considère tout mouvement de l'organisme dans le milieu comme un mouvement auquel l'organisme est forcé par le milieu. Le réflexe, considéré comme réponse élémentaire d'un segment du corps à un stimulus physique élémentaire, est le mécanisme simple dont la composition permet d'expliquer toutes les conduites du vivant. Ce cartésianisme exorbitant est incontestablement, en même temps que le darwinisme, à l'origine des postulats de la psychologie behavioriste [1].

Watson assignait comme programme à la psychologie la recherche analytique des conditions de l'adaptation du vivant au milieu par la production expérimentale des relations entre l'excitation et la réponse (couple stimulus-réponse). Le déterminisme de la relation entre excitation et réponse est physique. La biologie du comportement se réduit à une neurologie, et celle-ci se résume en une énergétique. L'évolution de sa pensée a conduit Watson à passer d'une conception dans laquelle il néglige simplement la conscience comme inutile, à une conception où purement et simplement il l'annule comme illusoire. Le milieu se trouve investi de tous pouvoirs à l'égard

1. Tilquin, *Le Behaviorisme*, Paris, Vrin, 1942, p. 34-35. C'est naturellement à cette thèse si solidement documentée que nous empruntons l'essentiel des informations ci-dessous utilisées.

des individus; sa puissance domine et même abolit celle de
l'hérédité et de la constitution génétique. Le milieu étant
donné, l'organisme ne se donne rien qu'en réalité il ne reçoive.
La situation du vivant, son être dans le monde, c'est une condition, ou plus exactement, c'est un conditionnement.

Albert Weiss entendait construire la biologie comme une
physique déductive, en proposant une théorie électronique de
comportement. Il restait aux psychotechniciens, prolongeant
par l'étude analytique des réactions humaines les techniques
tayloristes du chronométrage des mouvements, à parfaire
l'œuvre de la psychologie behavioriste et à constituer savam-
ment l'homme en machine réagissant à des machines, en
organisme déterminé par le « nouveau milieu » (Friedmann).

En abrégé, la notion de milieu, en raison de ses origines,
141 s'est | d'abord développée et étendue en un sens parfaitement
déterminé; et nous pouvons, appliquant à elle-même la norme
méthodologique qu'elle résume, dire que son pouvoir intellectuel était fonction du milieu intellectuel dans lequel elle avait
été formée. La théorie du milieu a d'abord été la traduction
positive et apparemment vérifiable de la fable condillacienne
de la statue. Dans l'odeur de la rose, la statue est odeur de rose.
Le vivant, de même, dans le milieu physique, est lumière et
chaleur; il est carbone et oxygène, il est calcium et pesanteur.
Il répond par des contractions musculaires à des excitations
sensorielles, il répond grattage à chatouillement, fuite à explosion. Mais on peut et on doit se demander où est le vivant?
Nous voyons bien des individus, mais ce sont des objets; nous
voyons des gestes, mais ce sont des déplacements; des centres,
mais ce sont des environnements; des machinistes, mais ce
sont des machines. Le milieu de comportement coïncide avec
le milieu géographique, le milieu géographique avec le milieu
physique.

Il était normal, au sens fort du mot, que cette norme méthodologique ait trouvé d'abord en géographie ses limites et

l'occasion de son renversement. La géographie a affaire à des complexes, complexes d'éléments dont les actions se limitent réciproquement, et où les effets des causes deviennent causes à leur tour, modifiant les causes qui leur ont donné naissance. C'est ainsi que les vents alizés nous offrent un exemple-type de complexe. Les vents alizés déplacent l'eau marine de surface réchauffée au contact de l'air, les eaux profondes froides montent à la surface et refroidissent l'atmosphère, les basses températures engendrent des basses pressions, lesquelles donnent naissance aux vents, le cycle est fermé et recommence. Voilà un type de complexe tel qu'on pourrait en observer aussi en géographie végétale. La végétation est répartie en ensembles naturels où des espèces diverses se limitent réciproquement et où, par conséquent, chacune contribue à créer pour les autres un équilibre. L'ensemble de ces espèces végétales finit par constituer son propre milieu. C'est ainsi que les échanges des plantes avec l'atmosphère finissent par créer autour de la zone végétale une sorte d'écran de vapeur d'eau qui vient limiter l'effet des radiations, et la cause donne naissance à l'effet qui va la freiner à son tour, etc. [1].

| Les mêmes vues doivent être appliquées à l'animal et à 142 l'homme. Toutefois la réaction humaine à la provocation du milieu se trouve diversifiée. L'homme peut apporter plusieurs solutions à un même problème posé par le milieu. Le milieu propose sans jamais imposer une solution. Certes les possibilités ne sont pas illimitées dans un état de civilisation et de culture déterminé. Mais le fait de tenir pour obstacle à un moment ce qui, ultérieurement, se révélera peut-être comme un moyen d'action, tient en définitive à l'idée, à la représentation que l'homme – il s'agit de l'homme collectif, bien entendu – se fait de ses possibilités, de ses besoins, et, pour tout

1. *Cf.* Henri Baulig, « La Géographie est-elle une science ? », dans *Annales de Géographie*, LVII, janvier-mars 1948 ; « Causalité et finalité en géomorphologie », dans *Geografiska Annaler*, 1949, H, 1-2.

dire, cela tient à ce qu'il se représente comme désirable, et cela ne se sépare pas de l'ensemble des valeurs [1].

Donc, on finit par retourner la relation entre milieu et être vivant. L'homme devient ici, en tant qu'être historique, un créateur de configuration géographique, il devient un facteur géographique, et l'on rappelle simplement que les travaux de Vidal-Lablache, de Brunhes, de Demangeon, de Lucien Febvre et de son école, ont montré que l'homme ne connaît pas de milieu physique pur. Dans un milieu humain, l'homme est évidemment soumis à un déterminisme, mais c'est le déterminisme de créations artificielles dont l'esprit d'invention qui les appela à l'existence s'est aliéné. Dans le même ordre d'idée les travaux de Friedmann montrent comment, dans le nouveau milieu que font à l'homme les machines, le même renversement s'est déjà produit. Poussée jusqu'aux limites extrêmes de son ambition, la psycho-technique des ingénieurs, issue des idées de Taylor, arrive à saisir comme centre de résistance irréductible la présence en l'homme de sa propre originalité sous forme du sens des valeurs. L'homme, même subordonné à la machine, n'arrive pas à se saisir comme machine. Son efficacité dans le rendement est d'autant plus grande que sa situation centrale à l'égard des mécanismes destinés à le servir lui est plus sensible.

Bien auparavant le même renversement du rapport organisme-milieu s'était produit en matière de psychologie animale et d'étude du comportement. Lœb avait suscité Jennings, et Watson avait suscité Kantor et Tolmann.

L'influence du pragmatisme est ici évidente et établie. Si, en un sens, le pragmatisme a servi d'intermédiaire entre **143** le darwinisme | et le behaviorisme par la généralisation et

---

1. Une mise au point très intéressante de ce renversement de perspective en géographie humaine se trouve dans un article de L. Poirier, « L'évolution de la géographie humaine », paru dans la revue *Critique*, n° 8 et 9, janvier-février 1947.

l'extension à la théorie de la connaissance de la notion d'adaptation, et en un autre sens, en mettant l'accent sur le rôle des valeurs dans leur rapport aux intérêts de l'action, Dewey devait conduire les behavioristes à regarder comme essentielle la référence des mouvements organiques à l'organisme lui-même. L'organisme est considéré comme un être à qui tout ne peut pas être imposé, parce que son existence comme organisme consiste à se proposer lui-même aux choses, selon certaines orientations qui lui sont propres. Préparé par Kantor, le behaviorisme téléologique de Tolmann consiste à rechercher, à reconnaître le sens et l'intention du mouvement animal. Il apparaît comme essentiel au mouvement de réaction de persister par une variété de phases qui peuvent être des erreurs, des actes manqués, jusqu'au moment où la réaction met fin à l'excitation et rétablit le repos, ou bien conduit à une nouvelle série d'actes entièrement différents de ceux qui se sont fermés sur eux-mêmes.

Avant lui Jennings, dans sa théorie des essais et erreurs, avait montré, contre Lœb, que l'animal ne réagit pas par sommation de réactions moléculaires à un excitant décomposable en unités d'excitation, mais qu'il réagit comme un tout à des objets totaux et que ses réactions sont des régulations pour les besoins qui les commandent. Naturellement, il faut reconnaître ici l'apport considérable de la *Gestalttheorie*, notamment la distinction, due à Koffka, entre le milieu de comportement et le milieu géographique [1].

Enfin le rapport organisme-milieu se trouve retourné dans les études de psychologie animale de von Uexküll et dans les études de pathologie humaine de Goldstein. L'un et l'autre font ce renversement avec la lucidité qui leur vient d'une vue pleinement philosophique du problème. Uexküll et Goldstein s'accordent sur ce point fondamental : étudier un vivant

---

1. *Cf.* sur ce point P. Guillaume, *La Psychologie de la forme*, et Merleau-Ponty, *La Structure du comportement*.

dans des conditions expérimentalement construites, c'est lui faire un milieu, lui imposer un milieu. Or, le propre du vivant, c'est de se faire son milieu, de se composer son milieu. Certes, même d'un point de vue matérialiste, on peut parler d'inter-action entre le vivant et le milieu, entre le système physico-chimique découpé dans un tout plus vaste et son environ-nement. Mais il ne suffit pas de parler d'interaction pour annuler la différence qui existe entre une relation de type physique et une relation de type biologique.

144 | Du point de vue biologique, il faut comprendre qu'entre l'organisme et l'environnement, il y a le même rapport qu'entre les parties et le tout à l'intérieur de l'organisme lui-même. L'individualité du vivant ne cesse pas à ses frontières ectoder-miques, pas plus qu'elle ne commence à la cellule. Le rapport biologique entre l'être et son milieu est un rapport fonctionnel, et par conséquent mobile, dont les termes échangent successi-vement leur rôle. La cellule est un milieu pour les éléments infracellulaires, elle vit elle-même dans un milieu intérieur qui est aux dimensions tantôt de l'organe et tantôt de l'organisme, lequel organisme vit lui-même dans un milieu qui lui est en quelque façon ce que l'organisme est à ses composants. Il y a donc un sens biologique à acquérir pour juger les problèmes biologiques et la lecture de Uexküll et de Goldstein peut beau-coup contribuer à la formation de ce sens [1].

1. J. von Uexküll, *Umwelt und Innenwelt der Tiere*, Berlin, 1909, 2e éd., 1921. *Theoretische Biologie*, 2e éd., Berlin, 1928. Uexküll et G. Kriszat, *Streifzüge durch die Umwelten von Tieren und Menschen*, Berlin, 1934.
        Goldstein n'accepte cependant ces vues de von Uexküll qu'avec une réserve notable. À ne pas vouloir distinguer le vivant de son environnement, toute recherche de relations devient en un sens impossible. La détermination disparaît au profit de la pénétration réciproque et la prise en considération de la totalité tue la connaissance. Pour que la connaissance reste possible, il faut que dans cette totalité organisme-environnement apparaisse un centre non conventionnel à partir duquel puisse s'ouvrir un éventail de relations. Cf. *La Structure de l'organisme*, p. 75-76 : Critique de toute théorie exclusive de l'environnement.

Prenant les termes *Umwelt, Umgebung* et *Welt*, Uexküll les distingue avec beaucoup de soin. *Umwelt* désigne le milieu de comportement propre à tel organisme; *Umgebung*, c'est l'environnement géographique banal et *Welt*, c'est l'univers de la science. Le milieu de comportement propre (*Umwelt*), pour le vivant, c'est un ensemble d'excitations ayant valeur et signification de signaux. Pour agir sur un vivant, il ne suffit pas que l'excitation physique soit produite, il faut qu'elle soit remarquée. Par conséquent, en tant qu'elle agit sur le vivant, elle présuppose l'orientation de son intérêt, elle ne procède pas de l'objet, mais de lui. Il faut, autrement dit, pour qu'elle soit efficace, qu'elle soit anticipée par une attitude du sujet. Si le vivant ne cherche pas, il ne reçoit rien. Un vivant ce n'est pas une machine qui répond par des mouvements à des excitations, c'est un machiniste qui répond à des signaux par des opérations. Il ne s'agit pas, naturellement, de discuter le fait qu'il s'agisse de réflexes dont le mécanisme est physico-chimique. Pour le biologiste, la question n'est pas là. | La question est 145 en ceci que de l'exubérance du milieu physique, en tant que producteur d'excitations dont le nombre est théoriquement illimité, l'animal ne retient que quelques signaux (*Merkmale*). Son rythme de vie ordonne le temps de cette *Umwelt*, comme il ordonne l'espace. Avec Buffon, Lamarck disait : le temps et les circonstances favorables constituent peu à peu le vivant. Uexküll retourne le rapport et dit : le temps et les circonstances favorables sont relatifs à tels vivants.

La *Umwelt* c'est donc un prélèvement électif dans la *Umgebung*, dans l'environnement géographique. Mais l'environnement ce n'est précisément rien d'autre que la *Umwelt* de l'homme, c'est-à-dire le monde usuel de son expérience perceptive et pragmatique. De même que cette *Umgebung*, cet environnement géographique extérieur à l'animal est, en un sens, centré, ordonné, orienté par un sujet humain – c'est-à-dire un créateur de techniques et un créateur de valeurs – de même, la *Umwelt* de l'animal n'est rien d'autre qu'un milieu centré par rapport à ce sujet de valeurs vitales en quoi consiste essentiellement le vivant. Nous devons concevoir à la racine de cette organisation de la *Umwelt* animale une subjectivité analogue à celle que nous sommes tenus de considérer à la racine de la *Umwelt* humaine. Un des exemples les plus saisissants cités par Uexküll est l'*Umwelt* de la tique.

La tique se développe aux dépens du sang chaud des mammifères. La femelle adulte, après l'accouplement, monte jusqu'à l'extrémité d'un rameau d'arbre et attend. Elle peut attendre dix-huit ans. A l'Institut de zoologie de Rostock, des tiques sont restées vivantes, enfermées, en état de jeune, pendant dix-huit ans. Lorsqu'un mammifère passe sous l'arbre, sous le poste de guet et de chasse de la tique, elle se laisse tomber. Ce qui la guide, c'est l'odeur de beurre rance qui émane des glandes cutanées de l'animal. C'est le seul excitant qui puisse déclencher son mouvement de chute. C'est le premier temps. Lorsqu'elle est tombée sur l'animal, elle s'y fixe. Si on a produit artificiellement l'odeur de beurre rance, sur une table, par exemple, la tique n'y reste pas, elle remonte sur son poste d'observation. Ce qui la fixe sur l'animal, c'est la température du sang, uniquement. Elle est fixée sur l'animal par son sens thermique; et guidée par son sens tactile, elle cherche de préférence les endroits de la peau qui sont dépourvus de poils; elle s'y enfonce jusqu'au-dessus de la tête, et suce le sang. C'est seulement au moment où, dans son estomac, pénètre du sang de mammifère, que les œufs de la tique (encapsulés depuis le moment de l'accouplement, et qui peuvent rester encapsulés | pendant dix-huit ans), éclatent, mûrissent et se développent. La tique peut vivre dix-huit ans pour accomplir en quelques heures sa fonction de reproduction. Il est à remarquer que, pendant un temps considérable, l'animal peut rester totalement indifférent, insensible à toutes les excitations qui émanent d'un milieu comme la forêt, et que la seule excitation qui soit capable de déclencher son mouvement, à l'exclusion de toute autre, c'est l'odeur de beurre rance[1].

La confrontation avec Goldstein s'impose, car le fond solide sur lequel il construit sa théorie, c'est une critique de la théorie mécanique du réflexe. Le réflexe n'est pas une réaction isolée ni gratuite. Toujours la réaction est fonction de l'ouverture du sens à l'égard des excitations et de son orientation par rapport à elles. Cette orientation dépend de la signification d'une situation perdue dans son ensemble. Les excitants séparés, cela a un sens pour la science humaine, cela n'a aucun sens pour la sensibilité d'un vivant. Un animal en situation d'expérimentation est dans une situation anormale pour lui, dont il n'a pas besoin d'après ses propres normes, qu'il n'a pas choisie, qui lui est imposée. Un organisme n'est donc jamais égal à la totalité théorique de ses possibilités. On ne peut comprendre son action sans faire appel à la notion de comportement privilégié. Privilégié, cela ne veut pas dire objectivement plus simple. C'est l'inverse. L'animal trouve plus simple de faire ce qu'il privilégie. Il a ses normes vitales propres.

Entre le vivant et le milieu, le rapport s'établit comme un débat (*Auseinandersetzung*) où le vivant apporte ses normes propres d'appréciation des situations, où il domine le milieu, et se l'accommode. Ce rapport ne consiste pas essentiellement, comme on pourrait le croire, en une lutte, en une opposition. Cela concerne l'état pathologique. Une vie qui s'affirme contre, c'est une vie déjà menacée. Les mouvements de force, comme par exemple les réactions musculaires d'extension, traduisent la domination de l'extérieur sur l'organisme[2]. Une vie saine, une vie confiante dans son existence, dans ses valeurs, c'est une vie en flexion, une vie en souplesse, presque

1. L'exemple de la tique est repris, d'après von Uexküll, par L. Bounoure, dans son livre *L'Autonomie de l'être vivant*, Paris, P.U.F., 1949, p. 143.

2*. Pour la discussion de cette thèse de Goldstein, *cf.* F. Dagognet, *Philosophie biologique*, Paris, P.U.F., 1955, conclusion.

en douceur. La situation du vivant commandé du dehors par le milieu, c'est ce que Goldstein tient pour le type même de la situation catastrophique. C'est la situation du vivant en | laboratoire. Les rapports entre le vivant et le milieu tels qu'on les étudie expérimentalement, objectivement, sont de tous les rapports possibles ceux qui ont le moins de sens biologique, ce sont des rapports pathologiques. Goldstein dit que « le sens d'un organisme, c'est son être »; nous pouvons dire que l'être de l'organisme, c'est son sens. Certes, l'analyse physico-chimique du vivant peut et doit se faire. Elle a son intérêt théorique et pratique. Mais elle constitue un chapitre de la physique. Il reste tout à faire en biologie. La biologie doit donc tenir d'abord le vivant pour un être significatif, et l'individualité, non pas pour un objet, mais pour un caractère dans l'ordre des valeurs. Vivre c'est rayonner, c'est organiser le milieu à partir d'un centre de référence qui ne peut lui-même être référé sans perdre sa signification originale.

Pendant que s'accomplissait dans l'éthologie animale et dans l'étude du comportement le retournement du rapport organisme-milieu, une révolution s'accomplissait dans l'explication des caractères morphologiques qui tendait à admettre l'autonomie du vivant par rapport au milieu. Nous faisons ici allusion, sans plus, aux travaux désormais très connus de Bateson, Cuénot, Th. Morgan, H. Müller et leurs collaborateurs, qui ont repris et étendu les recherches de G. Mendel sur l'hybridation et l'hérédité et qui, par la constitution de la génétique, ont abouti à affirmer que l'acquisition par le vivant de sa forme, et partant de ses fonctions, dans un milieu donné, dépend de son potentiel héréditaire propre et que l'action du milieu sur le phénotype laisse intact le génotype. L'explication génétique de l'hérédité et de l'évolution (théorie des mutations) convergeait avec la théorie de Weissman. L'isolement précoce, au cours de l'ontogénèse, du plasma germinatif rendrait nulle, sur le devenir de l'espèce, l'influence des modifications somatiques déterminées par le milieu. A. Brachet, dans son livre *La vie créatrice des formes*, pouvait écrire que « le milieu n'est pas un agent de formation à proprement parler, mais bien de réalisation »[1], en invoquant à l'appui la multiformité des vivants marins dans un milieu identique. Et Caullery concluait son exposé sur le *Problème de l'évolution*[2] en reconnaissant que l'évolution dépend beaucoup plus des propriétés intrinsèques des organismes que du milieu ambiant[3].

| Mais on sait que la conception d'une autonomie intégrale **148** de l'assortiment génétique héréditaire n'a pas manqué de susciter des critiques. On a d'abord souligné le fait que la dysharmonie nucléo-plasmatique tend à limiter l'omnipotence héréditaire des gènes. Dans la reproduction sexuée, si les deux parents fournissent chacun la moitié des gènes, la mère fournit le cytoplasme de l'œuf. Or comme les bâtards de deux espèces différentes ne sont pas réciproques, selon que l'une ou l'autre des espèces est représentée par le père ou par la mère, on est conduit à penser que la puissance des gènes diffère en fonction du milieu cytoplasmique. D'autre part, les expériences de H. Müller (1927) provoquant des mutations sur la drosophile par l'action d'un milieu de radiations pénétrantes (rayons X) ont paru apporter quelque lumière sur le conditionnement par l'extérieur d'un phénomène organique peut-être trop complaisamment utilisé à souligner la séparation de l'organisme et de l'environnement. Enfin, un regain d'actualité a été donné au lamarckisme par les polémiques idéologiques, au moins autant que scientifiques, qui ont entouré la répudiation indignée de la « pseudo-science » génétique par les biologistes russes que

---

1. Paris, Alcan, 1927, p. 171.
2. Paris, Payot, 1931.
3. On trouvera chez Nietzsche une anticipation de ces idées. Cf. *La Volonté de puissance*, trad. Bianquis, tome I, Paris, Gallimard, p. 220. À vrai dire, les critiques de Nietzsche, adressées à Darwin, concerneraient plus justement les néo-lamarckiens.

Lyssenko a ramenés à la « saine méthode » de Mitchourine (1855-1935). Des expériences sur la vernalisation des plantes cultivées comme le blé et le seigle ont conduit Lyssenko à affirmer que des modifications héréditaires peuvent être obtenues et consolidées par des variations dans les conditions d'alimentation, d'entretien et de climat, entraînant dans l'organisme la dislocation ou la rupture de la constitution héréditaire supposée à tort stable par les généticiens. Pour autant qu'on puisse résumer des faits expérimentaux complexes, on devrait dire que selon Lyssenko l'hérédité est sous la dépendance du métabolisme et celui-ci sous la dépendance des conditions d'existence. L'hérédité serait l'assimilation par le vivant, au cours de générations successives, des conditions extérieures. Les commentaires, de nature idéologique, concernant ces faits et cette théorie sont bien propres à en éclairer le sens, quelles que soient d'ailleurs ses possibilités d'accepter plus encore que de supporter les contre-épreuves expérimentales et critiques qui sont de règle en matière de discussion scientifique, toutes choses, bien entendu, hors de notre compé-
149   tence[1]. Il semble que l'aspect technique, c'est-à-dire | agronomique, du problème, soit essentiel. La théorie mendélienne de l'hérédité, en justifiant le caractère spontané des mutations, tend à modérer les ambitions humaines, et spécifiquement soviétiques, de domination intégrale de la nature et les possibilités d'altération intentionnelle des espèces vivantes. Enfin

---

1. Sur l'exposé de la question, voir « Une discussion scientifique en U.R.S.S. », dans la revue *Europe*, 1948, n°33-34 ; et aussi Cl. Ch. Mathon, « Quelques aspects du Mitchourinisme, etc. », dans *Revue générale des Sciences pures et appliquées*, 1951, n°3-4. Sur l'aspect idéologique de la controverse, cf. Julian Huxley, *La Génétique soviétique et la science mondiale*, Paris, Stock, 1950. Jean Rostand a consacré à la question un bon exposé historique et critique, « L'Offensive des Mitchouriniens contre la génétique mendelienne », dans *Les grands courants de la biologie*, Gallimard, 1951, suivi d'une bibliographie. Voir enfin l'ouvrage de Hovasse, *Adaptation et évolution*, Paris, Hermann, 1951.

et surtout la reconnaissance de l'action déterminante du milieu a une portée politique et sociale, elle autorise l'action illimitée de l'homme sur lui-même par l'intermédiaire du milieu. Elle justifie l'espoir d'un renouvellement expérimental de la nature humaine. Elle apparaît ainsi comme progressiste au premier chef. Théorie et praxis sont indissociables, comme il convient à la dialectique marxiste-léniniste. On conçoit alors que la génétique puisse être chargée de tous les péchés du racisme et de l'esclavagisme et que Mendel soit présenté comme le chef de file d'une biologie rétrograde, capitaliste, et pour tout dire idéaliste.

Il est clair que le retour en crédit de l'hérédité des caractères acquis n'autorise pas pour autant à qualifier sans restriction de lamarckiennes les récentes théories des biologistes soviétiques. Car l'essentiel des idées de Lamarck, on l'a vu, consiste à attribuer à l'initiative des besoins, des efforts et des réactions continues de l'organisme son adaptation au milieu. Le milieu provoque l'organisme à orienter de lui-même son devenir. La réponse biologique l'emporte, et de bien loin, sur la stimulation physique. En enracinant les phénomènes d'adaptation dans le besoin, qui est à la fois douleur et impatience, Lamarck centrait sur le point où la vie coïncide avec son propre sens, où par la sensibilité le vivant se situe absolument, soit positivement soit négativement, dans l'existence, la totalité indivisible de l'organisme et du milieu.

Chez Lamarck, comme chez les premiers théoriciens du milieu, les notions de « circonstances », « ambiance » avaient une tout autre signification que dans le langage banal. Elles évoquaient réellement une disposition sphérique, centrée. Les termes « influences », « circonstances influentes », utilisés aussi par Lamarck, tirent leur sens de conceptions astrologiques. Lorsque Buffon, dans *La Dégénération des Animaux*, parle de la « teinture » du ciel qu'il faut à l'homme beaucoup de temps pour recevoir, | il utilise, sans doute inconsciemment, **150** un terme emprunté à Paracelse. La notion même de « climat » est au XVIIIᵉ siècle [1] et au début du XIXᵉ siècle une notion indivise, géographique, astronomique, astrologique : le climat c'est le changement d'aspect du ciel de degré en degré depuis l'équateur jusqu'au pôle, c'est aussi l'influence qui s'exerce du ciel sur la terre.

On a déjà indiqué que la notion biologique de milieu unissait au début une composante anthropogéographique à une composante mécanique. La composante anthropogéographique était même en un sens la totalité de la notion, car elle comprenait en elle-même l'autre composante astronomique, celle que Newton avait convertie en notion de la mécanique céleste. Car la géographie était, à l'origine, pour les Grecs, la projection du ciel sur la terre, la mise en correspondance du ciel et de la terre, correspondance en deux sens simultanément : correspondance topographique (géométrie et cosmographie) et correspondance hiérarchique (physique et astrologie). La coordination des parties de la terre et la subordination au ciel d'une terre à superficie coordonnée étaient sous-tendues par l'intuition astrobiologique du Cosmos. La géographie grecque a eu sa philosophie, qui était celle des Stoïciens [2]. Les relations intellectuelles entre Posidonius d'une part, Hipparque, Strabon, Ptolémée d'autre part, ne sont pas contestables. C'est la théorie de la sympathie universelle, intuition vitaliste du déterminisme universel, qui donne son sens à la théorie géographique des milieux. Cette théorie suppose l'assimilation de la totalité des choses à un organisme, et la représentation de la totalité sous forme d'une sphère, centrée sur la situation d'un vivant privilégié : l'homme. Cette conception biocentrique du Cosmos a traversé le Moyen Âge pour s'épanouir à la Renaissance.

1. *Cf.* l'article « Climat » dans l'*Encyclopédie*.
2. Voir l'excellent abrégé d'histoire de la géographie chez les Grecs dans Theodor Breiter, Introduction au tome II (Commentaires) de l'*Astronomicon* de Manilius, Leipzig, 1908.

On sait ce qui est advenu de l'idée de Cosmos avec Copernic, Képler et Galilée, et combien fut dramatique le conflit entre la conception organique du monde et la conception d'un univers décentré par rapport au centre privilégié de référence du monde antique, terre des vivants et de l'homme. À partir de Galilée, et aussi de Descartes, il faut choisir entre deux théories du milieu, c'est-à-dire au fond de l'espace : un espace centré, qualifié, où le mi-*lieu* est un centre ; un espace décentré, homogène, où le *mi*-lieu est un champ intermédiaire. Le texte célèbre de Pascal, *Disproportion | de l'homme*[1] **151** montre bien l'ambiguïté du terme dans un esprit qui ne peut ou ne veut pas choisir entre son besoin de sécurité existentielle et les exigences de la connaissance scientifique. Pascal sait bien que le Cosmos a volé en éclats mais le silence éternel des espaces infinis l'effraie. L'homme n'est plus au milieu du monde, mais *il est un milieu* (milieu entre deux infinis, milieu entre rien et tout, milieu entre deux extrêmes) ; le milieu c'est *l'état dans lequel la nature nous a placés ; nous voguons sur un milieu vaste ; l'homme a de la proportion avec des parties du monde, il a rapport à tout ce qu'il connaît* :

> Il a besoin de lieu pour le contenir, de temps pour durer, de mouvement pour vivre, d'éléments pour le composer, de chaleur et d'aliments pour se nourrir, d'air pour respirer... enfin tout tombe sous son alliance.

On voit donc ici interférer trois sens du terme milieu : situation médiane, fluide de sustentation, environnement vital. C'est en développant ce dernier sens que Pascal expose sa conception organique du monde, retour au stoïcisme par-delà et contre Descartes :

> Toutes choses étant causées et causantes, aidées et aidantes, médiates et immédiates, et toutes s'entretenant par un lien

1. *Pensées*, éd. Brunschvicg, II, 72.

naturel et insensible qui lie les plus éloignées et les plus différentes, je tiens impossible de connaître les parties sans connaître le tout, non plus que de connaître le tout sans connaître particulièrement les parties.

Et lorsqu'il définit l'univers comme « une sphère infinie dont le centre est partout, la circonférence nulle part », Pascal tente paradoxalement, par l'emploi d'une image empruntée à la tradition théosophique, de concilier la nouvelle conception scientifique qui fait de l'univers un milieu indéfini et indifférencié et l'antique vision cosmologique qui fait du monde une totalité finie référée à son centre. On a établi que l'image ici utilisée par Pascal est un mythe permanent de la pensée mystique, d'origine néoplatonicienne où se composent l'intuition du monde sphérique centré sur le vivant et par le vivant et la cosmologie déjà héliocentrique des pythagoriciens [1].

Il n'est pas jusqu'à Newton qui n'ait tiré de la lecture de Jacob Boehme et d'Henry More, « le platonicien de Cambridge », et de leur cosmologie néoplatonicienne, quelque
152 représentation symbolique | de ce que peut être l'ubiquité d'une action rayonnant à partir d'un centre. L'espace et l'éther newtoniens, le premier comme moyen de l'omniprésence de Dieu, le second comme support et véhicule des forces, conservent, on le sait, un caractère d'absolu que les savants des XVIIIe et XIXe siècles n'ont pas su remarquer. La science newtonienne qui devait soutenir tant de professions de foi empiristes et relativistes est fondée sur la métaphysique. L'empirisme masque les fondements théologiques. Et ainsi la philosophie naturelle où la conception positiviste et mécaniste du milieu prend sa source, se trouve en fait supportée elle-même par

---

1. Dietrich Mahnke, *Unendliche Sphäre und Allmittelpunkt*, Halle, Niemeyer, 1937 ; l'auteur consacre à l'usage et à la signification de l'expression chez Leibniz et Pascal quelques pages pleines d'intérêt. Selon Havet, Pascal aurait emprunté l'expression à Mlle de Gournay (préface à l'édition des *Essais* de Montaigne de 1595) ou à Rabelais (*Tiers livre*, chap. XIII).

l'intuition mystique d'une sphère d'énergie dont l'action centrale est identiquement présente et efficace en tous les points[1].

S'il semble aujourd'hui normal à tout esprit formé aux disciplines mathématiques et physiques que l'idéal d'objectivité de la connaissance exige une décentration de la vision des choses, le moment parait venu à son tour de comprendre qu'en biologie, selon le mot de J. S. Haldane dans *The Philosophy of a Biologist*, « c'est la physique qui n'est pas une science exacte ». Or, comme l'a écrit Claparède :

> Ce qui distingue l'animal c'est le fait qu'il est un *centre* par rapport aux forces ambiantes qui ne sont plus, par rapport à lui, que des excitants ou des signaux ; un centre, c'est-à-dire un système à régulation interne, et dont les réactions sont commandées par une cause interne, le besoin momentané[2].

En ce sens, le milieu dont l'organisme dépend est structuré, organisé par l'organisme lui-même. Ce que le milieu offre au vivant est fonction de la demande. C'est pour cela que dans ce qui apparaît à l'homme comme un milieu unique plusieurs vivants prélèvent de façon incomparable leur milieu spécifique et singulier. Et d'ailleurs, en tant que vivant, l'homme n'échappe pas à la loi générale des vivants. Le milieu propre de l'homme c'est le monde de sa perception, c'est-à-dire le champ de son expérience pragmatique où ses actions, orientées et réglées par les valeurs immanentes aux tendances, découpent des objets qualifiés, les situent les uns par rapport aux autres et tous par rapport à lui. En sorte que l'environnement auquel il est censé réagir se trouve originellement centré sur lui et par lui.

---

1. *Cf.* A. Koyré, *La Philosophie de Jacob Boehme*, Paris, Vrin, p. 378-379 et 504; et «The significance of the Newtonian synthesis», dans *Archives internationales d'Histoire des Sciences*, 1950, n° 11.

2. Préface à la *Psychologie des animaux* de Buytendijk, Paris, Payot, 1928.

Mais l'homme, en tant que savant, construit un univers de
153 phénomènes | et de lois qu'il tient pour un univers absolu. La
fonction essentielle de la science est de dévaloriser les qualités
des objets composant le milieu propre, en se proposant comme
théorie générale d'un milieu réel, c'est-à-dire inhumain. Les
données sensibles sont disqualifiées, quantifiées, identifiées.
L'imperceptible est soupçonné, puis décelé et avéré. Les
mesures se substituent aux appréciations, les lois aux habitudes, la causalité à la hiérarchie et l'objectif au subjectif.

Or, cet univers de l'homme savant, dont la physique
d'Einstein offre la représentation idéale – univers dont les
équations fondamentales d'intelligibilité sont les mêmes quel
que soit le système de référence – parce qu'il entretient avec le
milieu propre de l'homme vivant un rapport direct, quoique de
négation et de réduction, confère à ce milieu propre une sorte
de privilège sur les milieux propres des autres vivants.
L'homme vivant tire de son rapport à l'homme savant, par
les recherches duquel l'expérience perceptive usuelle se
trouve pourtant contredite et corrigée, une sorte d'incons-
ciente fatuité qui lui fait préférer son milieu propre à ceux des
autres vivants, comme ayant plus de réalité et non pas seulement une autre valeur. En fait, en tant que milieu propre de
comportement et de vie, le milieu des valeurs sensibles et
techniques de l'homme n'a pas en soi plus de réalité que le
milieu propre du cloporte ou de la souris grise. La qualification
de réel ne peut en rigueur convenir qu'à l'univers absolu,
qu'au milieu universel d'éléments et de mouvements avéré par
la science, dont la reconnaissance comme tel s'accompagne
nécessairement de la disqualification au titre d'illusions ou
d'erreurs vitales, de *tous* les milieux propres subjectivement
centrés, y compris celui de l'homme.

La prétention de la science à dissoudre dans l'anonymat de
l'environnement mécanique, physique et chimique ces centres
d'organisation, d'adaptation et d'invention que sont les êtres
vivants doit être intégrale, c'est-à-dire qu'elle doit englober le

vivant humain lui-même. Et l'on sait bien que ce projet n'a pas paru trop audacieux à beaucoup de savants. Mais il faut alors se demander, d'un point de vue philosophique, si l'origine de la science ne révèle pas mieux son sens que les prétentions de quelques savants. Car la naissance, le devenir et les progrès de la science dans une humanité à laquelle on refuse à juste titre, d'un point de vue scientiste et même matérialiste, la science infuse doivent être compris comme une sorte d'entreprise assez aventureuse de la vie. Sinon il faudrait admettre cette absurdité que la | réalité contient d'avance la science de la **154** réalité comme une partie d'elle-même. Et l'on devrait alors se demander à quel besoin de la réalité pourrait bien correspondre l'ambition d'une détermination scientifique de cette même réalité.

Mais si la science est l'œuvre d'une humanité enracinée dans la vie avant d'être éclairée par la connaissance, si elle est un fait dans le monde en même temps qu'une vision du monde, elle soutient avec la perception une relation permanente et obligée. Et donc le milieu propre des hommes n'est pas situé dans de milieu universel comme un contenu dans son contenant. Un centre ne se résout pas dans son environnement. Un vivant ne se réduit pas à un carrefour d'influences. D'où l'insuffisance de toute biologie qui, par soumission complète à l'esprit des sciences physico-chimiques, voudrait éliminer de son domaine toute considération de sens. Un sens, du point de vue biologique et psychologique, c'est une appréciation de valeurs en rapport avec un besoin. Et un besoin, c'est pour qui l'éprouve et le vit un système de référence irréductible et par là absolu.

LE NORMAL ET LE PATHOLOGIQUE

Sans les concepts de normal et de pathologique la pensée et l'activité du médecin sont incompréhensibles. Il s'en faut pourtant de beaucoup que ces concepts soient aussi clairs au jugement médical qu'ils lui sont indispensables. Pathologique est-il un concept identique à celui d'anormal? Est-il le contraire ou le contradictoire du normal? Et normal est-il identique à sain? Et l'anomalie est-elle même chose que l'anormalité? Et que penser enfin des monstres? Supposé obtenue une délimitation satisfaisante du concept du pathologique par rapport à ses apparentés, croit-on que le daltonisme soit un cas pathologique au même titre que l'angine de poitrine, ou la maladie bleue au même titre que le paludisme, et qu'entre une infirmité dans l'ordre de la vie de relation et une menace permanente pour la vie végétative il y ait d'autre identité que celle de l'adjectif qui les qualifie dans le langage humain? La vie humaine peut avoir un sens biologique, un sens social, un sens existentiel. Tous ces sens peuvent être indifféremment retenus dans l'appréciation des modifications que la maladie inflige au vivant humain. Un homme ne vit pas uniquement comme un arbre ou un lapin.

On a souvent noté l'ambiguïté du terme normal qui désigne tantôt un fait capable de description par recensement statistique – moyenne des mesures opérées sur un caractère présenté par une espèce et pluralité des individus présentant ce caractère selon la moyenne ou avec quelques écarts jugés indifférents – et tantôt un idéal, principe positif d'appréciation, au sens de prototype ou de forme parfaite. Que ces deux acceptions soient toujours liées, que le terme de normal soit toujours confus, c'est ce qui ressort des conseils mêmes qui nous sont donnés d'avoir à | éviter cette ambiguïté[1]. Mais peut-être est-il plus urgent de chercher les raisons de l'ambiguïté pour en comprendre la vitalité renouvelée, et en tirer leçon plutôt que conseil.

Ce qui est en question, au fond, c'est autant l'objet de la biologie que celui de l'art médical. Bichat, dans ses *Recherches sur la vie et la mort* (1800), faisait de l'instabilité des forces vitales, de l'irrégularité des phénomènes vitaux, en opposition avec l'uniformité des phénomènes physiques, le caractère distinctif des organismes; et dans son *Anatomie générale* (1801) il faisait remarquer qu'il n'y a pas d'astronomie, de dynamique, d'hydraulique pathologiques parce que les propriétés physiques ne s'écartant jamais de « leur type naturel » n'ont pas besoin d'y être ramenées. Dans ces deux remarques tient l'essentiel du vitalisme de Bichat; mais comme il suffit, depuis quelque cent ans, de qualifier une théorie médicale ou biologique de vitaliste pour la déprécier, on a oublié d'accorder à ces remarques toute l'attention qu'elles mériteraient. Il faudra pourtant en finir avec l'accusation de métaphysique, donc de fantaisie pour ne pas dire plus, qui poursuit les biologistes vitalistes du XVIIIe siècle. En fait, et

---

1. *Cf.* le *Vocabulaire philosophique* de Lalande.

il nous sera facile de le montrer quelque jour et ailleurs, le vitalisme c'est le refus de deux interprétations métaphysiques des causes des phénomènes organiques, l'animisme et le mécanisme. Tous les vitalistes du XVIIIe siècle sont des newtoniens, hommes qui se refusent aux hypothèses sur l'essence des phénomènes et qui pensent seulement devoir décrire et coordonner, directement et sans préjugé, les effets tels qu'ils les perçoivent. Le vitalisme c'est la simple reconnaissance de l'originalité du fait vital. En ce sens les remarques de Bichat qui lient à l'organisation vitale, comme un fait spécifique, les deux caractères d'irrégularité et d'altération pathologique, nous semblent devoir être reprises de près.

Il ne s'agit au fond de rien de moins que de savoir si, parlant du vivant, nous devons le traiter comme système de lois ou comme organisation de propriétés, si nous devons parler de lois de la vie ou d'ordre de la vie. Trop souvent, les savants tiennent les lois de la nature pour des invariants essentiels dont les phénomènes singuliers constituent des exemplaires approchés mais défaillants à reproduire l'intégralité de leur réalité légale supposée. Dans une telle vue, le singulier, c'est-à-dire l'écart, la variation, apparaît comme un échec, un vice, une impureté. Le singulier est donc toujours irrégulier, mais il est en même temps parfaitement absurde, car nul ne peut comprendre comment une | loi dont l'invariance où **157** l'identité à soi garantit la réalité est à la fois vérifiée par des exemples divers et impuissante à réduire leur variété, c'est-à-dire leur infidélité. C'est qu'en dépit de la substitution, dans la science moderne, de la notion de loi à la notion de genre, le premier de ces concepts retient du second, et de la philosophie où il tenait une place éminente, une certaine signification de type immuable et réel, de sorte que le rapport de la loi au phénomène (la loi de la pesanteur et la chute du tesson qui tue Pyrrhus) est toujours conçu sur le modèle du rapport entre le genre et l'individu (l'Homme et Pyrrhus). On voit reparaître, sans intention de paradoxe ou d'ironie, le problème, célèbre au Moyen Âge, de la nature des Universaux.

Cela n'a pas échappé à Claude Bernard qui, dans ses *Principes de Médecine expérimentale*[1], consacre à ce problème de la réalité du type et des rapports de l'individu au type, en fonction du problème de la relativité individuelle du fait pathologique, quelques pages plus riches d'invitations à réfléchir que de réponses proprement dites. C'est à dessein que nous invoquons ici Claude Bernard de préférence à d'autres. Car on sait combien dans l'*Introduction à l'étude de la médecine expérimentale* – et aussi dans ces *Principes de Médecine expérimentale*[2] – Claude Bernard a déployé d'énergie pour affirmer la légalité des phénomènes vitaux, leur constance aussi rigoureuse dans des conditions définies que peut l'être celle des phénomènes physiques, bref pour réfuter le vitalisme de Bichat, considéré comme un indéterminisme. Or, précisément, dans les *Principes*[3], Claude Bernard se trouve amené à constater que si

> la vérité est dans le type, la réalité se trouve toujours en dehors de ce type et elle en diffère constamment. Or, pour le médecin, c'est là une chose très importante. C'est à l'individu qu'il a toujours affaire. Il n'est point de médecin du type humain, de l'espèce humaine.

Le problème théorique et pratique devient donc d'étudier « les rapports de l'individu avec le type ». Ce rapport paraît être le suivant : « La nature a un type idéal en toute chose, c'est positif ; mais jamais ce type n'est réalisé. S'il était réalisé, il n'y aurait pas d'individus, tout le monde se ressemblerait ». Le rapport qui constitue la particularité de chaque être, de chaque état physiologique ou pathologique est « la clef de

---

1. Publiés en 1947 par le docteur Delhoume, Paris, P.U.F.
2. Chap. XV.
3. *Cf.* p. 142 *sq.*

l'idiosyncrasie, sur laquelle repose toute la médecine ». Mais ce rapport, en même temps qu'il est clef, est aussi obstacle. L'obstacle à la biologie et à la médecine | expérimentale réside **158** dans l'individualité. Cette difficulté ne se rencontre pas dans l'expérimentation sur les êtres bruts. Et Claude Bernard de recenser toutes les causes, liées au fait de l'individualité, qui altèrent, dans l'espace et le temps, les réactions de vivants apparemment semblables à des conditions d'existence apparemment identiques.

Malgré le prestige de Claude Bernard sur les esprits des médecins et des physiologistes[1], nous n'hésiterons pas à formuler, concernant les réflexions ci-dessus rapportées, quelques remarques restrictives. La reconnaissance des existants individuels, atypiques, irréguliers, comme fondement du cas pathologique, est, en somme, un assez bel hommage, involontaire, à la perspicacité de Bichat. Mais ce qui empêche cet hommage d'être entier c'est la croyance à une légalité fondamentale de la vie, analogue à celle de la matière, croyance qui ne témoigne pas nécessairement de toute la sagacité qu'on lui reconnaît usuellement. Car enfin, affirmer que la vérité est dans le type mais la réalité hors du type, affirmer que la nature a des types mais qu'ils ne sont pas réalisés, n'est-ce pas faire de la connaissance une impuissance à atteindre le réel et justifier l'objection qu'Aristote faisait autrefois à Platon : si l'on sépare les Idées et les Choses, comment rendre compte et de l'existence des choses et de la science des Idées ? Mieux encore, voir dans l'individualité « un des obstacles les plus considérables de la biologie et de la médecine expérimentale » n'est-ce pas une façon assez naïve de méconnaître que l'obstacle à la science et l'objet de la science ne font qu'un ? Si l'objet de la science n'est pas un obstacle à surmonter, une « difficulté » au

1*. *Cf.* l'étude du Dr M. D. Grmek, « La Conception de la maladie et de la santé chez Cl. Bernard », dans *Mélanges Alexandre Koyré* I, Paris, Hermann, 1964, p. 208 *sq.*

sens cartésien, un problème à résoudre, que sera-t-il donc ? Autant dire que la discontinuité du nombre entier est un obstacle à l'arithmétique. La vérité est que la biologie de Claude Bernard comporte une conception toute plato- nicienne des lois, alliée à un sens aigu de l'individualité. Comme l'accord ne se fait pas entre cette conception-là et ce sentiment-ci, nous sommes en droit de nous demander si la célèbre « méthode expérimentale » ne serait pas un simple avatar de la métaphysique traditionnelle, et si nous cherchions des arguments pour soutenir cette proposition nous les trouverions d'abord dans l'aversion, bien connue, de Claude Bernard pour les calculs statistiques, dont on sait quel rôle ils jouent depuis longtemps en biologie. Cette aversion est un symptôme de l'incapacité à concevoir le rapport de l'individu **159** au type autrement | que comme celui d'une altération à partir d'une perfection idéale posée comme essence achevée, avant toute tentative de production par reproduction.

Nous nous demanderons maintenant si, en considérant la vie comme un ordre de propriétés, nous ne serions pas plus près de comprendre certaines difficultés insolubles dans l'autre perspective. En parlant d'un ordre de propriétés, nous voulons désigner une organisation de puissances et une hiérar- chie de fonctions dont la stabilité est nécessairement précaire, étant la solution d'un problème d'équilibre, de compensation, de compromis entre pouvoirs différents donc concurrents. Dans une telle perspective, l'irrégularité, l'anomalie ne sont pas conçues comme des accidents affectant l'individu mais comme son existence même. Leibniz avait baptisé ce fait « principe des indiscernables » plus qu'il ne l'avait expliqué, en affirmant qu'il n'y a pas deux individus semblables et diffé- rant simplement *solo numero*. On peut comprendre à partir de là que si les individus d'une même espèce restent en fait distincts et non interchangeables c'est parce qu'ils le sont d'abord en droit. L'individu n'est un irrationnel provisoire et regrettable que dans l'hypothèse où les lois de la nature sont conçues comme des essences génériques éternelles. L'écart se présente comme une « aberration » que le calcul humain n'arrive pas à réduire à la stricte identité d'une formule simple, et son explication le donne comme erreur, échec ou prodigalité d'une nature supposée à la fois assez intelligente pour procéder par voies simples et trop riche pour se résoudre à se conformer à sa propre économie. Un genre vivant ne nous paraît pourtant un genre viable que dans la mesure où il se révèle fécond, c'est-à-dire producteur de nouveautés, si imperceptibles soient-elles à première vue. On sait assez que les espèces approchent de leur fin quand elles se sont engagées irréversiblement dans des directions inflexibles et se sont manifestées sous des formes rigides. Bref, on peut interpréter la singularité individuelle comme un échec ou comme un essai, comme une faute ou comme une aventure. Dans la deuxième hypothèse, aucun jugement de valeur négative n'est porté par l'esprit humain, précisément parce que les essais ou aventures que sont les formes vivantes sont considérés moins comme des être référables à un type réel préétabli que comme des organisations dont la validité, c'est-à-dire la valeur, est référée à leur réussite de vie éventuelle. Finalement c'est parce que la valeur est dans le vivant qu'aucun jugement de valeur concernant son existence n'est porté sur lui. Là est le sens profond de l'identité, attestée par le langage, entre valeur et santé ; *valere* en latin | c'est se bien porter. Et dès lors le terme 160 d'anomalie reprend le même sens, non péjoratif, qu'avait l'adjectif correspondant anomal, aujourd'hui désuet, utilisé couramment au xviiie siècle par les naturalistes, par Buffon notamment, et encore assez tard dans le xixe siècle par Cournot. Une anomalie, c'est étymologiquement une inégalité, une différence de niveau. L'anomal c'est simplement le différent.

À l'appui de l'analyse précédente, nous voudrions invoquer deux orientations intéressantes de la biologie contemporaine. On sait qu'aujourd'hui l'embryologie et la tératologie expérimentales voient dans la production et l'étude des monstruosités l'accès vers la connaissance du mécanisme du développement de l'œuf[1]. Nous sommes ici vraiment aux antipodes de la théorie aristotélicienne, fixiste et ontologique, de la monstruosité. Ce n'est pas dans ce qu'il considérait comme un raté de l'organisation vivante qu'Aristote eût cherché la loi de la nature. Et c'est logique dans le cas d'une conception de la nature qui la tient pour une hiérarchie de formes éternelles. Inversement si l'on tient le monde vivant pour une tentative de hiérarchisation des formes possibles, il n'y a pas en soi et *a priori* de différence entre une forme réussie et une forme manquée. Il n'y a même pas à proprement parler de formes manquées. Il ne peut rien manquer à un vivant, si l'on veut bien admettre qu'il y a mille et une façons de vivre. De même qu'en guerre et en politique il n'y a pas de victoire définitive, mais une supériorité ou un équilibre relatifs et précaires, de même, dans l'ordre de la vie, il n'y a pas de réussites qui dévalorisent radicalement d'autres essais en les faisant apparaître manqués. Toutes les réussites sont menacées puisque les individus meurent, et même les espèces. Les réussites sont des échecs retardés, les échecs des réussites avortées. C'est l'avenir des formes qui décide de leur valeur[2]. Toutes les formes vivantes sont, pour reprendre une expression de Louis Roule dans son gros ouvrage sur *Les Poissons*, « des monstres normalisés ». Ou encore, comme le dit Gabriel Tarde dans *L'opposition universelle*, « le normal c'est le zéro de monstruosité », zéro étant pris au sens de limite d'évanouissement. Les termes du rapport classique de référence sont inversés.

1. *Cf.* les travaux d'Étienne Wolff.

2. « Un germe vit; mais il en est qui ne sauraient se développer. Ceux-ci essaient de vivre, forment des monstres et les monstres meurent. En vérité, nous ne les connaissons qu'à cette *propriété remarquable* de ne pouvoir durer. *Anormaux* sont les êtres qui ont un peu moins d'avenir que les *normaux* », P. Valéry, dans la Préface écrite pour la deuxième traduction en anglais de *La Soirée avec Monsieur Teste*.

| C'est dans le même esprit qu'il faut comprendre le rapport **161** établi par certains biologistes d'aujourd'hui entre l'apparition de mutations et le mécanisme de la genèse des espèces. La génétique qui a d'abord servi à réfuter le darwinisme est assez volontiers utilisée aujourd'hui à le confirmer en le renouvelant. Selon Georges Teissier[1] il n'est pas d'espèce qui même à l'état sauvage ne comporte à côté des individus « normaux » quelques originaux ou excentriques, porteurs de quelques gènes mutants. Pour une espèce donnée, il faut admettre une certaine fluctuation des gènes, dont dépend la plasticité de l'adaptation, donc le pouvoir évolutif. Sans pouvoir décider s'il existe, comme on a cru pouvoir les identifier chez quelques végétaux, des gènes de mutabilité dont la présence multiplierait la latitude de mutation des autres gènes, on doit constater que les différents génotypes, les lignées d'une espèce donnée présentent par rapport aux circonstances ambiantes éventuelles des « valeurs » différentes. La sélection, c'est-à-dire le criblage par le milieu, est tantôt conservatrice dans des circonstances stables, tantôt novatrice dans des circonstances critiques. À certains moments « les essais les plus hasardeux sont possibles et licites ». Eu égard à la nouveauté, à l'inédit des circonstances et par suite des tâches auxquelles elles le contraignent, un animal peut hériter de dispositifs propres à soutenir des fonctions désormais indispensables, aussi bien que d'organes devenus sans valeur. « L'animal et la plante méritent tout aussi justement d'être admirés que critiqués ». Mais ils vivent et se reproduisent et c'est cela seul qui importe. On comprend ainsi comment bien des espèces se sont éteintes et comment d'autres « qui étaient possibles ne se sont jamais réalisées ».

On peut donc conclure ici que le terme de « normal » n'a aucun sens proprement absolu ou essentiel. Nous avons

---

1. *La Pensée*, 1945, n°2 et 3 : *Le Mécanisme de l'évolution*.

proposé, dans un travail antérieur[1] que ni le vivant, ni le milieu ne peuvent être dits normaux si on les considère séparément, mais seulement dans leur relation. C'est ainsi seulement qu'on peut conserver un fil conducteur sans la possession duquel on devra tenir nécessairement pour anormal – c'est-à-dire, croit-on, pathologique – tout individu anomal (porteur d'anomalies), c'est-à-dire aberrant par rapport à un type spécifique statistiquement défini. Dans la mesure où le vivant anomal se révélera ultérieurement un mutant d'abord toléré, puis envahissant, 162 l'exception deviendra la règle au sens | statistique du mot. Mais au moment où l'invention biologique fait figure d'exception par rapport à la norme statistique du jour, il faut bien qu'elle soit en un autre sens normale, bien que méconnue comme telle, sans quoi on aboutirait à ce contresens biologique que le pathologique pourrait engendrer le normal par reproduction.

Par l'interférence des fluctuations géniques et des oscillations de la quantité et de la qualité des conditions d'existence ou de leur distribution géographique, nous pouvons saisir que le normal signifie tantôt le caractère moyen dont l'écart est d'autant plus rare qu'il est plus sensible et tantôt le caractère dont la reproduction, c'est-à-dire à la fois le maintien et la multiplication, révélera l'importance et la valeur vitales. À ce deuxième sens, le normal doit être dit instituteur de la norme ou normatif, il est prototypique et non plus simplement archétypique. Et c'est ce deuxième sens qui doit normalement sous-tendre le premier.

Mais nous ne perdons pas de vue que ce qui intéresse le médecin, c'est l'homme. On sait que, chez l'homme, le problème de l'anomalie, de la monstruosité et de la mutation se pose dans les mêmes termes que chez l'animal. Il suffit de rappeler l'albinisme, la syndactylie, l'hémophilie, le daltonisme, comme cas les moins rares. On sait aussi que la plupart

1. *Essai sur quelques problèmes concernant le normal et le pathologique*, Thèse de médecine, Strasbourg, 1943.

de ces anomalies sont tenues justement pour des infériorités et l'on pourrait s'étonner de ne les voir pas éliminées par la sélection si l'on ne savait que d'une part des mutations les renouvellent incessamment, que d'autre part et surtout le milieu humain les abrite toujours de quelque façon et compense par ses artifices le déficit manifeste qu'elles représentent par rapport aux formes « normales » correspondantes. N'oublions pas, en effet, que dans les conditions humaines de la vie des normes sociales d'usage sont substituées aux normes biologiques d'exercice. Déjà à considérer la domestication comme un milieu biologique, selon l'expression d'Ed. Dechambre, on peut comprendre que la vie des animaux domestiques tolère des anomalies que l'état sauvage éliminerait impitoyablement. La plupart des espèces domestiques sont remarquablement instables ; que l'on songe seulement au chien. C'est ce qui a porté certains auteurs à se demander si cette instabilité ne serait pas, du côté des espèces animales intéressées, le signe d'une causalité de la domestication, par exemple d'une moindre résistance cachée, qui expliquerait, au moins autant que la finalité des visées pragmatiques de l'homme, la réussite élective de la domestication sur ces espèces à l'exclusion des autres. S'il est donc vrai qu'une anomalie, | variation individuelle sur un **163** thème spécifique, ne devient pathologique que dans son rapport avec un milieu de vie et un genre de vie, le problème du pathologique chez l'homme ne peut pas rester strictement biologique, puisque l'activité humaine, le travail et la culture ont pour effet immédiat d'altérer constamment le milieu de vie des hommes. L'histoire propre à l'homme vient modifier les problèmes. En un sens, il n'y a pas de sélection dans l'espèce humaine dans la mesure où l'homme peut créer de nouveaux milieux au lieu de supporter passivement les changements de l'ancien ; et, en un autre sens, la sélection chez l'homme a atteint sa perfection limite, dans la mesure où l'homme est ce vivant capable d'existence, de résistance, d'activité technique et culturelle dans tous les milieux.

Nous ne pensons pas que le problème change de forme quand on passe de l'anomalie morphologique à la maladie fonctionnelle, par exemple du daltonisme à l'asthme, car il est possible de trouver tous les intermédiaires entre l'une et l'autre, en particulier ceux des maladies constitutionnelles ou essentielles (l'hypertension par exemple) dont il n'est pas possible de nier *a priori* qu'elles puissent être en rapport avec certaines « microanomalies » à découvrir, dont on peut attendre qu'elles révèlent un jour une médiation entre la tératologie et la pathologie. Or, de même qu'une anomalie morphologique, simple différence de fait, peut devenir pathologique, c'est-à-dire affectée d'une valeur vitale négative, quand ses effets sont appréciés par rapport à un milieu défini où certains devoirs du vivant deviennent inéluctables, de même l'écart d'une constante physiologique (pulsations cardiaques, tension artérielle, métabolisme de base, rythme nycthéméral de la température, etc.) ne constitue pas en soi-même un fait pathologique. Mais il devient tel à un moment qu'il est bien difficile de déterminer objectivement et d'avance. C'est la raison pour laquelle des auteurs aussi différents que Laugier, Sigerist et Goldstein[1] pensent qu'on ne peut déterminer le normal par simple référence à une moyenne statistique mais par référence de l'individu à lui-même dans des situations identiques successives ou dans des situations variées. Sur ce point, aucun auteur ne nous semble aussi instructif que Goldstein. Une norme, nous dit-il, doit nous servir à comprendre des cas individuels concrets. Elle vaut donc moins par son contenu descriptif, par le 164 résumé des phénomènes, | des symptômes sur lesquels se fonde le diagnostic, que par la révélation d'un comportement total de l'organisme, modifié dans le sens du désordre, dans le sens de l'apparition de réactions catastrophiques. Une altération dans

---

1. Laugier, « L'Homme normal », dans l'*Encyclopédie française*, tome IV, 1937. Sigerist, *Introduction à la médecine*, chap. IV, 1932. Goldstein, *La Structure de l'organisme*, chap. VIII, 1934.

le contenu symptomatique n'apparaît maladie qu'au moment où l'existence de l'être, jusqu'alors en relation d'équilibre avec son milieu, devient dangereusement troublée. Ce qui était adéquat pour l'organisme normal, dans ses rapports avec l'environnement, devient pour l'organisme modifié inadéquat ou périlleux. C'est la totalité de l'organisme qui réagit « catastrophiquement » au milieu, étant désormais incapable de réaliser les possibilités d'activité qui lui reviennent essentiellement. « L'adaptation à un milieu personnel est une des présuppositions fondamentales de la santé ».

Une telle conception peut sembler un paradoxe puisqu'elle tend à attirer l'attention du médecin sur des faits subjectivement éprouvés par le malade ou sur des événements tels que trouble, inadéquation, catastrophe, danger, plutôt susceptibles d'appréciation que de mesure ou d'exhibition objective. Or, selon Leriche, qui définit la santé comme « la vie dans le silence des organes », il ne suffit pas de définir la maladie comme ce qui gêne les hommes dans leurs occupations, et sans doute on pourrait penser d'abord tirer de sa formule « pour définir la maladie il faut la déshumaniser » une réfutation des thèses de Goldstein. Ce n'est point si simple. Le même écrit aussi : « Sous les mêmes dehors anatomiques on est malade ou on ne l'est pas... La lésion ne suffit pas à faire la maladie clinique, la maladie du malade ». C'est affirmer le primat du physiologique sur l'anatomique. Mais cette physiologie n'est pas celle qui prend pour objet le lapin, ou le chien, c'est la physiologie de l'homme total, qui fait par exemple sa douleur dans « le conflit d'un excitant et de l'individu entier », physiologie qui nous conduit nécessairement à la prise en considération du comportement de l'homme dans le monde[1].

1. R. Leriche, « De la santé à la maladie »; « La Douleur dans les maladies »; « Où va la médecine ? » dans *Encyclopédie française*, VI, 1936; *La Chirurgie de la douleur*, 1937; *La Chirurgie à l'ordre de la vie*, 1944.

Si nous avions à chercher une médiation entre les thèses de Goldstein et celles de Leriche, nous aimerions la trouver dans les conclusions des travaux de Selyé[1]. Cet auteur a observé que des ratés ou des dérégulations du comportement, par exemple 165 les émotions | ou la fatigue, engendrant de façon réitérée des états de tension organique, provoquent dans le cortex de la surrénale une modification structurale analogue à celle que détermine toute introduction dans le milieu intérieur soit de substances hormonales pures mais à dose massive ou bien impures, soit de substances toxiques. Tout état organique de stress, de tension désordonnée, provoque la réaction surrénalienne. S'il est normal, étant donné le rôle de la corticostérone dans l'organisme, que toute situation de détresse détermine une réaction surrénalienne, il est concevable que tout comportement catastrophique prolongé puisse finir en maladie fonctionnelle d'abord (hypertension par exemple), en lésion morphologique ensuite (ulcère de l'estomac, par exemple). Du point de vue de Goldstein on verra la maladie dans le comportement catastrophique, du point de vue de Leriche on la verra dans la production de l'anomalie histologique par le désordre physiologique. Ces deux points de vue ne sont nullement exclusifs, au contraire. Il ne servirait à rien d'invoquer ici une causalité réciproque. Nous ne savons rien de clair concernant l'influence du psychique sur le fonctionnel et le morphologique, et inversement. Nous constatons simultanément deux sortes de perturbations.

Toujours est-il qu'en individualisant la norme et le normal nous semblons abolir les frontières entre le normal et le pathologique. Et par là nous semblons renforcer la vitalité d'un lieu commun d'autant plus fréquemment invoqué qu'il présente

---

* Sur le primat de la dysfonction en pathologie, *cf.* aussi P. Abrami, « Les Troubles fonctionnels en pathologie » (Leçon d'ouverture du Cours de Pathologie médicale, dans *Presse Médicale*, 23 décembre 1936).

1. *Stress*, Montréal, Acta Medical Publishers, 1950.

l'avantage inappréciable de supprimer en fait le problème, sous couleur de lui donner une solution. Si ce qui est normal ici peut être pathologique là, il est tentant de conclure qu'il n'y a pas de frontière entre le normal et le pathologique. D'accord, si l'on veut dire que d'un individu à l'autre la relativité du normal est la règle. Mais cela ne veut pas dire que pour un individu donné la distinction n'est pas absolue. Quand un individu commence à se sentir malade, à se dire malade, à se comporter en malade, il est passé dans un autre univers, il est devenu un autre homme. La relativité du normal ne doit aucunement être pour le médecin un encouragement à annuler dans la confusion la distinction du normal et du pathologique. Cette confusion se pare souvent du prestige d'une thèse, essentielle dans la pensée de Cl. Bernard, selon laquelle l'état pathologique est homogène à l'état normal dont il ne constitue qu'une variation quantitative en plus ou en moins. Cette thèse positiviste, dont les racines remontent par-delà le XVIIIe siècle et le médecin écossais Brown jusqu'à Glisson et aux premières | esquisses de **166** la théorie de l'irritabilité, a été vulgarisée avant Cl. Bernard par Broussais et Auguste Comte. En fait, si l'on examine le fait pathologique dans le détail des symptômes et dans le détail des mécanismes anatomo-physiologiques, il existe de nombreux cas où le normal et le pathologique apparaissent comme de simples variations quantitatives d'un phénomène homogène sous l'une et l'autre forme (la glycémie dans le diabète, par exemple). Mais précisément cette pathologie atomistique, si elle est pédagogiquement inévitable, reste théoriquement et pratiquement contestable[1]. Considéré dans son tout, un organisme est « autre » dans la maladie et non pas le même aux dimensions près (le diabète doit être tenu pour une maladie

---

1*. Sur la discussion de cette thèse, comme aussi sur la discussion de nos critiques, *cf.* F. Dagognet, *La Raison et les remèdes*, Paris, P.U.F., 1964, et Michel Foucault, *Naissance de la clinique*, Paris, P.U.F., 1963, notamment p. 35 *sq.*

de la nutrition où le métabolisme des glucides dépend de facteurs multiples coordonnés par l'action en fait indivisible du système endocrinien; et d'une façon générale les maladies de la nutrition sont des maladies de fonctions en rapport avec des vices du régime alimentaire). C'est ce que reconnaît en un sens Leriche :

> La maladie humaine est toujours un ensemble... Ce qui la produit touche en nous, de si subtile façon, les ressorts ordinaires de la vie que leurs réponses sont moins d'une physiologie déviée que d'une physiologie nouvelle.

Il paraît possible de répondre maintenant avec quelque chance de clarté aux questions posées en tête de ces considérations. Nous ne pouvons pas dire que le concept de « pathologique » soit le contradictoire logique du concept de « normal », car la vie à l'état pathologique n'est pas absence de normes mais présence d'autres normes. En toute rigueur, « pathologique » est le contraire vital de « sain » et non le contradictoire logique de normal[1]. Dans le mot français « a-normal », le préfixe *a* est pris usuellement dans un sens de privation alors qu'il devrait l'être dans un sens de distorsion. Il suffit pour s'en convaincre de rapprocher le terme français des termes latin : *abnormis*, *abnormitas*; des termes allemands : *abnorm*, *Abnormität*; des termes anglais : *abnormal*, *abnormity*. La maladie, l'état pathologique, ne sont pas perte d'une norme mais allure de la vie réglée par des normes vitalement inférieures ou dépréciées du fait | qu'elles interdisent au vivant la participation active et aisée, génératrice de confiance et d'assurance, à un genre de vie qui était antérieurement le

167

---

1. « Il est conforme à nos habitudes d'esprit de considérer comme anormal ce qui est relativement rare et exceptionnel, la maladie par exemple. Mais la maladie est aussi normale que la santé, laquelle, envisagée d'un certain point de vue, apparaît comme un effort constant pour prévenir la maladie ou l'écarter », H. Bergson, *Les Deux Sources de la Morale et de la Religion*, p. 26.

sien et qui reste permis à d'autres. On pourrait objecter, et du reste on l'a fait, qu'en parlant d'infériorité et de dépréciation nous faisons intervenir des notions purement subjectives. Et pourtant il ne s'agit pas ici de subjectivité individuelle, mais universelle. Car s'il existe un signe objectif de cette universelle réaction subjective d'écartement, c'est-à-dire de dépréciation vitale de la maladie, c'est précisément l'existence, coextensive de l'humanité dans l'espace et dans le temps, d'une médecine comme technique plus ou moins savante de la guérison des maladies.

Comme le dit Goldstein, les normes de vie pathologique sont celles qui obligent désormais l'organisme à vivre dans un milieu « rétréci », différant qualitativement, dans sa structure, du milieu antérieur de vie, et dans ce milieu rétréci exclusivement, par l'impossibilité où l'organisme se trouve d'affronter les exigences de nouveaux milieux, sous forme de réactions ou d'entreprises dictées par des situations nouvelles. Or, vivre, pour l'animal déjà, et à plus forte raison pour l'homme, ce n'est pas seulement végéter et se conserver, c'est affronter des risques et en triompher. La santé est précisément, et principalement chez l'homme, une certaine latitude, un certain jeu des normes de la vie et du comportement. Ce qui la caractérise c'est la capacité de tolérer des variations des normes auxquelles seule la stabilité, apparemment garantie et en fait toujours nécessairement précaire, des situations et du milieu confère une valeur trompeuse de normal définitif. L'homme n'est vraiment sain que lorsqu'il est capable de plusieurs normes, lorsqu'il est plus que normal. La mesure de la santé c'est une certaine capacité de surmonter des crises organiques pour instaurer un nouvel ordre physiologique, différent de l'ancien. Sans intention de plaisanterie, la santé c'est le luxe de pouvoir tomber malade et de s'en relever. Toute maladie est au contraire la réduction du pouvoir d'en surmonter d'autres. Le succès économique des assurances sur la vie repose au fond sur le fait que la santé est biologiquement assurance dans la vie, habituellement en deçà de ses possibilités, mais éventuellement supérieure à ses capacités « normales » [1].

168   Nous ne pensons pas que ces vues sur le problème | de la physio-pathologie soient démenties par leur confrontation au problème de la psychopathologie, au contraire, car c'est un fait que les psychiatres ont mieux réfléchi que les médecins au problème du normal. Parmi eux beaucoup ont reconnu que le malade mental est un « autre » homme et non pas seulement un homme dont le trouble prolonge en le grossissant le psychisme normal [2]. En ce domaine, l'anormal est vraiment en possession d'autres normes. Mais la plupart du temps, en parlant de conduites ou de représentations anormales, le psychologue ou le psychiatre ont en vue, sous le nom de normal, une certaine forme d'adaptation au réel ou à la vie qui n'a pourtant rien d'un absolu, sauf pour qui n'a jamais soupçonné la relativité des valeurs techniques, économiques, ou culturelles, qui adhère sans réserve à la valeur de ces valeurs et qui, finalement, oubliant les modalités de son propre conditionnement par son entourage et l'histoire de cet entourage, et pensant de trop bonne foi que la norme des normes s'incarne en lui, se révèle, pour toute pensée quelque peu critique, victime d'une illusion fort proche de celle qu'il dénonce dans la folie. Et de même qu'en biologie, il arrive qu'on perde le fil conducteur qui permet devant une singularité somatique ou fonctionnelle de distinguer entre l'anomalie progressive et la maladie régressive, de même il arrive souvent en psychologie qu'on perde le fil conducteur qui permet, en présence d'une inadaptation à un milieu de culture donné, de distinguer entre la folie et la génialité. Or, comme il nous a semblé reconnaître dans la santé

1*. Sur la marge de sécurité dans la structure et les fonctions du corps, *cf.* W. B. Cannon, « La Sagesse du corps », dans *Nouvelle Revue Critique*, Paris, 1946.

2. Nous pensons ici à E. Minkowski, Lacan, Lagache.

un pouvoir normatif de mettre en question des normes physiologiques usuelles par la recherche du débat entre le vivant et le milieu – recherche qui implique l'acceptation normale du risque de maladie –, de même il nous semble que la norme en matière de psychisme humain c'est la revendication et l'usage de la liberté comme pouvoir de revision et d'institution des normes, revendication qui implique normalement le risque de folie[1]. Qui voudrait soutenir, en matière de psychisme humain, que l'anormal n'y obéit pas à des normes ? Il n'est anormal peut-être que parce qu'il leur obéit trop. Thomas Mann écrit : « Il n'est pas si facile de décider quand commence la folie et la maladie. L'homme de la rue est le dernier à pouvoir décider de cela »[2]. Trop souvent, faute de réflexion personnelle | à ces **169** questions qui donnent son sens à leur précieuse activité, les médecins ne sont guère mieux armés que l'homme de la rue. Combien plus perspicace nous paraît Thomas Mann, lorsque par une rencontre sans doute voulue avec Nietzsche, le héros de son livre, il prononce :

> Il faut toujours qu'il y en ait un qui ait été malade et même fou pour que les autres n'aient pas besoin de l'être... Sans ce qui est maladif, la vie n'a jamais pu être complète... Seul le morbide peut sortir du morbide ? Quoi de plus sot ! La vie n'est pas si mesquine et n'a cure de morale. Elle s'empare de l'audacieux produit de la maladie, l'absorbe, le digère et du fait qu'elle se l'incorpore, il devient sain. Sous l'action de la vie... toute distinction s'abolit entre la maladie et la santé.

1*. Selon le Dr Henry Ey : « La santé mentale contient la maladie, aux deux sens du mot *contenir* », cité dans *Esprit*, 1952, n°12, p. 789.

2. *Doktor Faustus*, Stockholm, 1947. Dans la traduction française de L. Servicen, Paris, Albin Michel, 1950, les passages concernant les rapports de la vie et de la maladie se trouvent aux pages 303, 304, 312.

En conclusion, nous pensons que la biologie humaine et la médecine sont des pièces nécessaires d'une « anthropologie », qu'elles n'ont jamais cessé de l'être, mais nous pensons aussi qu'il n'y a pas d'anthropologie qui ne suppose une morale, en sorte que toujours le concept du « normal », dans l'ordre humain, reste un concept normatif et de portée proprement philosophique.

LA MONSTRUOSITÉ ET LE MONSTRUEUX

L'existence des monstres met en question la vie quant au pouvoir qu'elle a de nous enseigner l'ordre. Cette mise en question est immédiate, si longue qu'ait été notre confiance antérieure, si solide qu'ait été notre habitude de voir les églantines fleurir sur l'églantier, les têtards se changer en grenouilles, les juments allaiter les poulains, et d'une façon générale, de voir le même engendrer le même. Il suffit d'une déception de cette confiance, d'un écart morphologique, d'une apparence d'équivocité spécifique, pour qu'une crainte radicale s'empare de nous. Soit pour la crainte, dira-t-on. Mais pourquoi radicale? Parce que nous sommes des vivants, effets réels des lois de la vie, causes éventuelles de vie à notre tour. Un échec de la vie nous concerne deux fois, car un échec aurait pu nous atteindre et un échec pourrait venir par nous. C'est seulement parce que, hommes, nous sommes des vivants qu'un raté morphologique est à nos yeux vivants, un monstre. Supposons-nous pure raison, pure machine intellectuelle à constater, à calculer et à rendre des comptes, donc inertes et indifférents à nos occasions de penser: le monstre ce serait seulement l'autre que le même, un ordre autre que l'ordre le plus probable.

Il faut réserver aux seuls êtres organiques la qualification de monstres. Il n'y a pas de monstre minéral. Il n'y a pas de monstre mécanique. Ce qui n'a pas de règle de cohésion interne, ce dont la forme et les dimensions ne présentent pas d'écarts oscillant de part et d'autre d'un module qu'on peut traduire par mesure, moule ou modèle – cela ne peut être dit monstrueux. On dira d'un rocher qu'il est énorme, mais non d'une montagne qu'elle est monstrueuse, sauf dans un univers du discours fabuleux | où il arrive qu'elle accouche d'une souris. Il y aurait un éclaircissement à tenter sur les rapports de l'énorme et du monstrueux. L'un et l'autre sont bien ce qui est hors de la norme. La norme à laquelle échappe l'énorme veut n'être que métrique. En ce cas pourquoi l'énorme n'est-il accusé que du côté de l'agrandissement ? Sans doute parce qu'à un certain degré de croissance la quantité met en question la qualité. L'énormité tend vers la monstruosité. Ambiguïté du gigantisme : un géant est-il énorme ou monstre ? Le géant mythologique est prodige, c'est-à-dire que sa grandeur « annihile la fin qui en constitue le concept »[1]. Si l'homme se définit par une certaine limitation des forces, des fonctions, l'homme qui échappe par sa grandeur aux limitations de l'homme n'est plus un homme. Dire qu'il ne l'est plus c'est d'ailleurs dire qu'il l'est encore. Au contraire, la petitesse semble enfermer la qualité de la chose dans l'intimité, dans le secret. La qualité est d'autant mieux préservée qu'elle est moins exposée.

Nous devons donc comprendre dans la définition du monstre sa nature de vivant. Le monstre c'est le vivant de valeur négative. On peut ici emprunter à M. Eugène Dupréel quelques uns des concepts fondamentaux de sa théorie des valeurs, si originale et si profonde. Ce qui fait la valeur des êtres vivants,

---

1. Kant, *Critique du jugement*, § 26.

ou plus exactement ce qui fait des vivants des êtres valorisés par rapport au mode d'être de leur milieu physique, c'est leur consistance spécifique, tranchant sur les vicissitudes de l'environnement matériel, consistance qui s'exprime par la résistance à la déformation, par la lutte pour l'intégrité de la forme : régénération des mutilations chez certaines espèces, reproduction chez toutes. Or le monstre n'est pas seulement un vivant de valeur diminuée, c'est un vivant dont la valeur est de repoussoir. En révélant précaire la stabilité à laquelle la vie nous avait habitués – oui, seulement habitués, mais nous lui avions fait une loi de son habitude – le monstre confère à la répétition spécifique, à la régularité morphologique, à la réussite de la structuration, une valeur d'autant plus éminente qu'on en saisit maintenant la contingence. C'est la monstruosité et non pas la mort qui est la contre-valeur vitale. La mort c'est la menace permanente et inconditionnelle de décomposition de l'organisme, c'est la limitation par l'extérieur, la négation du vivant par le non-vivant. Mais la monstruosité c'est la menace accidentelle et conditionnelle d'inachèvement ou | de **173** distorsion dans la formation de la forme, c'est la limitation par l'intérieur, la négation du vivant par le non-viable.

C'est assurément le sentiment confus de l'importance du monstre pour une appréciation correcte et complète des valeurs de la vie qui fonde l'attitude ambivalente de la conscience humaine à son égard. Crainte, avons-nous dit, et même terreur panique, d'une part. Mais aussi, d'autre part, curiosité, et jusqu'à la fascination. Le monstrueux est du merveilleux à rebours, mais c'est du merveilleux malgré tout. D'une part, il inquiète : la vie est moins sûre d'elle-même qu'on n'avait pu le penser. D'autre part, il valorise : puisque la vie est capable d'échecs, toutes ses réussites sont des échecs évités. Que les réussites ne soient pas nécessaires, cela les déprécie en bloc, mais les rehausse chacune en particulier. Quand on aborde la philosophie des valeurs par le biais des valeurs négatives, il n'y a pas de difficulté à dire avec Gaston Bachelard que le vrai est la limite des illusions perdues et, dans notre problème, il n'y en a pas davantage à dire, avec Gabriel Tarde, que le type normal c'est le zéro de monstruosité[1].

Mais dès que la conscience a été induite à soupçonner la vie d'excentricité, à dissocier les concepts de reproduction et de répétition, qui lui interdirait de supposer la vie encore plus vivante, c'est-à-dire capable de plus grandes libertés d'exercice, de la supposer capable non seulement d'exceptions provoquées, mais de transgressions spontanées à ses propres habitudes? En présence d'un oiseau à trois pattes, faut-il être plus sensible à ceci que c'est une de trop ou à cela que ce n'est guère qu'une de plus? Juger la vie timide ou économe c'est sentir en soi du mouvement pour aller plus loin qu'elle. Et d'où peut venir ce mouvement qui entraîne l'esprit des hommes à juxtaposer aux produits monstrueux de la vie, comme autant de projets susceptibles de la tenter, des grylles aux têtes multiples, des hommes parfaits, des emblèmes tératomorphes? Vient-il de ceci que la vie serait inscrite, au sens géométrique du terme, dans la courbe d'un élan poétique dont l'imaginaire se fait la conscience en le révélant infini? Ou bien, serait-ce que les incartades de la vie inciteraient à l'imitation la fantaisie humaine, qui rendrait enfin à la vie ce qui lui fut prêté? Mais il y a ici une telle distance entre le prêt et la restitution, qu'il peut paraître déraisonnable d'accepter une explication si vertueusement rationaliste. La vie est pauvre en monstres. Le fantastique est un monde.

174 |C'est ici que surgit la question épineuse des rapports entre la monstruosité et le monstrueux. Ils sont une dualité de concepts de même souche étymologique. Ils sont au service de deux formes du jugement normatif, médicale et juridique, initialement confondues plutôt que composées dans la pensée religieuse, progressivement abstraites et laïcisées.

---

1. *L'Opposition universelle*, Paris, 1897, p. 25.

Il n'est pas douteux que l'Antiquité classique et le Moyen Âge n'aient considéré la monstruosité comme effet du monstrueux. Le terme même d'hybride, en apparence si positif et descriptif, en fait foi dans son étymologie. Les produits animaux interspécifiques sont le résultat de croisements violant la règle d'endogamie, d'unions sans observance de similitude. Or de l'hybridation à la monstruosité le passage est aisé. Le Moyen Âge conserve l'identification du monstrueux au délictueux, mais l'enrichit d'une référence au diabolique. Le monstre est à la fois l'effet d'une infraction à la règle de ségrégation sexuelle spécifique et le signe d'une volonté de perversion du tableau des créatures. La monstruosité est moins la conséquence de la contingence de la vie que de la licence des vivants. Pourquoi, demande Scipion du Pleix, l'Afrique produit-elle plus de monstres que les autres régions? « Parce que toutes sortes d'animaux se trouvant ensemble près des eaux pour boire, s'y accouplent ordinairement sans discrétion d'espèce »[1]. On voit la monstruosité survenir faute de discrétion, terme ambigu plein de sens ici. La monstruosité, conséquence d'un Carnaval des animaux, après boire !

Plus encore que dans le cas des animaux, s'agissant de l'homme, l'apparition de la monstruosité est une signature. La question de l'illicite éclipse celle de l'irrégulier, la responsabilité éclipse la causalité. Si l'Orient divinise les monstres, la Grèce et Rome les sacrifient. De plus, la mère est lapidée à Lacédémone, expulsée à Rome, et réintégrée dans la cité après purification. Une telle différence d'attitude entre l'Égypte et Rome tient d'abord à une théorie différente des possibilités de la nature. Admettre la métempsychose, les métamorphoses, c'est admettre une parenté des espèces, l'homme compris, qui en fonde l'interfécondité. Au contraire, dès qu'on distingue dans la nature des zones d'influence de divinités, ou des pactes

1. *Corps de Philosophie: La Physique ou Science des choses naturelles*, livre VII, chap. 22 : « Des monstres », Genève, 1636, 1 re éd., Paris, 1607.

fondamentaux (Lucrèce), dès qu'on esquisse une classification des espèces fondée sur le mode de génération et qu'on s'attache à observer les conditions et circonstances de la fécondation (Aristote), la nature se définit par des | impossibilités autant que par des possibilités. La monstruosité zoomorphe, si on en admet l'existence, doit être tenue pour la suite d'une tentative délibérée d'infraction à l'ordre des choses qui ne fait qu'un avec leur perfection, la suite d'un abandon à la fascination vertigineuse de l'indéfini, du chaos, de l'anti-cosmos. La liaison, au Moyen Âge, de la tératologie et de la démonologie apparaît donc comme la conséquence du dualisme persistant dans la théologie chrétienne, comme l'a signalé Ernest Martin dans son *Histoire des monstres*[1]. Il existe sur la question une abondante littérature. Nous n'y faisons allusion que dans la mesure où elle nous permet de comprendre que le monstrueux, concept initialement juridique, ait été progressivement constitué en catégorie de l'imagination. Il s'agit en somme d'un déplacement de responsabilité. Les théologiens, juges ou philosophes qui n'ont pas pu admettre la possibilité d'un commerce direct des femmes avec les incubes ou les succubes n'ont pas hésité à admettre que la vision d'une apparition démoniaque puisse avoir pour effet d'altérer le développement d'un embryon humain. La théorie des envies, encore vivace dans le peuple, est exposée par Hippocrate dans le traité *De la Superfétation*. On rapporte de ce prince de la médecine qu'il a appliqué la théorie à disculper une noble Athénienne, en expliquant qu'il suffisait en somme qu'elle eût contemplé un portrait d'Ethiopien. En somme, bien avant que Pascal dénonçât dans l'imagination une maîtresse d'erreurs et de fausseté, elle avait été créditée du pouvoir physique de falsifier les opérations ordinaires de la nature. Ambroise Paré compte le pouvoir de l'imagination parmi les causes de la monstruosité.

1. *Histoire des monstres depuis l'Antiquité jusqu'à nos jours*, Paris, 1880, p. 69.

Malebranche en propose, selon les principes du mécanisme cartésien, une explication strictement physiologique. L'imagination n'est ici qu'une fonction physique d'imitation, selon laquelle les objets perçus par une mère ont un « contrecoup » sur l'enfant en gestation. Or, Malebranche admet, comme Hippocrate, que la perception d'un simulacre entraîne les mêmes effets que la perception de l'objet. Il affirme que les passions, le désir et le dérèglement de l'imagination ont des effets semblables[1]. Sous une forme rationalisée, donc affaiblie, nous retrouvons bien ici le monstrueux à l'origine des monstruosités. L'avantage de cette théorie pour Malebranche, partisan de la préformation et de l'emboîtement des germes, c'est qu'elle disculpe Dieu du grief d'avoir créé à l'origine des germes monstrueux. On voudrait pouvoir objecter qu'une | telle théorie convient peut-être dans le cas de la monstruosité **176** humaine, mais ne saurait être généralisée. Or elle l'a été. Le Dr Eller (1689-1760), directeur de l'Académie royale de Prusse, publie, en 1756, dans les Mémoires de ladite académie, une dissertation qui reconnaît à l'animal le pouvoir de déterminer par l'imagination une monstruosité notable. Eller décrit un chien, par lui-même observé, mis au monde avec une tête qui « ne ressemblait pas mal à celle d'un coq d'Inde ». La mère, quand elle était pleine, avait coutume de se promener dans la basse-cour d'où elle était chassée à coups de bec par un coq d'Inde irascible. En vertu de quoi Eller peut écrire :

> Les femmes ne doivent donc pas se glorifier de posséder seules la prérogative de faire des monstres par la force de leur imagination ; nous sommes convaincus, par la relation précédente, que les bêtes en peuvent faire autant[2].

---

1. *Recherche de la vérité*, livre II, 1 re partie, chap. 7.
2. « Recherches sur la force de l'imagination des femmes enceintes sur le fœtus, à l'occasion d'un chien monstrueux », *Histoire de l'Académie royale des sciences et belles-lettres*, année 1756, Berlin, 1758, p. 12.

On vient de voir l'imagination créditée du pouvoir d'imprimer aux vivants en gestation les traits d'un objet perçu, d'une effigie, d'un simulacre, les contours inconsistants d'un désir, c'est-à-dire au fond d'un rêve. À constater qu'aux XVIIe et XVIIIe siècles, on prête tant à l'imagination – et dans une intention d'explication rationnelle –, comment s'étonnerait-on de la familiarité avec laquelle les hommes d'auparavant ont vécu avec tant de monstres dont ils mêlaient la légende et l'histoire, de leur insouciance à séparer la réalité et la fiction, tout prêts à croire à la fois que les monstres existent parce qu'ils sont imaginés et qu'ils existent puisqu'ils sont imaginés, autrement dit que la fiction pétrit la réalité et que la réalité authentifie la fiction.

La tératologie du Moyen Âge et de la Renaissance est à peine un recensement des monstruosités, elle est plutôt une célébration du monstrueux. Elle est une accumulation de thèmes de légendes et de schèmes de figures dans lesquels les formes animales jouent pour ainsi dire à échanger des organes et à en varier les combinaisons, dans lesquels les outils et les machines mêmes sont traités comme des organes, composés avec des parties de vivants. Les grylles de Jérôme Bosch ne connaissent pas de démarcation entre les organismes et les ustensiles, pas de frontière entre le monstrueux et l'absurde. À notre connaissance des origines et de la signification des 177 thèmes monstrueux, les ouvrages récents de | Baltrusaïtis : *Le Moyen Âge fantastique*[1], *Réveils et prodiges*[2], apportent une contribution décisive. Les monstres sont les motifs invariants des bas-reliefs des cathédrales, des enluminures d'Apocalypses, des Bestiaires et des Cosmographies, des estampes drôlatiques, des Recueils d'Augures et de Pronostications. Les mêmes schèmes de monstres, les mêmes êtres composites sont tantôt symboliques, tantôt documentaires, tantôt didactiques.

1. Paris, Colin, 1955.
2. Paris, Colin, 1960.

Les différents pays d'Europe les répandent, les échangent, les confrontent. Les Pays-Bas et la Suisse, Anvers et Bâle leur sont des patries très florissantes. Les premiers ouvrages de tératologie d'intention étiologique, ceux de chirurgiens ou de médecins comme Paré ou Liceti se distinguent à peine des chroniques prodigieuses de Julius Obsequens (IVe siècle) et de Lycosthenes (1557). Leur iconographie juxtapose la monstruosité et le monstrueux : l'enfant à deux têtes, l'enfant velu et l'enfant à queue de rat cervicale, la femme-pie et la fille aux jambes d'ânesse, le porc à tête humaine et le monstre bovin à sept têtes (comme la bête d'Apocalypse), entre bien d'autres. Mais le moment semble venu où la pensée rationnelle va triompher de la monstruosité, comme l'imagination s'était plu à croire que les héros et les saints pouvaient triompher des monstres.

« Le complément nécessaire d'un monstre c'est un cerveau d'enfant », a dit Paul Valéry, qui juge uniformément ridicule le rôle que les arts font jouer aux monstres peints, chantés ou sculptés et qui confesse ne pouvoir répondre que par le rire à la vue des compositions bizarres et biscornues que nous offrent les collections d'animaux paléontologiques[1]. Ce mot de Valéry pourrait être donné comme l'abrégé de l'attitude rationaliste devant le monstrueux, à l'âge de la tératologie positive. Quand la monstruosité est devenue un concept biologique, quand les monstruosités sont réparties en classes selon des rapports constants, quand on se flatte de les pouvoir provoquer expérimentalement, alors le monstre est naturalisé, l'irrégulier est rendu à la règle, le prodige à la prévision. Il paraît alors aller de soi que l'esprit scientifique trouve monstrueux que l'homme ait pu croire autrefois à tant d'animaux monstrueux. À l'âge des fables, la monstruosité dénonçait le pouvoir monstrueux de l'imagination. À l'âge des

1. « Au sujet d'Adonis », dans *Variété*, Paris, Gallimard, 33e éd., 1927, p. 81.

expériences, le monstrueux est tenu pour symptôme de puérilité ou de maladie mentale, il accuse la débilité ou la défaillance de la | raison. On répète, après Goya : « Le sommeil de la raison enfante des monstres », sans se demander assez, compte tenu précisément de l'œuvre de Goya, si par enfanter on doit entendre engendrer des monstres ou bien en accoucher, autrement dit si le sommeil de la raison ne serait pas libérateur plutôt que générateur des monstres. La même époque historique qui, selon M. Michel Foucault[1], a naturalisé la folie, s'emploie à naturaliser les monstres. Le Moyen Âge, qui n'est pas nommé ainsi pour avoir laissé coexister les extrêmes, est l'âge où l'on voit les fous vivre en société avec les sains et les monstres avec les normaux. Au XIXe siècle, le fou est dans l'asile où il sert à enseigner la raison, et le monstre est dans le bocal de l'embryologiste où il sert à enseigner la norme.

Le XVIIIe siècle n'avait pas été trop dur pour les monstres. Encore que ses lumières en aient chassé beaucoup, en même temps que beaucoup de sorcières – « Si le jour vient, allons-nous-en », disent les sorciers dans un des *Caprices* de Goya –, il avait tenu ce paradoxe de chercher dans les organismes aberrants des biais pour l'intelligence des phénomènes réguliers de l'organisation. Les monstres y avaient été traités comme les substituts des expériences cruciales capables de décider entre les deux systèmes concernant la génération et le développement des plantes et des animaux : la préformation et l'épigénèse. On les avait aussi employés à fournir à la théorie de l'échelle continue des êtres l'argument des formes de transition, ou, comme disait Leibniz, des espèces moyennes. Parce qu'ils paraissent spécifiquement équivoques, les monstres assurent le passage d'une espèce à une autre. Leur existence facilite à l'esprit la conception de la continuité. *Natura non facit saltus, non datur hiatus formarum* : c'est pourquoi il

178

---

1. *Folie et déraison, Histoire de la folie à l'âge classique*, Paris, Plon, 1961.

existe des monstres, mais à titre purement comparatif. De Maillet et Robinet faisaient le nécessaire pour évoquer, sans avoir à les inventer, tous ceux dont ils avaient besoin, et l'on voit tous les poissons-oiseaux, tous les hommes marins, toutes les sirènes resurgir des bestiaires de la Renaissance. Ils ressortent d'ailleurs dans un contexte et selon une intuition qui rappellent l'esprit de la Renaissance. Il s'agit d'une insurrection contre la légalité stricte imposée à la nature par la physique et la philosophie mécanistes, d'une nostalgie de l'indistinction des formes, du panpsychisme, du pansexualisme. Les monstres sont appelés à légitimer une vision intuitive de la vie où l'ordre s'efface derrière | la fécondité. Le *Telliamed, entretiens d'un* **179** *philosophe indien avec un missionnaire français* (1748), c'est la mythologie orientale ressuscitée pour être mise au service de l'antithéologie. Et nous lisons dans les *Considérations philosophiques de la gradation naturelle des formes de l'être ou les Essais de la Nature qui apprend à faire l'homme* (1748) :

> Croyons que les formes les plus bizarres en apparence... servent de passage aux formes voisines ; qu'elles préparent et amènent les combinaisons qui les suivent, comme elles sont amenées par celles qui les précèdent ; qu'elles contribuent à l'ordre des choses, loin de le troubler[1].

Les mêmes thèses et des arguments semblables sont repris dans le *Rêve de d'Alembert* et dans la *Lettre sur les aveugles à l'usage de ceux qui voient.* De plus, Diderot, dans cette même *Lettre*, en qualifiant de monstre l'aveugle-né Saunderson, professeur d'optique physique, dont il expose la leçon à l'occasion de la visite à l'aveugle-né du Puisaux, entend donner une démonstration de sa méthode d'emploi systématique de la monstruosité comme instrument d'analyse et de décomposition en matière de genèse des idées et des idéaux. En résumé, qu'il s'agisse d'embryologie, de systématique ou

1. *Cf.* p. 198.

de physiologie, le xviiie siècle a fait du monstre non seulement un objet mais un instrument de la science.

C'est vraiment au xixe siècle que s'élabore l'explication scientifique de la monstruosité et la réduction corrélative du monstrueux. La tératologie naît à la rencontre de l'anatomie comparée et de l'embryologie réformée par l'adoption de la théorie de l'épigénèse. Jean-Frédéric Meckel le Jeune explique par des arrêts de développement, ainsi que l'avait déjà suggéré K. F. Wolff[1], certaines monstruosités simples, notamment ce qu'on appelait alors les monstruosités par défaut. Étienne Geoffroy Saint-Hilaire substitue la notion de retard à celle d'arrêt. La monstruosité, c'est la fixation du développement d'un organe à un stade dépassé par les autres. C'est la sur- vivance d'une forme embryonnaire transitoire. Pour un orga- nisme d'espèce donnée, la monstruosité d'aujourd'hui c'est l'état normal d'avant-hier. Et dans la série comparative des espèces, il peut se faire que la forme monstrueuse de l'une soit pour quelque autre sa forme normale. Dans son *Histoire des anomalies de l'organisation* (1837), Isidore Geoffroy Saint-Hilaire, fils d'Étienne, achève – et de façon définitive sur certains points – la domestication des monstruosités, en les rangeant parmi les anomalies, en les classant | selon les règles de la méthode naturelle, en leur appliquant une nomenclature méthodique encore en vigueur, mais surtout en naturalisant le monstre composé, celui dans lequel on trouve réunis les éléments, complets ou incomplets, de deux ou de plusieurs organismes. Auparavant, le monstre composé était tenu pour le monstre des monstres, car on le confrontait à la norme d'un seul individu. Mais si on réfère le monstre composé à deux ou plusieurs individus normaux, ce type de monstruosité n'est pas plus monstrueux que celui de la monstruosité simple. Isidore Geoffroy Saint-Hilaire propose sur l'existence des anomalies

180

---

1. *De ortu monstrorum*, 1772.

des réflexions fort pertinentes. Une de ses formules les résume : « Il n'y a pas d'exceptions aux lois de la nature, il y a des exceptions aux lois des naturalistes »[1]. Enfin la mise en rapport des concepts d'anomalie et de variété est pleine d'intérêt, et elle apparaîtra tout à fait importante, vers la fin du siècle, dans le contexte des théories de l'évolution.

Constituée de descriptions, de définitions et de classifications, la tératologie est bien dès lors une science naturelle. Mais dans un siècle qui a à peine deux ans de plus que le terme et le concept de *Biologie*, toute histoire naturelle tend à devenir une science expérimentale. Et la tératogénie, l'étude expérimentale des conditions de production artificielle des monstruosités, est fondée par Camille Dareste (1822-1899) au milieu du siècle. L'artiste du Moyen Âge représentait des monstres imaginaires. Le savant du XIXe siècle prétend fabriquer des monstres réels. À l'instar de Marcelin Berthelot disant que la chimie crée son objet, Dareste proclame que la tératogénie doit créer le sien. Il se flatte d'avoir réussi à produire sur l'embryon de poulet la plupart des monstruosités simples, d'après la classification d'Isidore Geoffroy Saint-Hilaire, et il espère pouvoir parvenir à produire des variétés héréditaires. Encouragé par l'appréciation de Darwin sur ses expériences « pleines de promesses pour l'avenir », Dareste se promet d'employer les ressources de l'expérimentation à l'élucidation de l'origine des espèces[2].

Dès lors la monstruosité paraît avoir livré le secret de ses causes et de ses lois; l'anomalie paraît appelée à procurer l'explication de la formation du normal. Non parce que le normal ne serait qu'une forme atténuée du pathologique, mais parce que le pathologique est du normal empêché ou dévié. Ôtez l'empêchement et vous obtenez la norme. La

---

1. *Op. cit.*, tome I, p. 31.
2. *Recherches sur la production artificielle des monstruosités*, Paris, 1877, p. 44.

181 transparence de la monstruosité | pour la pensée scientifique la coupe désormais de toute relation avec le monstrueux. Systématiquement, le réalisme condamne le monstrueux à n'être dans l'art que le décalque de la monstruosité. Il faut être Japonais pour peindre encore des dragons, à une époque où Gustave Courbet bougonne : « Si vous voulez que je peigne des déesses, montrez-moi-z-en ». S'il subsiste en Europe, le monstrueux devient sage et plat. M. Ingres doit emprunter au *Roland furieux* le thème de Robert délivrant Angélique pour avoir l'occasion de peindre un monstre, obtenant comme résultat d'abord de faire dire aux Goncourt que l'art des Français ne connaît d'autre monstre que celui du récit de Théramène, et plus tard de soulever le rire de Valéry. Parallèlement, l'anthropologie positiviste s'attache à déprécier les mythes religieux et leurs représentations artistiques. En 1878, le Dr Parrot cherche à établir, devant les membres de la Société d'anthropologie, que le dieu nain Phtah, adoré par les Égyptiens, reproduisait les caractéristiques d'un monstre achondroplasique.

On aimerait montrer, dès cette époque, le monstrueux réfugié dans la poésie, et on prendrait plaisir à suivre la traînée de soufre qui part de Baudelaire pour aboutir aux surréalistes en passant par Rimbaud et par Lautréamont. Mais comment résister à la tentation de retrouver le monstrueux installé au cœur même de l'univers scientifique d'où on a prétendu l'expulser, de prendre le biologiste lui-même en flagrant délit de surréalisme ? N'a-t-on pas entendu Dareste revendiquer pour la tératologie la gloire de créer son objet ? N'a-t-on pas vu Isidore Geoffroy Saint-Hilaire et Dareste joindre, le premier avec timidité, le second avec assurance, les deux questions de la monstruosité et de la création des races ? La soumission de l'esprit scientifique à la réalité des lois ne serait-elle qu'une ruse de la Volonté de Puissance ?

En 1826, Étienne Geoffroy Saint-Hilaire avait repris à Auteuil d'anciennes expériences d'incubation artificielle tentées en Égypte, à l'imitation des techniques usitées dans les fameux fours à poulets. Les expériences tendaient à la détermination d'anomalies embryonnaires. Tirant, en 1829, la leçon de ces recherches dans leur rapport avec la question posée par la thèse de Lamarck concernant les modifications des types animaux spécifiques, Étienne Geoffroy Saint-Hilaire écrit : « Je cherchais à entraîner l'organisation dans des voies insolites »[1]. Sans doute, cette décision, pour autant qu'elle conduit à opérer sur des œufs d'oiseaux, | ne relève-t-elle d'aucune motivation inconsciente fabuleuse. En dirions-nous autant de Réaumur lorsque, après avoir longuement raconté ce qu'il nomme les amours d'une poule et d'un lapin, il exprime sa déception du fait qu'une union aussi bizarre ne lui ait pas procuré « des poulets vêtus de poils ou des lapins couverts de plumes »? Que dirons-nous le jour où nous apprendrons qu'on a tenté sur l'homme des expériences de tératogénie ? Du curieux au scabreux et du scabreux au monstrueux, la route est droite sinon courte. Si l'essai de *tous* les possibles, en vue de révéler le réel, est inscrit dans le code de l'expérimentation, il y a risque que la frontière entre l'expérimental et le monstrueux ne soit pas aperçue du premier coup. Car le monstrueux est l'un des possibles. Nous voudrions bien n'avoir à entendre ici que le monstrueux imaginaire, mais nous sommes conscients de son ambiguïté. Entre les biologistes qui se créent leur objet et les fabricants de monstres humains à destination de bouffons, tels que Victor Hugo les a décrits dans *L'Homme qui rit*, nous mesurons toute la distance. Nous devons vouloir qu'elle demeure telle, nous ne pouvons affirmer qu'elle le restera.

L'ignorance des anciens tenait les monstres pour des jeux de la nature, la science des contemporains en fait le jeu des savants. Jouons donc à fabriquer des poulets cyclopes, des

182

---

1. Cité par Dareste, *Recherches, etc.*, p. 35.

grenouilles à cinq pattes, des tritons siamois, en attendant, pensent certains, de pouvoir jouer à fabriquer non des sirènes ou des centaures, mais peut-être un homme des bois. Si l'on n'en connaissait l'auteur, la formule « chercher à entraîner l'organisation dans des voies insolites » pourrait passer pour l'annonce d'un projet diabolique. Dans ce cas nous retrouverions le monstrueux à l'origine de monstruosités, mais authentiques. Ce qu'avait rêvé le Moyen Âge c'est le siècle du positivisme qui l'aurait réalisé en pensant l'abolir.

Nous venons de parler au conditionnel car s'il est vrai que le monstrueux est à l'œuvre, à sa manière, dans la tératologie expérimentale, il n'est pas moins certain qu'il ne dépasse pas dans la qualité de ses effets ce que la vie obtient sans lui. Le tératologiste d'aujourd'hui a moins d'ambition, plus de mesure qu'Étienne Geoffroy Saint-Hilaire et Dareste. Dans une conférence récente[1], M. Étienne Wolff faisait remarquer que le tératologue expérimental borne son intervention à la perturbation d'un processus commencé sans lui et dont il ignore les conditions élémentaires initiales. | Après quoi il laisse faire la matière vivante, il attend et voit venir. Bref, dit M. Wolff, « l'expérimentateur a le sentiment de n'être qu'un accessoiriste ». Sa puissance est étroitement limitée d'abord par le fait que la plasticité des ébauches embryonnaires est de brève durée, ensuite par le fait que les monstruosités ne transgressent pas le plan spécifique. Non seulement le biologiste d'aujourd'hui ne crée rien de réellement neuf, mais encore il comprend pourquoi. Il comprend mieux le mérite des deux Geoffroy Saint-Hilaire d'avoir aperçu qu'il existe des types d'organisation tératologique dominés par des lois de cette organisation. C'est ainsi que tous les cyclopes, du poisson à l'homme, sont organisés similairement. La nature, dit encore

___

1. Collège philosophique, Paris, 24 janvier 1962.

É. Wolff, tire toujours les mêmes ficelles[1]. L'expérimentateur ne peut pas tirer plus de ficelles que la nature.

Nous avons dit : la vie est pauvre en monstre alors que le fantastique est un monde.

On peut comprendre maintenant pourquoi la vie est relativement pauvre en monstres. C'est que les organismes ne sont capables d'excentricités de structure qu'à un court moment du début de leur développement. Mais pourquoi avoir dit du fantastique qu'il est un monde, s'il est vrai qu'un monde, un cosmos, c'est un ordre ? Est-ce parce qu'il y a des types – certains même disent des archétypes – du fantastique ? En fait, nous avons voulu dire que le fantastique est capable de peupler un monde. La puissance de l'imagination est inépuisable, infatigable. Comment ne le serait-elle pas ? L'imagination est une fonction sans organe. Elle n'est pas de ces fonctions qui cessent de fonctionner pour récupérer leur pouvoir fonctionnel. Elle ne s'alimente que de son activité. Comme l'enseigne M. Gaston Bachelard, elle déforme ou réforme incessamment les vieilles images pour en former de nouvelles. On voit ainsi que le monstrueux, en tant qu'imaginaire, est proliférant. Pauvreté d'un côté, prodigalité de l'autre, telle est la première raison de maintenir la dualité de la monstruosité et du monstrueux.

La deuxième raison est au principe de la première. La vie ne transgresse ni ses lois, ni ses plans de structure. Les accidents n'y | sont pas des exceptions, et il n'y a rien de mons- **184** trueux dans les monstruosités. « Il n'y a pas d'exceptions dans la nature », dit le tératologiste, à l'âge positif de la tératologie. Mais cette formule positiviste qui définit un monde comme un

---

1. *La Science des monstres*, Paris, Gallimard, 1948, p. 17. *Cf.* aussi, du même auteur, dans *Les Chemins de la vie*, Paris, Hermann, 1963, les chapitres sur monstruosité et finalité et sur la production expérimentale des monstruosités.

système des lois ignore que sa signification concrète lui est donnée par sa relation à la signification d'une maxime opposée, que la science exclut, mais que l'imagination applique. Cette maxime donne naissance à l'anticosmos, au chaos des exceptions sans lois. Cet antimonde, quand il est vu du côté de ceux qui le hantent après l'avoir créé, y croyant tout exceptionnellement possible – oubliant de leur côté que seules les lois permettent les exceptions – cet antimonde, c'est le monde imaginaire, trouble et vertigineux du monstrueux *.

* Cet article reproduit avec quelques modifications une conférence donnée à Bruxelles, le 9 février 1962, à l'Institut des hautes Études de Belgique. Il a été publié dans *Diogène*, n° 40 (octobre-décembre 1962); nous remercions M. Roger Caillois d'en avoir permis la reproduction.

I. Note sur le passage de la théorie fibrillaire à la théorie cellulaire

Aux XVIe, XVIIe et XVIIIe siècles, les anatomistes reconnaissent généralement dans la fibre l'élément anatomique et fonctionnel du muscle, comme aussi du nerf et du tendon. Si la dissociation au scalpel d'abord, l'examen au microscope ensuite, de ces formations organiques fasciculées ont pu conduire à tenir pour un fait leur constitution fibreuse, c'est dans une image explicative de leurs fonctions qu'il faut rechercher l'origine du terme *fibre*.

Depuis Aristote on expliquait le mouvement animal par l'assimilation des membres articulés aux machines de jet, muscles, tendons et nerfs tirant sur les leviers osseux comme font les câbles dans les catapultes. Les fibres musculaires, tendineuses ou nerveuses correspondaient exactement aux fibres végétales dont les cordes sont composées. Le iatromécanicien Borelli, entre autres, cherchait, pour expliquer la contraction musculaire, une analogie avec la rétraction d'un câble mouillé (*funis madidus*), dans son *De Motu Animalium*[1].

---

1. Rome, 1680-1681.

C'est par l'extension de cette structure à tout l'organisme et à tous organismes animaux ou végétaux que s'est formée la théorie fibrillaire. On en trouve mention dans les écrits de Descartes (*Traité de l'Homme*) et c'est surtout par Haller qu'elle est vulgarisée au XVIIIe siècle.

Indépendamment des observations et de la terminologie de Hooke, la notion de cellule s'est introduite dans la théorie fibrillaire, mais comme celle d'une forme, au sens géométrique, et non d'une formation, au sens morphologique. D'une part, ce qu'on entend par cellule musculaire est une disposition relative de la fibre et non un élément absolu. D'autre part, ce qu'on appellera ensuite *tissu cellulaire* c'est un tissu lâche et spongieux, tissu paradoxal dont la structure est lacunaire et dont la fonction consiste à combler des lacunes entre les muscles, entre les muscles et la peau, entre les organes, et dans les cavités des os. C'est le tissu conjonctif lâche d'aujourd'hui.

Dans le traité *De Motu Musculorum* (1694), Jean Bernoulli écrit que les fibres musculaires sont coupées à angle droit par des | fibres transversales parallèles, formant une texture réticulaire. Les fibres musculaires motrices, au moment de leur dilatation, c'est-à-dire de leur contraction, sont étranglées à intervalles réguliers par ces fibres transversales et ainsi leur intérieur (*cavum*) est séparé par ces sortes de ligatures en espaces internodaux égaux qui forment plusieurs cellules ou vésicules (*quae plures cellulas vel vesiculas efformant*).

Dans ses *Éléments de Physiologie*[1], Haller décrit ainsi le tissu cellulaire :

> Le tissu cellulaire est composé en partie de fibrilles, et en partie d'un nombre infini de petites lames, qui par leur direction différente entrecoupent de petits espaces, forment de petites aires, unissent toutes les parties du corps humain

1. Trad. par Bordenave, Paris, 1769.

et font la fonction d'un lien large et ferme, sans priver les parties de leur mobilité[1].

Dans certains traités de la même époque, les deux notions de cellule intérieure à la fibre et de tissu cellulaire sont liées, par exemple dans le *Traité du Mouvement musculaire* de Lecat[2]. Décrivant la structure, examinée au microscope, d'une préparation de fibre musculaire de rat, l'auteur écrit :

> La fibre me parut semblable à un tuyau de thermomètre, dont la liqueur est bouleversée et divisée alternativement en bulles ou petits cylindres de liqueur et d'air. Ces bulles alternatives lui donnaient encore l'apparence d'une file de grains de chapelet, ou mieux, celle des petits segments ou nœuds des roseaux ; ces segments étaient alternativement opaques et transparents... Une demi-heure après, ces nœuds disparurent, parce qu'apparemment les liqueurs se dissipèrent ou se coagulèrent et le roseau me parut avoir une cavité uniforme, remplie d'une espèce de tissu réticulaire, ou cellulaire ou médullaire, qui dans certains endroits me parut composé de plusieurs cellules ou sacs adossés les uns contre les autres et entrelacés en manière de chaînons[3].

D'où ce raccourci :

> La fibre musculaire est un canal dont les parois sont faites d'une infinité de fils liés entre eux et dont la cavité est divisée en un grand nombre de cellules en losange ou approchantes de cette figure[4].

On voit en résumé comment une interprétation conjecturale de l'aspect strié de la fibre musculaire a conduit peu à

---

1. Chap. I, § 10.
2. Berlin, 1765.
3. *Cf.* p. 74.
4. *Cf.* p. 99.

peu les tenants de la théorie fibrillaire à user d'une terminologie telle que la substitution d'une unité morphologique à une autre, si elle exigeait une véritable conversion intellectuelle, se trouvait facilitée du fait qu'elle trouvait en grande partie préparé son vocabulaire d'exposition : vésicule, cellule. Le terme d'utricule, également employé pour désigner les lacunes du tissu cellulaire, plus spécialement en botanique, semble avoir été créé par Malpighi[1].

187 | II. Note sur les rapports de la théorie cellulaire et de la philosophie de Leibniz

Il est certain qu'à la fin du XVIIIᵉ siècle et dans la première moitié du XIXᵉ siècle le terme de *monade* est fréquemment employé pour désigner l'élément supposé de l'organisme[2].

En France, Lamarck utilise ce terme pour désigner l'organisme tenu alors pour le plus simple et le moins parfait, l'infusoire. Par exemple : « ...l'organisation animale la plus simple... la monade qui pour ainsi dire n'est qu'un *point animé* »[3]. « ... La monade, le plus imparfait des animaux connus... »[4]. Ce sens est encore conservé dans le *Dictionnaire de la Langue française* de Littré : « Genre d'animalcules microscopiques ». On a vu que lorsque Auguste Comte critique la théorie cellulaire et la notion de cellule, c'est sous le nom de « monade organique », dans la XLIᵉ leçon du *Cours*

1*. *Cf.* l'article de M. D. Grmek, « La Notion de fibre vivante chez les médecins de l'école iatrophysique », dans *Clio Medica*, vol. 5, n° 4, décembre 1970.

2*. Johannes Müller, *Manuel de Physiologie*, t. II, trad. Jourdan, Paris, 1845, p. 526 : « Monades dans le sens des physiologistes ».

3. *Discours d'ouverture*, 21 floréal an VIII, 1800.

4. *Philosophie zoologique*, 1809, VIII, les Polypes.

de Philosophie positive [1]. En 1868, Gobineau apparente cellule et monade.

En Allemagne, comme l'a montré Dietrich Mahnke, dans son ouvrage *Unendliche Sphäre und Allmittelpunkt* [2], c'est par Oken, ami et disciple de Schelling à Iéna, que l'image de la monade importe dans les spéculations biologiques sa signification indivisiblement géométrique et mystique. Il s'agit exactement d'un pythagorisme biologique. Les éléments et les principes de tout organisme sont nommés indifféremment, *Urbläschen* (vésicules originaires), *Zellen* (cellules), *Kugeln* (boules), *Sphären* (sphères), *organische Punkte* (points organiques). Ils sont les correspondants biologiques de ce que sont, dans l'ordre cosmique, le point (intensité maxima de la sphère) et la sphère (extension maxima du point). Entre Oken et les premiers fondateurs de la théorie cellulaire, empiriquement établie, Schleiden et Schwann, existent toutes les nuances d'obédience et de dépendance à l'égard de la monadologie biologique, exposée dans le *Lehrbuch der Naturphilosophie* (1809-1811). Si le grand botaniste Nägeli (1817-1891), que son enthousiasme pour Oken détourna de la médecine vers la biologie, devint, sous l'influence du darwinisme, un matérialiste résolu, il n'en garda pas moins toujours une certaine fidélité à ses idées de jeunesse, et la trace s'en trouve dans sa théorie des *micelles*, unités vivantes invisibles constituant le protoplasme; théorie qui figure, en quelque sorte, la puissance seconde de la théorie cellulaire. Plus romantique, plus métaphysicien, l'extraordinaire Carl Gustav Carus, peintre, médecin et naturaliste (1789-1869), s'en est tenu presque à la lettre aux idées d'Oken. La notion de totalité organique domine sa philosophie et sa psychologie; | la forme primitive **188** universelle est la sphère et la sphère biologique fondamentale

1. Éd. Schleicher, t. III, p. 279.
2. Halle, 1937, p. 13-17.

c'est la cellule. Dans son ouvrage *Psyche* (1846), les termes de *Urzellen* et de *organische Monaden* sont strictement équivalents.

Il n'est pas douteux que c'est de Leibniz, par l'intermédiaire de Schelling, de Fichte, de Baader et de Novalis, que les philosophes de la nature tiennent leur conception monadologique de la vie [1].

En France, c'est surtout par Maupertuis que la philosophie de Leibniz a informé et orienté, au XVIIIe siècle, les spéculations relatives à la formation et à la structure des êtres vivants [2].

Dans son *Essai sur la formation des êtres organisés* (1754), Maupertuis expose plus nettement encore que dans la *Vénus physique* (1745) sa théorie de la formation des organismes par l'union de molécules élémentaires, issues de toutes les parties du corps des parents et contenues dans les semences du mâle et de la femelle. Cette union n'est pas un simple phénomène mécanique, pas même un phénomène simplement réductible à l'attraction newtonienne. Maupertuis n'hésite pas à invoquer un instinct inhérent à chaque particule (*Vénus physique*) et même «quelque principe d'intelligence, quelque chose de semblable à ce que nous appelons désir, aversion, mémoire» (*Essai*). En sorte que Paul Hazard, résumant l'évolution des idées de Maupertuis, peut écrire : «Ne nous y trompons pas : ce qui apparaît ici c'est la monade» [3]. On a vu quelle fut l'influence de Maupertuis sur Buffon et spécialement pour l'élaboration de la théorie des molécules organiques [4].

---

1. *Cf.* Mahnke, *op. cit.*, p. 16.

2*. Sur l'influence diffuse, indirecte plutôt que directe, de Leibniz sur Diderot, *cf.* Yvon Belaval, «Note sur Diderot et Leibniz», dans *Revue des Sciences humaines*, oct.-déc. 1963, p. 435-51.

3. *La Pensée européenne au XVIIIe siècle*, Paris, 1946, tome II, p. 43.

4. *Cf.* Jean Rostand, *La Formation de l'être*, Paris, 1930, chap. IX; du même auteur, «Esquisse d'une histoire de l'atomisme en biologie», dans la *Revue d'Histoire des Sciences*, tome II, 1949, n° 3 et tome III, 1950, n° 2.

III. Extraits du *Discours sur l'anatomie du cerveau*
tenu par Sténon en 1665 à Messieurs de l'Assemblée
de chez monsieur Thévenot, à Paris

« … Pour ce qui est de monsieur Descartes, il connaissait trop bien les défauts de l'histoire que nous avons de l'homme, pour entreprendre d'en expliquer la véritable composition. Aussi n'entreprend-il pas de le faire dans son *Traité de l'Homme*, mais de nous expliquer une machine qui fasse toutes les actions dont les hommes sont capables. Quelques-uns de ses amis s'expliquent ici autrement que lui ; on voit pourtant au commencement de son ouvrage qu'il l'entendait de la sorte ; et dans ce sens, on peut dire avec raison, que monsieur Descartes a surpassé les | autres philosophes dans ce traité dont je viens **189** de parler. Personne que lui n'a expliqué mécaniquement toutes les actions de l'homme, et principalement celles du cerveau ; les autres nous décrivent l'homme même ; monsieur Descartes ne nous parle que d'une machine qui pourtant nous fait voir l'insuffisance de ce que les autres nous enseignent, et nous apprend une méthode de chercher les usages des autres parties du corps humain, avec la même évidence qu'il nous démontre les parties de la machine de son homme, ce que personne n'a fait avant lui.

« Il ne faut donc pas condamner monsieur Descartes, si son système du cerveau ne se trouve pas entièrement conforme à l'expérience ; l'excellence de son esprit, qui paraît principalement dans son *Traité de l'Homme*, couvre les erreurs de ses hypothèses. Nous voyons que des anatomistes très habiles, comme Vesale et d'autres, n'en ont pu éviter de pareilles.

« Si on les a pardonnées à ces grands hommes qui ont passé la meilleure partie de leur vie dans les dissections, pourquoi voudriez-vous être moins indulgents à l'égard de monsieur Descartes qui a employé fort heureusement son temps à d'autres spéculations ? Le respect que je crois devoir, avec tout le monde, aux esprits de cet ordre, m'aurait empêché de parler des défauts de ce traité. Je me serais contenté de l'admirer avec quelques-uns, comme la description d'une belle machine, et toute de son invention, s'il n'avait rencontré beaucoup de gens qui le prennent tout autrement, et qui le veulent faire passer pour une relation fidèle de ce qu'il y a de plus caché dans les ressorts du corps humain. Puisque ces gens-là ne se rendent pas aux démonstrations très évidentes de monsieur Silvius, qui a fait voir souvent que la description de monsieur Descartes ne s'accorde pas avec la dissection des corps qu'elle décrit, il faut que, sans rapporter ici tout son système, il leur en marque quelques endroits, où je suis assuré qu'il ne tiendra qu'à eux de voir clair et de reconnaître une grande différence entre la machine que monsieur Descartes s'est imaginée et celle que nous voyons lorsque nous faisons l'anatomie des corps humains... »[1].

1. *Nicolaï Stenonis Opera Philosophica*, Copenhague, éd. Vilhelm Maar, 1910, tome II, p. 7-12.

BIBLIOGRAPHIE

Cette bibliographie n'est pas le dénombrement entier de tous les ouvrages ou articles cités dans les études précédentes : elle en omet certains et en cite d'autres dont il n'a pas été fait expressément mention. Elle vise à réunir les textes fondamentaux et les mises au point concernant des questions essentielles, de façon à constituer une documentation de biologie générale susceptible d'être utilisée aujourd'hui dans une intention philosophique.

AMBARD (L.), « La Biologie », dans *Histoire du Monde*, dirigé par Cavaignac, tome XIII, Ve partie, Paris, de Boccard, 1930.

ARISTOTE, *Traité sur les Parties des Animaux*, livre 1er, Texte, traduction, introduction et commentaires par J.-M. Le Blond, Paris, Aubier, 1944.

ARON (M.) ET GRASSÉ (P.), *Biologie animale*, 5e édition revue et corrigée, Paris, Masson, 1947.

BALTRUSAITIS (J.), *Aberrations*, Paris, Olivier Perrin, 1957.

– *Réveils et prodiges, Le gothique fantastique*, Paris, A. Colin, 1960.

BELLONI (L.), « Schemi e modelli della machina vivente nel seicento », dans *Physis*, vol. V, 1963, fasc. 3, p. 259-298.

BERGSON (H.), *L'Évolution créatrice*, 1907, 40ᵉ édition, Paris, Alcan, 1932.

– « La Philosophie de Claude Bernard », 1913, dans *La Pensée et le Mouvant*, 6ᵉ édition, Paris, Alcan, 1939.

BERNARD (C.), *Introduction à l'Étude de la Médecine expérimentale*, 1865, Genève, Éditions du Cheval Ailé, Bourquin, 1945.

– *Principes de Médecine expérimentale*, publiés par le docteur Delhoume, Paris, P.U.F., 1947.

– *Morceaux choisis*, publiés par Jean Rostand, Paris, Gallimard, 1938.

– *Cahier de notes 1850-1860*, présenté et commenté par M. D. Grmek, Paris, Gallimard, 1965.

BERTALANFFY (L. von), *Les Problèmes de la vie*, trad. fr. par Michel Deutsch, Paris, Gallimard, 1961.

BICHAT (X.), *Recherches physiologiques sur la vie et la mort*, 1800, Paris, A. Delahays, 1855 ; Paris, Vrin, 1982.

BOULLET (J.), « La Galerie des monstres », n° spécial de la revue *Bizarre*, *Les Monstres*, XVII-XVIII, février 1961.

BOUNOURE (L.), *L'Autonomie de l'être vivant*, 1928, Paris, P.U.F., 1928.

BRUN (J.), *La Main et l'esprit*, Paris, P.U.F., 1963.

BUFFON (G.), *Histoire naturelle*, 1749, volumes I à III ; *Vues générales sur la génération et sur l'homme*, *Œuvres complètes*, Bruxelles, Lejeune, 1828-1833.

BUYTENDIJK, *Psychologie des animaux*, Paris, Payot, 1928.

CAHN (TH.), *La Vie et l'œuvre d'Étienne Geoffroy Saint-Hilaire*, Paris, P.U.F., 1962.

– « Modèles électroniques et fonctionnement de l'organisme », dans *Revue Philosophique*, 1962, p. 187-195.

CAILLOIS (R.), *Au Cœur du fantastique*, Paris, Gallimard, 1965.

CANGUILHEM (G.), *Essai sur quelques problèmes concernant le normal et le pathologique*, 1943, 2ᵉ édition, Paris, Les Belles Lettres, 1950.

– « Note sur la situation faite en France à la philosophie biologique », dans *Revue de Métaphysique et de Morale*, 1947, n° 3-4.

– *La Formation du concept de réflexe aux XVIIe et XVIIIe siècles*, Paris, P.U.F., 1955, 2e éd. Paris, Vrin, 1977.

– « L'Homme et l'animal du point de vue psychologique selon Charles Darwin », *Revue d'histoire des Sciences*, tome XIII, n° 1, janvier-mars 1960.

– « The Role of analogies and models in biological discovery », in *Scientific Change*, ed. by A. C. Crombie, London, Heinemann, 1963.

– « La Constitution de la physiologie comme science », dans *Physiologie*, par Ch. Kayser, tome I, Paris, Flammarion, 1963.

CAULLERY (M.), « Histoire des sciences biologiques », dans G. Hanotaux, *Histoire de la Nation française*, tome XV, Paris, Plon, 1925.

– *Le Problème de l'évolution*, Paris, Payot, 1931.

– *Les Étapes de la biologie*, Collection « Que sais-je ? », Paris, P.U.F., 1940.

– *Biologie des jumeaux*, 1945, Paris, P.U.F.

COLLIN (R.), *Panorama de la biologie*, Paris, Éditions de la Revue des Jeunes, 1945.

COMTE (A.), *Cours de Philosophie positive*, leçons XL à XLV, Paris, Schleicher, 1907.

CUÉNOT (L.), « La Loi en biologie », dans *Science et Loi*, 5e semaine internationale de Synthèse, Paris, Alcan, 1934.

– *L'Espèce*, Paris, Doin, 1936.

– *Invention et finalité en biologie*, Paris, Flammarion, 1941.

CUÉNOT (L.) et TÉTRY (A.), *L'Évolution biologique*, Paris, Masson, 1951.

DAGOGNET (F.), *Philosophie biologique*, Paris, P.U.F., 1955.

– *La Raison et les remèdes*, Paris, P.U.F., 1964.

DALCQ (A.), *Initiation à l'embryologie générale*, Liège, Desoer, et Paris, Masson, 1952.

DAREMBERG (CH.), *Histoire des sciences médicales*, 2 vol., Paris, J.-B. Baillière, 1870.

DARWIN (CH.), *De l'Origine des Espèces*, trad. fr. Clémence Royer, Paris, Flammarion, 1859.

DEMANGEON (J. B.), *De l'Imagination, considérée dans ses effets directs sur l'homme et les animaux et dans ses effets indirect sur les produits de la gestation*, 2ᵉ éd., Paris-Bruxelles, 1829.

DEUTSCH (K. W.), « Mechanism, organism and society : some models in natural and social science », in *Philosophy of science*, vol. XVIII, 1951, p. 230-252.

DESCARTES, *L'Homme*, 1664, suivi de *La Description du Corps humain,* dans *Œuvres* de Descartes publiées par Ch. Adam et P. Tannery, tome XI, Paris, Vrin.

DOYON (A.) et LIAIGRE (L.), « Méthodologie comparée du biomécanisme et de la mécanique comparée », dans *Dialectica*, X, 1956, p. 292-335.

DRIESCH (H.), *La Philosophie de l'organisme*, 1909, trad. par Kolmann, Paris, Rivière, 1921.

DUBOIS (G.), *La Notion de cycle, Introduction à l'étude de la biologie*, Neuchâtel, Éditions du Griffon, 1945.

FLORKIN (M.), *Naissance et déviation de la théorie cellulaire dans l'œuvre de Théodore Schwann*, Paris, Hermann, 1960.

FOUCAULT (M.), *Folie et déraison, histoire de la folie à l'âge classique*, Paris, Plon, 1961.

– *Naissance de la clinique*, Paris, P.U.F., 1963.

GOLDSTEIN (K.), *Der Aufbau des Organismus*, 1934, traduit en français sous le titre : *La Structure de l'organisme* par le docteur Burckhardt et Jean Kuntz, Paris, Gallimard, 1951.

– « Remarques sur le problème épistémologique de la biologie », 1949, dans *Congrès international de Philosophie des Sciences*, Paris, 1949, I, « Épistémologie », Paris, Hermann.

GRASSÉ (P.), «Projet d'article sur le mot Biologie pour le vocabulaire historique», dans *Revue de Synthèse*, 1940-1945, n° 19.

– *Biologie animale* (voir ARON et GRASSÉ).

GRMEK (M. D.), «Le Vieillissement et la mort», dans *Biologie* (Encyclopédie de la Pléiade), Paris, Gallimard, 1965.

GUILLAUME (P.), *La Psychologie animale*, Paris, A. Collin, 1940.

GURWITSCH (A.), «Le Fonctionnement de l'organisme d'après K. Goldstein», 1939, dans *Journal de Psychologie*, 1939, p. 107.

– «La Science biologique d'après K. Goldstein», dans *Revue Philosophique*, 1940, p. 244.

GUYÉNOT (E.), «La Vie comme invention», dans *L'Invention*, 9ᵉ semaine internationale de Synthèse, Paris, Alcan, 1938.

– *Les Sciences de la vie aux XVIIᵉ et XVIIIᵉ siècles*, Paris, Albin Michel, 1941.

– *Les Problèmes de la vie*, Genève, Éditions du Cheval Ailé, Bourquin, 1946.

HAGBERG (K.), *Carl Linné*, trad. fr. par Hammai et Metzger, Paris, Éditions «Je sers», 1944.

HALDANE (J. B. S.), *The Philosophy of a Biologist*, Oxford Clarendon Press, 1936.

HALDANE (J. B. S.), *La Philosophie marxiste et les sciences*, trad. par Bottigelli, Paris, Éditions Sociales, 1947.

HEDIGER (H.), *Les Animaux sauvages en captivité*, Paris, Payot, 1953.

– *La Vie des animaux sauvages d'Europe*, Paris, Amiot-Dumont, 1952.

KANT, *La Critique du Jugement*, 1790, trad. fr. de J. Gibelin, Paris, Vrin, 1928; *Critique de la faculté de juger*, trad. A. Philonenko, Paris, Vrin, 1993.

KAYSER (CH.), «Les Réflexes», dans *Conférences de Physiologie médicale sur des sujets d'actualité*, Paris, Masson, 1933.

– « Réflexes et comportements », dans *Bulletin de la Faculté des Lettres de Strasbourg*, n° de février et mars 1947.

– « Le Fait physiologique », dans *Somme de Médecine contemporaine*, I, Nice, Éditions de la Diane Française, 1951.

KLEIN (M.), *Histoire des origines de la théorie cellulaire*, Paris, Hermann, 1936.

– « Sur les débuts de la théorie cellulaire en France », dans *Thalès*, 1951, tome VI, p. 25-36.

– « Remarques sur les méthodes de la biologie humaine », dans *Congrès international de Philosophie des Sciences*, 1949, I, « Épistémologie », Paris, Hermann, 1951.

KLEIN (M.) et MAYER (G.), *Aspects méthodologiques des recherches sur les bases endocriniennes du comportement*, 1949, IV, « Biologie », Paris, Hermann, 1951.

LAMARCK (J.-B.), *Philosophie zoologique*, Paris, J. Baillière, 1809.

– *Pages choisies*, introduction et notes de Lucien Brunelle, Paris, Éditions sociales, 1957.

LANE (F. W.), *Histoires extraordinaires des bêtes*, Paris, Hachette, 1950.

LECOMTE DU NOUY, *Le Temps et la vie*, Paris, Gallimard, 1936.

LERICHE (R.), « De la santé à la maladie, La douleur dans les maladies », dans *Encyclopédie française*, tome VI, 1936.

– *La Chirurgie de la douleur*, 1937, 2ᵉ édition, Paris, Masson, 1940.

– *Physiologie et pathologie du tissu osseux*, Paris, Masson, 1939.

– *La Chirurgie à l'ordre de la vie*, Aix-les-Bains, Zeluck, 1944.

– *La Philosophie de la chirurgie*, Paris, Flammarion, 1951.

– « Qu'est-ce que la maladie ? », dans *Somme de Médecine contemporaine*, I, Nice, Éditions de la Diane Française, 1951.

LEROI-GOURHAN (A.), *Le Geste et la parole* : I. *Technique et langage* (1964). II. *Mémoire et Rythmes* (1965), Paris, Albin-Michel.

LŒB (J.), *La Conception mécanique de la vie*, Paris, Alcan, 1927.

LORENTZ (K.), *Les Animaux, ces inconnus*, Paris, Les Éditions de Paris, 1953.

– *Darwin hat recht gesehen*, Pfullingen, Neske, 1965.

MANQUAT (M.), *Aristote naturaliste*, Paris, Vrin, 1932.

MATHEY (R.), *Dix préludes à la biologie*, Lausanne, Rouge, 1945.

MENDELSOHN (E.), « Physical models and physiological concepts : explananation in nineteenth-century biology », in *The British Journal for the History of Science*, t. II, part. III, n° 7, 1965.

MERLEAU-PONTY (M.), *La Structure du comportement*, Paris, P.U.F., 1942.

MEYER-ABICH (A.), *Biologie der Goethezeit*, Stuttgart, Marquardt & Cie, 1949.

MONAKOW (von) et MOURGUE, *Introduction biologique à l'étude de la neurologie et de la psychologie*, Paris, Alcan, 1928.

MULLER (H. J.), *Hors de la Nuit (Vues d'un biologiste sur l'avenir)*, Paris, Gallimard, 1938.

NICOLLE (CH.), *Naissance, vie et mort des maladies infectieuses*, Paris, Alcan, 1930.

NIELSEN (H.), *Le Principe vital*, Paris, Hachette, 1949.

Orientation des théories médicales en U.R.S.S. (Documents), Centre Culturel et Économique France-U.R.S.S., 29 rue d'Anjou, Paris, 1951.

PAGEL (W.), *Paracelse, introduction à la médecine philosophique de la Renaissance*, trad. fr. de Michel Deutsch, Grenoble, Arthaud, 1963.

PRENANT (M.), *Biologie et Marxisme*, Paris, Éditions Sociales internationales, 1936, 2ᵉ édition, Paris, Hier et Aujourd'hui, 1948.

RADL (E.), *Geschichte der biologischen Theorien in der Neuzeit*, 2ᵉ édition, 1ʳᵉ partie, Leipzig, Engelmann, 1913.

RADL (E.) et HATFIELD, *The History of biological theories*, Oxford, Oxford University Press, 1930.

RISSE (W.) et REQUET (A.), *L'Idée de l'homme dans la neurologie contemporaine*, Paris, Alcan, 1938.

ROGER (J.), *Les Sciences de la vie dans la pensée française du XVIIIᵉ siècle*, Paris, Colin, 1963.

Romantische naturphilosophie, ausgewählt von Christoph Bernoulli und Hans Kern, Iena, Eugen Diederichs, 1926.

ROSENBLUETH (A.), WIENER (N.) and BIGELOW (J.), « Behavior, Purpose and Teleology », in *Philosophy of science*, vol. X, 1943, p. 18-24 ; traduit en français par J. Piquemal, sous le titre « Comportement, intention, téléologie », dans *Les Études philosophiques*, 1961, n° 2, p. 147-156.

ROSTAND (J.), *La Formation de l'être, Histoire des idées sur la génération*, Paris, Hachette, 1930.

– *La Genèse de la vie, histoire des idées sur la génération spontanée*, Paris, Hachette, 1943.

– *Esquisse d'une histoire de la biologie*, Paris, Gallimard, 1945.

– *Les Grands courants de la biologie*, Paris, Gallimard, 1951.

– *Les Origines de la biologie expérimentale et l'Abbé Spallanzani*, Paris, Fasquelle, 1951.

ROULE (L.), *Buffon et la description de la nature*, Paris, Flammarion, 1924.

– *Lamarck et l'interprétation de la nature*, Paris, Flammarion, 1927.

RUYER (R.), *Éléments de psychobiologie*, Paris, P.U.F., 1946.

– *Néo-finalisme*, Paris, P.U.F., 1952.

– *La Genèse des formes vivantes*, Paris, Flammarion, 1958.

SCHELER (M.), *La Situation de l'homme dans le monde*, 1928, traduction française par M. Dupuy, Paris, Aubier, 1951.

SIGERIST (H.), *Introduction à la médecine*, 1932, traduction française par M. Ténine, Paris, Payot.

SIMONDON (G.), *Du Mode d'existence des objets techniques*, Paris, Aubier, 1958.

– *L'Individu et sa genèse physico-biologique*, Paris, P.U.F., 1964.

SINGER (CH.), *Histoire de la biologie*, 1934, édition française par le docteur Gidon, Paris, Payot.

Somme de médecine contemporaine, I, *La Recherche* (1951), ouvrage publié sous la direction de René Leriche, Nice, Éditions de la Diane Française.

STAROBINSKI (J.), « Une théorie soviétique de l'origine nerveuse des maladies », dans *Critique*, 1951, tome VII, n° 47, p. 348.

TEISSIER (G.), « Description mathématique des faits physiologiques », dans *Revue de Métaphysique et de Morale*, 1936, p. 55 *sq.*

– « Mécanisme de l'évolution », dans *La Pensée*, 1945, n° 2-3.

TÉTRY (A.), *Les Outils chez les êtres vivants*, Paris, Gallimard, 1948.

TILQUIN (H.), *Le Behaviorisme*, Paris, Vrin, 1944.

TINBERGEN (N.), *L'Étude de l'instinct*, Paris, Payot, 1953.

UEXKÜLL (VON), *Theoretische Biologie*, Berlin, Springer, 1928.

UEXKÜLL (VON) et KRISZAT (G.), S*treitzüge durch die Umwelten von Tieren und Menschen*, Berlin, Springer, 1934.

VANDEL (A.), *L'Homme et l'évolution*, Paris, Gallimard, 1949.

VENDRYES (P.), *Vie et probabilité*, Paris, Albin Michel, 1942.

WIENER (N.), *Cybernetics, or Control and Communication in the Animal and the machine*, Paris, Hermann, 1948.

WOLFF (É.), *Les Changements de sexe*, Paris, Gallimard, 1946.

– *La Science des monstres*, Paris, Gallimard, 1948.

– *Les Chemins de la vie*, Paris, Hermann, 1963.

TABLE DES MATIÈRES

Achevé d'imprimer en octobre 2020
sur les presses de
La Manufacture - Imprimeur – 52200 Langres
Tél. : (33) 325 845 892

N° imprimeur 200975 - Dépôt légal : novembre 1992
Imprimé en France